GRÖSSTE AUSDEHNUNG DES RÖMISCHEN REICHES 117 N. CHR. (UNTER TRAJAN)

tibi

LATEIN FÜR DICH

1

Herausgegeben von
Eva von Scheven
Dirk Weidmann

Erarbeitet von
Zara Akbay (Bergisch Gladbach)
Merve Çoban (Tübingen)
Katharina Grubert (Düsseldorf)
Diana Hedwig (Hamm/Sieg)
Marie Jacob (Hamburg)
Caroline C. Koch (Polch)
Paula Mertens (Berlin)
Benjamin Müllenmeister (Köln)
Luise Rißmann (Berlin)
Eva von Scheven (Berlin)
Melanie Schölzel (Nürnberg)
Dirk Weidmann (Grebenstein)
Dr. Stefanie Zimmermann (Berlin)

Beratung
Dr. Cathrin Boerckel (Stromberg)

Texte, Übungen, Begleitgrammatik

Allgemeine Ausgabe

Cornelsen

tibi 1

LATEIN FÜR DICH

Herausgegeben von: Eva von Scheven, Dirk Weidmann

Erarbeitet von: Zara Akbay (Bergisch Gladbach), Merve Çoban (Tübingen), Katharina Grubert (Düsseldorf), Diana Hedwig (Hamm/Sieg), Marie Jacob (Hamburg), Caroline C. Koch (Polch), Paula Mertens (Berlin), Benjamin Müllenmeister (Köln), Luise Rißmann (Berlin), Eva von Scheven (Berlin), Melanie Schölzel (Nürnberg), Dirk Weidmann (Grebenstein), Dr. Stefanie Zimmermann (Berlin)

Beratung: Dr. Cathrin Boerckel (Stromberg)

Redaktion: Dr. Silke Anzinger, Theresia Lehner, Daniela Schmidt; Grammatik und App-Inhalte: Stefanie Ohmsen

Illustrationen: Yaroslav Schwarzstein (S. 9–14, S. 15/Köpfe, S. 16–29, S. 30/Personen, S. 32/oben, S. 33/oben, S. 35, S. 40–59, S. 66–69, S. 73/unten links, S. 74–80, S. 82–89, S. 115/oben, S. 127/Mitte, S. 127/unten, S. 128, S. 129/unten, S. 131/oben, S. 132–133, S. 134/oben, S. 135/oben u. Mitte, S. 137–153, S. 155–173, S. 175)
Karten: Klaus Kühner (Vorsatz, Nachsatz, S. 8)

Umschlaggestaltung und Layoutkonzept: Studio SYBERG, Berlin
Bildnachweis Cover: li.: bpk/Scala, re.: Shutterstock.com/Red Fox studio
Layout und technische Umsetzung: zweiband.media

Begleitmaterialien:

Schulbuch als E-Book	1100031830
Material auf Cornelsen Lernen App	220060036
Arbeitsheft	9783061231996

Die Cornelsen-Lernen-App ist eine fakultative Ergänzung zu tibi, die die inhaltliche Arbeit begleitet und unterstützt. Als solche unterliegt sie nicht der Genehmigungspflicht.

www.cornelsen.de

1. Auflage, 1. Druck 2025

Alle Drucke dieser Auflage sind inhaltlich unverändert und können im Unterricht nebeneinander verwendet werden.

Druck: Mohn Media Mohndruck, Gütersloh

ISBN 978-3-06-123194-1

PEFC
PEFC/04-31-1033

PEFC-zertifiziert
Dieses Produkt stammt aus nachhaltig bewirtschafteten Wäldern und kontrollierten Quellen
www.pefc.de

Inhalt

Latein lernen mit tibi

Die Lektion

Die Themen der Lektion entdecken

Als **Einstieg erzählt** immer eine Person in **Ich**-Perspektive – so tauchst du direkt in die **antike Welt** ein.

Nun lernst du **neue Vokabeln** kennen. Du kannst sie aus Text und Bild erschließen. Gemeinsam geht das noch besser – dabei hilft der **Werkzeugkoffer** hinten im Buch (▶ S. 198).

Als nächstes entdeckst du **ein Grammatik-Thema**. Ausführliche Erklärungen findest du in der **Begleitgrammatik** (▶ S. 146).

Die **Vokabeln** gibt es immer in drei Portionen (**Lernvokabeln** ▶ S. 126). Hier übst du **Vokabel-Portion I** und **wiederholst** bekannte Vokabeln.

Den lateinischen Text lesen

Die lateinischen **Lesetexte** erzählen eine **spannende** Geschichte – mehr dazu ab S. 8!

Die **drei Abschnitte I, II** und **III** entsprechen den Vokabel- und Grammatik-**Portionen**.

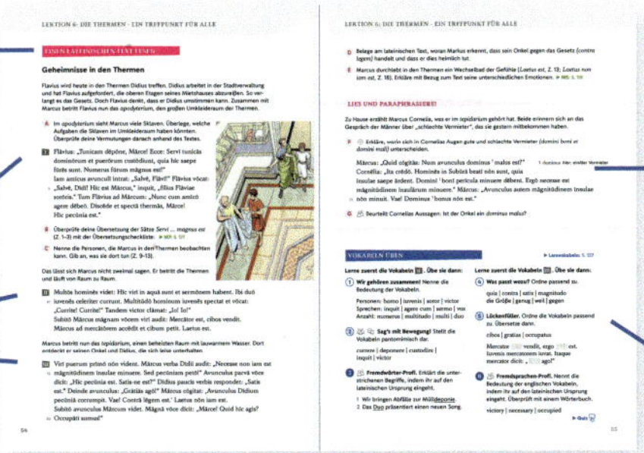

Am Ende steht immer ein Abschnitt, den du beim **Lesen verstehst** und mit eigenen Worten wiedergibst.

Hier findest du auch Übungen für die **Vokabel-Portionen II** und **III**.

Üben und mehr erfahren

Hier übst du alle **Grammatik**-Themen der Lektion gestuft: **Wähle eine Spalte** oder wechsle zwischen beiden!

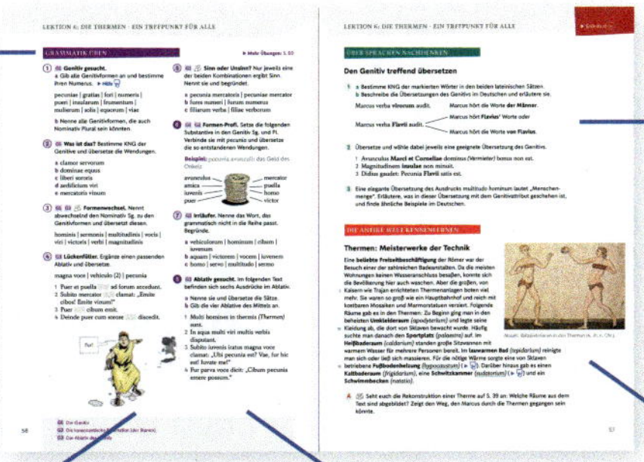

links:
leichter und mittel

rechts:
mittel und anspruchsvoll

Sprachbildung: Hier denkst du über Latein, Deutsch und andere Sprachen nach. Das hilft dir beim Übersetzen.

Im **Sachtext** am Ende erfährst du Spannendes und Wissenswertes über die **antike Welt**.

Das Buch

Das Buch enthält im Hauptteil **9 Lektionen** (▶ S. 3–4) – plus Lektion 10 als ‚**Bonusmaterial**'. Zudem enthält es viele weitere Informationen, die du zum Lernen brauchst:

Mehr erfahren und Training: Entdecke die Extras:

Auftakt: Auf einer Doppelseite tauchst du in die Themen der nächsten drei Lektionen ein.

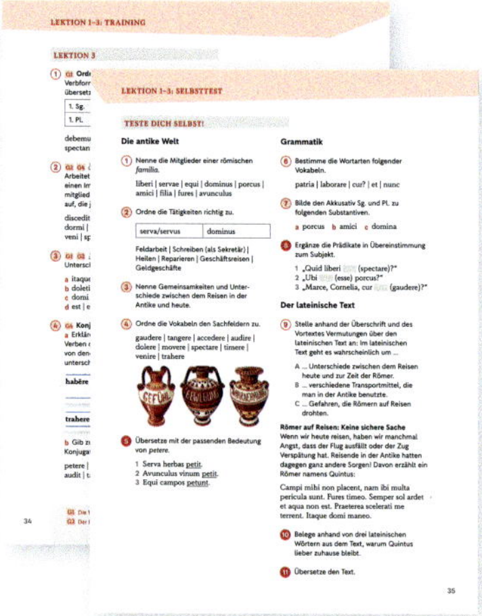

Training: Eine Extra-Seite Üben zu **jeder Lektion**! Immer nach drei Lektionen findest du sie und danach den großen **Selbsttest** (mit Lösungen ▶ S. 196).

Damals & Heute: Hier kommt ein **Original-Römer** zu Wort. Und wir fragen uns: Und **heute**? Wie ist das für uns?

Alles, was du zum Lernen brauchst: Entdecke die Anhänge:

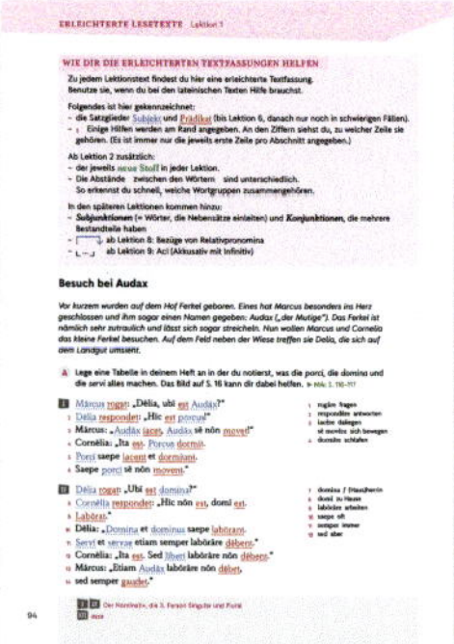

Erleichterte Fassungen der **Lesetexte**: Hier findest du mehr Hilfen und Tipps für die Übersetzung. Hier findest du auch **Links** zu den Texten auf **Lateinlex.de**.

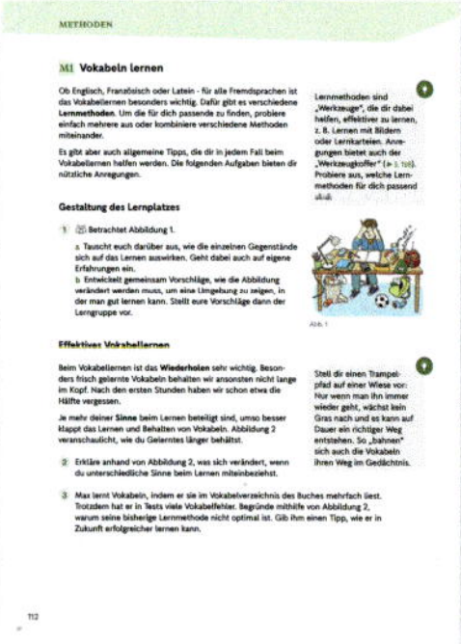

M wie Methode. Hier erfährst du, wie du **effektiv lernst**, dich optimal auf Prüfungen vorbereitest und vieles mehr. **Querverweise** im Buch (▶ **M1: S. 112**) führen dich direkt zur passenden Methode.

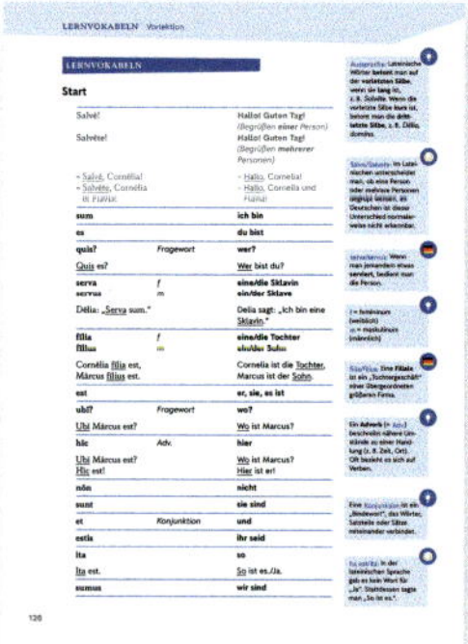

Die **Lernvokabeln** haben immer **drei Portionen** (**I**, **II**, **III**), passend zum Lektionstext und zu den Übungen. In der rechten Spalte findest du Tipps, Merkhilfen und Extra-Infos.

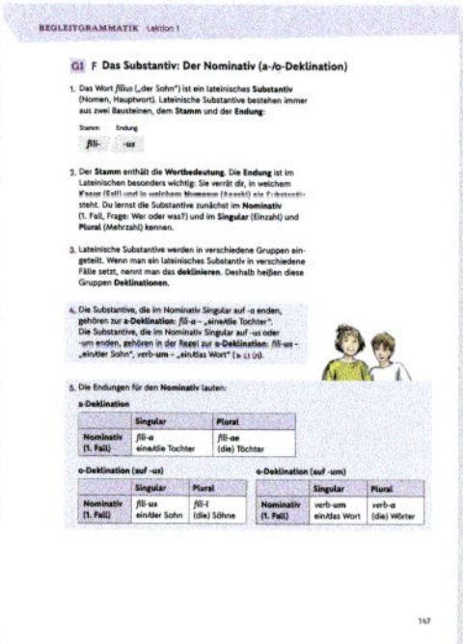

G wie Grammatik. Hier findest du Erklärungen zu allen Grammatik-Themen jeder Lektion. Die G-Schritte **G1**, **G2** usw. führen dich schnell zum gesuchten Thema.

Digital unterwegs? Entdecke die kostenlose Cornelsen Lernen App!:

Mit der Cornelsen Lernen App kannst du digitales Begleitmaterial zu den Schulbuchseiten kostenlos herunterladen. In der App sind digitale Materialien wie interaktive Übungen, Selbsttests, Erklärvideos oder digitale Hilfen für dein Schulbuch verfügbar. Die App kann im Unterricht, unterwegs oder zu Hause genutzt werden. Sind die Inhalte erst einmal heruntergeladen, brauchen sie keine Internetverbindung mehr. Folge dieser Anleitung, um die Cornelsen Lernen App auszuprobieren:

- Gehe in den Apple App Store oder in den Google Play Store.
- Suche dort nach der kostenlosen App „Cornelsen Lernen“ und installiere sie.
- Öffne die App und wähle das Materialpaket zum Schulbuch „tibi 1“ aus.
- Du kannst das digitale Begleitmaterial zu deinem Schulbuch auf dein Gerät herunterladen.

Siehst du eines dieser Symbole in deinem Buch, kannst du in deiner App über die Eingabe der Seitenzahl das entsprechende Material finden.

▶ Hier findest du eine Erklärung, ein Bild oder eine Info direkt zu einem schwierigen Wort.

Im ▶ **Quiz** kannst du sofort testen, ob du die neue **Grammatik** verstanden hast. Oder schau sie dir im ▶ **Video** an.

▶ **Selbsttest**
Die Antike Welt, Vokabeln, Grammatik, Der lateinische Text – am Ende jeder Lektion kannst du dein Wissen in allen Bereichen testen.

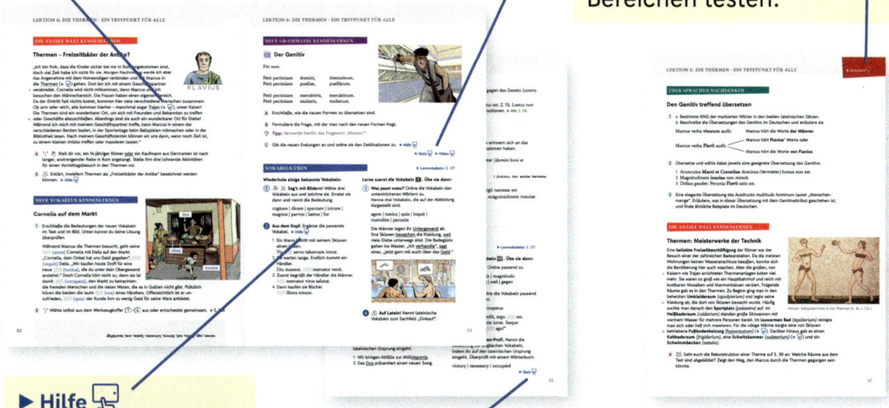

▶ **Hilfe**
Hier findest du Hilfe zu einer Aufgabe.

▶ **Quiz**
Festige deinen Wortschatz mit dem Vokabel-Quiz in jeder Lektion.

Aufgaben: Zeichen und Symbole

- Paararbeit: Arbeitet zu zweit.
- Gruppenarbeit: Arbeitet zu dritt oder viert.
- Gemeinsam: Geht arbeitsteilig vor und teilt eure Ergebnisse. Zeichnet z. B. Vokabeln, tauscht eure Zeichnungen dann untereinander und lasst die anderen die Wörter erraten.
- Wahlaufgabe: Hier kannst du zwischen zwei Aufgaben wählen.
- Extra-Aufgabe: Diese Aufgabe ist optional.
- Medienkompetenz

- Schreiben
- Zeichnen
- Szenisches Spiel
- Kreativ

Schwierigkeitsgrad

leicht (1) (1)

mittel (1) (1)

anspruchsvoll (1) (1)

DER ANFANG EINER REISE

WO UNSERE GESCHICHTE BEGINNT...

Auf der Karte siehst du einen kleinen Ausschnitt aus dem Römischen Reich vor ungefähr 2000 Jahren. Findest du die Mosel? Hier nimmt unsere Geschichte ihren Anfang.

Das Römische Reich

Das Römische Reich war sehr groß. Viele Länder, die du kennst, gehörten dazu, darunter auch Frankreich, Italien und Teile von Deutschland. Weil die Römer diese Gebiete beherrschten, hatten Städte und Flüsse lateinische Namen.

Tipp: Viele heutige Städte- und Flussnamen sind von lateinischen Namen abgeleitet. Sie sind diesen immer noch sehr ähnlich.

Früher (lateinisch): *Roma, Colonia Agrippina, Neapolis, Mosella, Rhenus, Augusta Treverorum, Tiberis*
Heute (deutsch): Rhein, Köln, Rom, Mosel, Trier, Tiber, Neapel

1 Was ist was heute? Versucht, die Städte und Flüsse ihren früheren lateinischen Namen zuzuordnen, und gebt an, in welchen Ländern sie sich heute befinden.

2 **Wer ist wer?** Ordne den Personenbeschreibungen die passenden Bilder zu.

3 **Wer ist wo?** Ordne den abgebildeten Personen die Orte auf der Karte zu, an denen sie sich gerade aufhalten.

4 **Wer ist mit wem wie verbunden?** Erstellt eine Übersicht, aus der hervorgeht, in welcher Beziehung die Personen zueinander stehen (z. B. Vater ←→ Tochter).

A Flavius

1 Flavius ist Römer. Er lebt in *Roma* und besitzt dort ein großes Mietshaus, mit dem er viel Geld verdient. Er hat eine Schwester. Sie heißt Flavia und lebt auf einem Landgut in Gallien.

B

2 Die Sklavin **Delia** ist neu auf dem Landgut in Gallien. Zuvor hat sie viele Jahre in *Augusta Treverorum* auf ein römisches Mädchen aufgepasst. Die neue Familie hat ebenfalls eine Tochter.

C

3 Marcus ist 12 Jahre alt und lebt auf dem Landgut mit seiner Familie und mit vielen Tieren, z. B. einem Hund, Pferden, Schweinen, Schafen. Weil er Tiere mag, fühlt er sich dort sehr wohl.

D

4 Cornelia ist 14 Jahre alt. Sie und ihr jüngerer Bruder Marcus sind auf dem Landgut in Gallien geboren. Beide sind Römer, ohne jemals in *Roma* gewesen zu sein – anders als ihre Eltern, die aus *Roma* stammen.

E

5 Flavia, die Mutter, ist in *Roma* aufgewachsen. Doch ihr Großvater besaß ein Landgut in der Nähe von *Augusta Treverorum*. Als er starb, hat Flavia dieses Landgut geerbt. Gemeinsam mit ihrer Familie lebt sie seitdem dort.

6 Cornelius stammt aus *Roma,* ist aber wegen der Erbschaft seiner Frau nach Gallien gezogen. Auf dem Landgut der Familie lässt er Wein anbauen und hält ein paar Tiere. Er macht gerade eine Geschäftsreise durch *Italia* und ist derzeit in *Neapolis*.

F

Ein neues Gesicht auf dem Landgut

In den letzten Tagen war es ruhig auf dem Landgut, weil der Vater von Cornelia und Marcus auf einer Geschäftsreise in Italien ist. Solange er unterwegs ist, kommen kaum Gäste zu Besuch. Und auch sonst passiert nicht viel.
Aber heute ist etwas anders als sonst: Marcus sieht eine fremde Frau, die bei seiner Mutter im Garten steht. Marcus ist neugierig und geht zu ihr hin.

1 Sieh dir die Bilder 1–3 genau an. Stelle Vermutungen an, was passiert.

Wo ist Cornelia bloß? Marcus kann es seiner Mutter auch nicht sagen. Aber vielleicht weiß es Aratus, sein Hauslehrer! Flavia schickt Marcus und Delia zu ihm ins Haus.

Aratus weiß auch nicht, wo Cornelia ist. Gemeinsam machen sie sich auf die Suche nach ihr und gehen von Raum zu Raum.

Flavia wartet eine Weile. Dann geht sie selbst ins Haus, um nach Cornelia und den anderen zu suchen.

2 Die kurzen Szenen zur Begrüßung von Delia lassen sich gut nachspielen. Überlegt, welche Rollen ihr besetzen müsst und wie viele Personen ihr braucht. Bildet dann entsprechende Gruppen und spielt die Szenen nach.

3 Spielt nun innerhalb der gesamten Lerngruppe ein gegenseitiges Kennenlernen nach. Ihr könnt folgende Sätze verwenden und dabei passende Namen einsetzen:

Salve! Quis es?

Anna sum!

Ubi est Anna?

Hic sunt Anna et Murat!

Hic est Murat!

Ubi sunt Anna et Murat?

Ubi est Murat?

Anna et Murat sumus!

Hic est Anna!

Tipps und Tricks für den Start

Hier bekommst du erste Anregungen zum Vokabellernen und zum Umgang mit Aufgaben. Ausführliche Hilfen findest du im Methodenteil (▶ S. 112–125).

Wie lerne ich lateinische Vokabeln?

A Notiere alles, was dir beim Vokabellernen im Englisch-Unterricht besonders hilft. Tauscht euch dann untereinander aus und haltet die besten Tipps zum Vokabellernen in einem Schaubild/einer Mindmap fest. ▶ **M1:** S. 112–113

Wie verstehe ich, was ich in einer Aufgabe tun soll?

B Tim bearbeitet folgende Aufgabe zur Bildergeschichte (▶ S. 10–11): „Begründe, warum Marcus und Delia ins Haus gehen." Seine Lösung lautet: „Marcus und Delia gehen zum Hauslehrer Aratus." Korrigiere Tims Antwort und erläutere, warum sie nicht richtig ist. ▶ **M3:** S. 115

Die lateinische Sprache entdecken

Maskulin, feminin, neutrum – was war das nochmal?

In der Bildergeschichte sind dir schon einige **Substantive** begegnet. Substantive bezeichnen oft Personen oder Dinge (z. B. „die Sonne", „das Haus") und werden im Deutschen großgeschrieben.
Jedes Substantiv hat ein **Genus** (grammatikalisches Geschlecht): **maskulin** (männlich, z. B. der Fluss), **feminin** (weiblich, z. B. die Sonne) und **neutrum** (sächlich, z. B. das Haus).

In der Bildergeschichte kommen nur Substantive aus den Gruppen „maskulin" und „feminin" vor, die meisten davon sind Eigennamen.

1 Schreibe die Tabelle ab. Ordne danach die folgenden maskulinen und femininen Substantive mit ihrer Übersetzung passend in die Tabelle ein. Welches Erkennungszeichen haben jeweils die maskulinen und die femininen Wörter?

Aratus | Delia | filia | filius | serva

Genus	Lateinische Substantive	Erkennungszeichen
maskulinum		
femininum		
neutrum		

Mittagspause an der Mosel

Nach einem anstrengenden Vormittag in den Weinbergen machen die Arbeiterinnen und Arbeiter eine kurze Mittagspause.

2 Sieh dir zunächst das Bild genau an. Überlege dabei, welche der folgenden lateinischen Substantive dir bekannt vorkommen. Ordnet sie dann zu zweit den nummerierten Gegenständen und Personen im Bild zu.

aqua | bestia | caseus | instrumentum | nasus | oleum | rosa | vinum

3 Im Bild findest du zwei maskuline und drei feminine Substantive. Trage sie mit Übersetzung in die Tabelle aus **1** (▶ S. 12) ein.

4 Im Bild haben sich auch drei Substantive mit dem Genus „neutrum" versteckt. Trage nun auch diese Substantive (mit Übersetzung) in deine Tabelle ein und notiere das Erkennungszeichen für „neutrum".

5 **Sprachforschung**

a Formuliert anhand der lateinischen Substantive aus eurer Tabelle eine kurze Regel, woran man das Genus im Lateinischen erkennen kann.
b Vergleicht dies mit der deutschen Sprache und erklärt mithilfe geeigneter Beispiele, woran man das Genus im Deutschen erkennen kann.

DIE ANTIKE WELT KENNENLERNEN

Die römische *familia*

DAVUS

„Ich, Davus, gehöre seit langer Zeit zur *familia* des Cornelius. Geboren wurde ich aber in Germanien (▶), außerhalb des römischen Reiches. Als junger Mann wurde ich von Sklavenhändlern überfallen, hierher gebracht und an die *familia* des Cornelius als Sklave verkauft. Die wichtigste Person in unserer *familia* ist Cornelius. Er ist der Vater und das Oberhaupt unserer *familia*. Er trifft alle wichtigen Entscheidungen. Zum Glück ist er meistens gut gelaunt. Flavia, seine Frau, sagt uns Bediensteten im Haus, was wir zu tun haben, und verwaltet das Geld der *familia*. Wenn Cornelius wie jetzt auf einer Geschäftsreise ist, entscheidet sie an seiner Stelle. Cornelius und Flavia haben zwei Kinder: Cornelia (14 Jahre) und Marcus (12 Jahre). Cornelia ist neugierig und will ständig etwas Spannendes erleben. Marcus mag Tiere. Er hat ein großes Herz und kümmert sich um alle, die ihm wichtig sind. Zu unserer *familia* gehören alle Menschen, die in unserem Haushalt leben und arbeiten, also auch wir Sklaven. Deshalb besteht unsere *familia* aus über 30 Personen. Zur *familia* unseres Nachbarn gehören sogar mehr als 100 Personen."

A Ergänzt eure Übersicht aus S. 9 zu den Mitgliedern der *familia* des Cornelius. Notiert nun auch Aufgaben und weitere Informationen zu den Personen. ▶ **Hilfe**

B Vergleiche die römische *familia* mit einer heutigen oder deiner eigenen Familie. ▶ **Hilfe**

NEUE VOKABELN KENNENLERNEN

Nachmittags im Garten

1 Erschließe die Bedeutungen der neuen Vokabeln im Text und im Bild. Unten kannst du deine Lösung überprüfen.

Die Sklaven betreten den Garten, wo sie ___ (laborare) müssen. Erst teilen sie sich die Arbeit auf, ___ (tum) fangen sie an zu arbeiten. Sie graben nicht nur die Beete um, sondern pflücken ___ (etiam) Äpfel. Die Sklaven müssen sich bei der Gartenarbeit viel ___ (movere), später werden sie davon bestimmt Muskelkater (▶) bekommen. Sie freuen sich schon darauf, dass der Aufseher zu ihnen ___ (venire) und pfeifen wird. Denn das bedeutet: „___ (nunc) dürft ihr eine Pause machen."

2 Wähle selbst aus dem Werkzeugkoffer 1–2 aus oder entscheidet gemeinsam. ▶ S. 198

Angst haben, antworten, arbeiten, auch, bewegen, dann, fragen, jetzt, kommen, schlafen, sich freuen

NEUE GRAMMATIK KENNENLERNEN

G1 Der Nominativ

Singular (Einzahl)

serv-us

Plural (Mehrzahl)

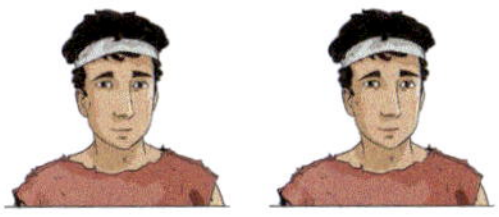

serv-ī

serv-a

serv-ae

A Vergleiche die Bilder mit den zugehörigen lateinischen Wörtern. Beschreibe, wie im Lateinischen der Numerus (die Anzahl) ausgedrückt wird.

G2 Die 3. Person Singular und Plural

Cornēlia gaude-t. Mārcus gaude-t.
Servus labōra-t.

Cornēlia et Mārcus gaude-nt.
Servī labōra-nt.

B Vergleiche die Verbformen, beschreibe die Unterschiede und erkläre. ▶ **Quiz** ▶ **Video**

VOKABELN ÜBEN

▶ **Lernvokabeln:** S. 127

Wiederhole einige bekannte Vokabeln:

1 **Wörterschlange.** Hier sind sechs Vokabeln versteckt. Nenne und übersetze sie.
▶ **Hilfe**

2 **Rätselwörter.** Ergänzt die fehlenden Buchstaben.

- **a** ein Fragewort: _ b _ ?
- **b** lateinisch für „nicht“: n _ _
- **c** eine Ortsangabe: _ _ c

3 **Fremdwörter-Profi.** Erkläre den unterstrichenen Begriff, indem du auf seinen lateinischen Ursprung eingehst.

Der Kellner <u>serviert</u> das Essen.

Lerne zuerst die Vokabeln I. Übe sie dann:

4 **Was passt wozu?** Nenne die Kombinationen (z. B. H8).

A	porcus	**1**	antworten
B	iacere	**2**	schlafen
C	saepe	**3**	bewegen
D	movere	**4**	liegen
E	tum	**5**	ein/das Schwein
F	respondere	**6**	oft
G	dormire	**7**	da, dann; damals

5 **Gegensätze ziehen sich an.** Nenne das Gegensatzpaar und die Bedeutungen.

rogare | porcus | respondere | tum

EINEN LATEINISCHEN TEXT LESEN

Besuch bei Audax

Vor kurzem wurden auf dem Hof Ferkel geboren. Eines hat Marcus besonders ins Herz geschlossen und ihm sogar einen Namen gegeben: Audax („der Mutige“). Das Ferkel ist nämlich sehr zutraulich und lässt sich sogar streicheln. Nun wollen Marcus und Cornelia das kleine Ferkel besuchen. Auf dem Feld neben der Wiese treffen sie die neue Sklavin Delia, die sich auf dem Landgut umsieht.

A Sieh dir die Abbildung an und beschreibe, was die Figuren (Menschen und Tiere) darauf tun. Vergleiche dies mit dem Text (Z. 1–5) und nenne passende Textbelege. ▶ **M4:** S. 116

I Mārcus rogat: „Dēlia, ubī est Audāx?“
Dēlia respondet: „Hīc est porcus!“
Mārcus: „Audāx iacet, Audāx sē nōn movet!“
Cornēlia: „Ita est. Porcus dormit. Porcī saepe iacent et dormiunt. Saepe porcī sē nōn movent.“

II Dēlia rogat: „Ubī est domina?“
Cornēlia respondet: „Hīc nōn est, domī est. Labōrat.“
Dēlia: „Domina et dominus saepe labōrant. Servī et servae etiam semper labōrāre dēbent.“
Cornēlia: „Ita est. Sed līberī labōrāre nōn dēbent.“
Mārcus: „Etiam Audāx labōrāre nōn dēbet, sed semper gaudet.“

Am Himmel sind plötzlich dunkle Wolken zu sehen. Während die Sklaven schnell die Ernte zusammentragen, läuft Delia mit den Kindern los, um sie in Sicherheit zu bringen. Als das Gewitter schlimmer wird, suchen sie Schutz auf dem Boden.

III Nunc iacent. Tum Cornēlia rogat: „Ubī est Mārcus?“
Dēlia: „Mārcus? Hīc nōn est. Cūr hīc nōn est? Est perīculum! Ubī est Mārcus?“
Cornēlia clāmat: „Ubī es???“
Dēlia: „Mārcus certē manet … et timet …“

B Stelle Vermutungen an, was mit Marcus passiert sein könnte.

Es blitzt und donnert immer noch. Immerhin lässt der Regen nach und es sieht so aus, als wäre das Schlimmste überstanden. Doch das beruhigt die beiden nicht.

Cornēlia et serva manent et timent. Nunc Mārcus venit – et porcus!
Cornēlia clāmat: „Veniunt Mārcus et porcus!“ Verba placent.

LIES UND PARAPHRASIERE!

C Beschreibe, wie Cornelia und Delia Marcus in Empfang nehmen: Wie reagieren sie?

Mārcus clāmat: „Dēlia! Cornēlia! Hīc sum! Etiam Audāx hīc est! Hīc sumus!“
Dēlia: „Ita est. Hīc estis!“
Cornēlia et Dēlia gaudent, etiam Mārcus gaudet.
Tum Cornēlia rogat: „Cūr Audāx hīc est?“
Mārcus respondet: „Timet! Etiam porcī timent, etiam Audāx!“

D Marcus ist also wieder da. Fasse zusammen, was er berichtet. Erkläre, was das über seinen Charakter aussagt. ▶ **Hilfe** ▶ **M5:** S. 118

E Schreibe aus Sicht einer Figur auf der Abbildung (▶ S. 16), wie sie das Gewitter erlebt hat. Wie hat sie sich in dem Moment gefühlt, welche Gedanken gingen ihr durch den Kopf?

VOKABELN ÜBEN

▶ **Lernvokabeln:** S. 127

Lerne zuerst die Vokabeln II. Übe sie dann:

1 **Irrläufer.** Nenne die Vokabel, die nicht zu den anderen passt. Begründe.

a liberi | semper | domina | serva
b servus | laborare | debere | etiam

2 **Männlich und weiblich.** Nenne jeweils das Gegenstück.

servus | domina

3 **Aus dem Kopf.** Nennt zu den unterstrichenen Wörtern die lateinische Vokabel in der Grundform. ▶ **Hilfe**

Es wird langsam dunkel. Deshalb <u>müssen</u> <u>die Kinder</u> aufhören zu spielen. Als sie <u>zu Hause</u> sind, essen sie etwas. Sie wünschen ihrer Mutter eine gute Nacht, <u>dann</u> gehen sie in ihre Zimmer. Sie <u>freuen sich</u> schon auf ihr Bett.
Nachts <u>schlafen</u> sie. <u>Oft</u> träumen sie von ihren Spielen im Garten. <u>Auch</u> von ihren Freunden träumen sie.

Lerne zuerst die Vokabeln III. Übe sie dann:

4 **Was gehört wohin?** Ordne die Vokabeln passend zu.

clamare | venire | timere | verbum |
gaudere | rogare | movere | respondere

5 **Rätselwörter.** Ergänzt abwechselnd die fehlenden Buchstaben und nennt die deutsche Bedeutung.

a v _ _ b _ m
b _ i m _ r _
c p _ _ i c _ _ u _
d _ a _ e _ e
e c _ a _ a r e
f _ _ n c
g p _ a _ _ r e

▶ **Quiz**

GRAMMATIK ÜBEN

▶ **Mehr Übungen:** S. 32

1 G1 **Was gehört wohin?** Ordne die Substantive passend zu und übersetze sie.
Beispiel: filia → a-Dekl. f: eine/die Tochter

serva | filii | verbum | liberi | servus | pericula | filiae

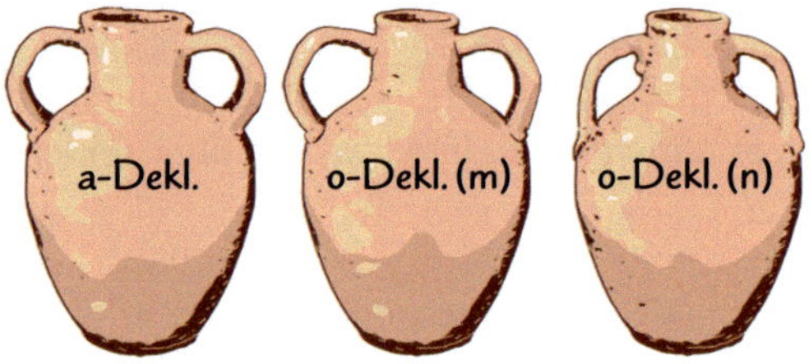

2 G2 **Numerus gesucht.** Was macht Delia und was machen die Kinder? Ordne die Prädikate zu und übersetze sie.

dormiunt | laborat | gaudent | se movent | respondet | rogant | iacet

3 G1 G2 **Deutsch-Profi.** Übersetze die Sätze.

Tipp: -t = er/sie/es und -nt = sie (Plural)

1 Porcus se non movet. Dormit.
2 Domina et serva veniunt. Non gaudent.
3 Marcus timet. Non respondet.
4 Servus non laborat. Dormit.

4 G3 **Ordnung muss sein.** Bringe die Formen von *esse* in die richtige Reihenfolge und übersetze sie. ▶ **Hilfe**

es | sunt | sumus | sum | estis | est

5 G1 **Substantiv gesucht.**
a Nenne die Substantive und bestimme deren Deklination und Genus.

servae | ubi | porci | saepe | domina | tum | verba | periculum | rogare | ita | dominus

b Nenne zwei Substantive, deren lateinisches Genus sich vom deutschen Genus unterscheidet.

6 G1 G2 **Satzbau-Profi.** Bildet mindestens fünf sinnvolle Sätze, die alle unterschiedlich beginnen. Übersetzt sie dann.

Delia		semper		timet.
Servi		non		veniunt.
Porcus	+	hic	+	gaudet.
Liberi		domi		est.
Filia		saepe		manent.

7 G2 **Formenwechsel.**
a Nenne den Infinitiv der Verben.

clamat | debent | manent | venit | gaudent | timet | laborant | placet | dormiunt | est

b Verändere den Numerus und übersetze die veränderte Form.
Beispiel: iacet → iacent: sie liegen

8 G3 **Lückenfüller.** Ergänze die richtige Form von *esse* und übersetze dann. ▶ **Hilfe**

Cornelia stellt sich und ihren Bruder vor:
„Salve! Cornelia ___ .
Hic Marcus ___ .
Liberi ___ ."
Auf die Sklaven deutend erklärt sie: „Servi ___ ."
Zuletzt fragt sie die neue Sklavin: „Quis ___ ?"

G1 Der Nominativ
G2 Die 3. Person Singular und Plural
G3 *esse*

▶ Selbsttest

ÜBER SPRACHEN NACHDENKEN

Latein – eine Sprache ohne Artikel

1 Vergleicht die Verwendung der Artikel im Deutschen, Englischen und Lateinischen – und wenn möglich auch in weiteren, euch bekannten Sprachen.

	Lateinisch	Deutsch	Englisch	Weitere Sprache(n)
Sg.	porcus	ein Schwein/das Schwein	a pig/the pig	
Pl.	porci	Schweine/die Schweine	pigs/the pigs	

2 Lies folgenden kurzen Text über Davus' erste Begegnung mit Delia. Überlege bei jeder Lücke, ob dort ein Artikel fehlt. Setze passend ein und begründe. ▶ Hilfe

Davus denkt: „Da kommen ___ Marcus und ___ Frau. Wer ist ___ Frau?"

3 Übersetze folgenden Text und verwende dabei passende Artikel. Vergleicht dann eure Übersetzungen und begründet eure Artikelwahl.

Marcus: „Ubi est Audax?" Delia: „Quis Audax est?" Cornelia: „Audax porcus est." Delia (zeigt auf ein Ferkel): „Hic porcus est. Porcus dormit." Marcus: „Audax est!"

DIE ANTIKE WELT KENNENLERNEN

Römische Namen

Heutzutage kennen wir Vor- und Nachnamen. Bei den Römern hingegen hatten **freie Jungen und Männer** drei Namen: einen **Vornamen** (*praenomen*), einen **Familiennamen** (*nomen gentile*) und einen **Beinamen** (*cognomen*). Der vollständige Name von Cornelias und Marcus' Vater lautet beispielsweise Marcus Cornelius Calvus. Insgesamt waren die Römer bei den Vornamen nicht besonders einfallsreich: Es gab kaum mehr als 15 Vornamen, und diese wurden beim Schreiben oft abgekürzt: M. für Marcus oder L. für Lucius.
Mädchen und Frauen erhielten nur die weibliche Form des Familiennamens ihres Vaters. Flavia heißt deshalb so, weil der Familienname ihres Vaters Flavius lautet. Wenn eine Familie mehrere Töchter hatte, kam häufig ein Beiname wie Minor (die Jüngere) oder Tertia (die Dritte) hinzu, und man nutzte Spitznamen.
Sklaven erhielten von ihrem Herrn nur einen Namen. Dieser konnte auf ihre Herkunft (Delia: von der Insel Delos ▶) oder eine Eigenschaft (Faustus: der Glückliche) hinweisen.

MARCUS CORNELIUS CALVUS

A Erkläre, woher Cornelia, die Tochter des Hauses, ihren Namen hat.

B Recherchiere die Herkunft deines Vor- und/oder Nachnamens und fasse zusammen, welche Regeln es für Vor- und Nachnamen in Deutschland oder anderen Ländern gibt. ▶ **M9:** S. 124–125

DIE ANTIKE WELT KENNENLERNEN

Sklaven und Sklavinnen und ihre Aufgaben

„Ich, Delia, bin erst seit Kurzem Sklavin in der *familia* des Cornelius. Meine Hauptaufgabe ist es, auf Cornelia aufzupassen. Ich folge ihr den ganzen Tag auf Schritt und Tritt und sorge dafür, dass es ihr gut geht. Wenn wir aus dem Haus gehen, begleitet uns außerdem immer ein männlicher Sklave, der uns vor Räubern oder anderen Gewalttätern beschützen kann. Außerdem ist es für meine neue *familia* sehr hilfreich, dass ich auf Delos (▶) viel über die heilende Wirkung von Pflanzen und Kräutern gelernt habe. Offene Wunden behandle ich, indem ich sie mit Wein oder Essigwasser säubere und getrocknete Aloe (▶) auflege. Wegen meiner zusätzlichen Kenntnisse bin ich mehr wert als zum Beispiel Feldsklaven, die den ganzen Tag auf den Äckern schuften müssen. Sie führen ein hartes Leben. Mir geht es zum Glück besser als ihnen. Besser als die Feldsklaven haben es auch Sklaven, die zum Beispiel als Ärzte, Weberinnen oder Handwerker arbeiten, so wie Davus. Manche sind auch Sänger, Musikerinnen, Schreiber oder Sekretäre für ihre Herren. Gut ausgebildete Sklaven gelten als besonders wertvoll und werden manchmal sogar für ihre Arbeit bezahlt. Manche werden eines Tages freigelassen, so wie der Hauslehrer Aratus. Er bleibt aber trotzdem bei der *familia*."

A Beschreibe, wie Delias Alltag ausgesehen haben könnte. Schreibe in der Ich-Form.

B Delia nennt nur einige Tätigkeiten, die Sklavinnen und Sklaven in der Antike ausgeübt haben. Recherchiert, welche weiteren Tätigkeiten sie übernommen haben, und präsentiert eure Ergebnisse. ▶ **M9:** S. 124–125

NEUE VOKABELN KENNENLERNEN

Arbeitsunfall

1 Erschließe die Bedeutungen der neuen Vokabeln im Text und im Bild. Unten kannst du deine Lösung überprüfen.

Neben dem ______ (villa) zerstampfen die Sklaven die Trauben mit ihren Füßen zu Saft. So arbeiten sie: ______ (primum) füllen sie die Trauben in die Wanne, dann steigen sie selbst hinein und stampfen. Nach der Arbeit werden sie ihre Füße mit ______ (aqua) waschen. Plötzlich ruft der Aufseher: „Gebt acht, ______ (nam) ihr könnt leicht ausrutschen!" Ein Sklave hat nicht zugehört und fragt: „ ______ (quid) hast du gesagt?" Doch da ist es schon passiert, er ist ausgerutscht.

2 Wähle selbst aus dem Werkzeugkoffer 1–2 aus oder entscheidet gemeinsam. ▶ S. 198

weinen, Wasser, Haus, zuerst, Geschrei, eintreten, denn, hören, was, denken, Schmerz empfinden, sehen,

NEUE GRAMMATIK KENNENLERNEN

G1 Der Akkusativ

Flāvia nōn videt ...

... Dēli-am.
... Mārc-um et Cornēli-am.

... serv-ās.
... līber-ōs.

Flāvia videt ...

... perīcul-um.

... perīcul-a.

A Erschließe, wie die neuen Formen zu übersetzen sind und wie man nach diesen Formen fragt.

B Ordne die neuen Endungen der a-Deklination, der o-Deklination (m) und der o-Deklination (n) zu.

▶ **Quiz** ▶ **Video**

VOKABELN ÜBEN

▶ **Lernvokabeln:** S. 129

Wiederhole einige bekannte Vokabeln:

1 **Gegensätze ziehen sich an.** Nenne die drei Gegensatzpaare und ihre Bedeutungen.

se movere | servus | ubi | rogare | respondere | dominus | iacere

2 **Wort-Scanner.** Nennt die Vokabeln, die zum Sachfeld „Gefahr" passen. Begründet.

liberi | clamare | gaudere | periculum | domi | timere | certe | rogare

Lerne zuerst die Vokabeln I. Übe sie dann:

3 **Vokabel gesucht.** Nenne die Bedeutung der lateinischen Vokabeln.

a Wenn du sehr traurig bist, musst du manchmal *flere*.
b Wenn man dich etwas fragt, solltest du erst *cogitare* und dann antworten.

4 **Triff deine Wahl!** Wähle die zur Antwort passende Frage: *Quis est?* oder *Quid est?*

a ______ ? Villa est. **c** ______ ? Servus est.
b ______ ? Filia est. **d** ______ ? Verbum est.

5 **Was gehört wohin?** Ordnet die deutschen Verben den Gefäßen passend zu. Nennt dann die lateinischen Vokabeln.

sehen | eintreten | ermahnen | fragen | erschrecken | fühlen | denken | hören

EINEN LATEINISCHEN TEXT LESEN

Niemand da?

Das Gewitter ist vorbei. Delia und den Geschwistern ist nichts passiert. Als sie jedoch nach Hause kommen, bemerken sie, dass das Unwetter große Schäden am Haus angerichtet hat. Ängstlich nähern sie sich. Niemand ist zu sehen oder zu hören.

A Delia und die Kinder fragen sich, ob jemand zu Hause ist. Gib an, welche Personen Delia und die Kinder suchen, und belege dies am Text (Z. 1–11).

B Nenne in Z. 1–11 alle Ausdrücke ▶ **Hilfe**, die zeigen, dass Delia und die Kinder sich fürchten und Gefahr besteht. Erstelle dann ein Sachfeld „Angst“. ▶ **M4:** S. 116–117

I Dēlia: „Hīc vīlla est. Domī sumus.“ Līberī et Dēlia vīllam intrant. Dēlia līberōs monet: „Hīc perīculum est.“ Perīculum Mārcum terret; etiam Cornēlia perīculum sentit. Mārcus flet et rogat: „Quid est? Ubī māter[1] est?“
Etiam Cornēlia timet.
Clāmat: „Māter[1], domī sumus! Ubī es?“
Dēlia cōgitat: „Cūr domina nōn respondet?“
Cornēlia rogat: „Ubī Arātus est?“ Līberī et Dēlia Arātum nōn vident, servōs nōn vident, verba nōn audiunt. Nunc etiam Dēlia timet.

1 māter: Mutter

Vorsichtig bewegen sich die drei durch alle Räume.

II Subitō līberī clāmōrem audiunt. Mulier clāmat: „Vae!“ Etiam Dēlia mulierem audit. Cōgitat: „Quis est mulier?“ Mulier domina Flāvia est. Līberī et serva Flāviam audiunt. Tum Flāviam vident. Prīmum gaudent, tum autem Flāviam spectant: Flāvia nōn valet, sed dolet. Iacet, sē nōn movet, etiam flet.
Nam Flāvia dolōrēs sentit.

C Erkläre, wieso die anfängliche Freude nachlässt, als Delia und die Kinder Flavia wiederfinden. Nenne mindestens drei lateinische Belege.

Flavia berichtet ihren Kindern, wie sie vom plötzlichen Gewitter überrascht wurde und sofort alle Sklaven fortgeschickt hat, um Marcus und Cornelia zu suchen. Sie erzählt auch, dass während des Gewitters ein Teil des Hausdachs eingestürzt und ihr ein Balken auf ihre Schulter gefallen ist. Plötzlich verzieht sie ihr Gesicht.

III Mārcus timet et clāmat: „Māter[1], quid est? Dolet-ne umerus?“ Flāvia: „Ita est. Ubī Dēlia est? Dēlia mē iuvāre dēbet.“

Cornēlia: „Iam Dēlia hīc est. Iam tē iuvat!“ Flāvia rogat: „Etiam-ne herba hīc est? Aqua-ne hīc est, Dēlia? Dēbet-ne fīlius vīnum apportāre?“

LIES UND PARAPHRASIERE!

D Arbeite heraus, wer was tut, um Flavia zu helfen. Achte dabei besonders auf Personenbezeichnungen und Prädikate, die eine Handlung ausdrücken. ▶ **M4:** S. 116–117

Dēlia umerum spectat. Domina servam rogat: „Dēlia, quid est? Dēbent-ne līberī aquam apportāre?“ Dēlia respondet: „Prīmum vīnum, tum aquam apportāre dēbent.“ Līberī vīnum et aquam apportant, tum Dēlia dominam iuvat. Mulierēs et līberī gaudent.

E Vergleiche Delias Behandlung von Flavia mit einer modernen ärztlichen Versorgung und ziehe dazu auch den Text *Sklaven und Sklavinnen und ihre Aufgaben* (▶ S. 20) heran. Welche Gemeinsamkeiten und Unterschiede fallen dir auf?

VOKABELN ÜBEN

▶ **Lernvokabeln:** S. 129

Lerne zuerst die Vokabeln II. Übe sie dann:

1 **Was passt wozu?** Ordne die Vokabeln ihrer Bedeutung zu.

clamor | autem | monere | nam | primum | dolor | spectare
der Schmerz | denn | zuerst | ermahnen | das Geschrei | betrachten | aber

2 **Fehlerteufel.** Nenne die Vokabel, die falsch übersetzt wurde, und korrigiere die Übersetzung.

1 Mulier villam spectat.
Die Frau betritt das Landhaus.
2 Primum servus flet.
Aber der Sklave weint.
3 Nunc servus valet.
Jetzt freut sich der Sklave.

3 **Erzähl mir was!** Schreibt eine kurze deutsche Geschichte, in der folgende Vokabeln vorkommen.

mulier | vae | subito | clamor | dolere

Beispiel: Delia hat viel zu tun, *nam* ...

Lerne zuerst die Vokabeln III. Übe sie dann:

4 **Deutsch-Profi.** Gib die jeweils passende Bedeutung von *sentire* an. ▶ **Hilfe**

1 Mulier periculum sentit.
2 Domina sentit: Etiam servi dormire debent.
3 Sentit-ne herba dolorem?

5 **Rätselwörter.** Ergänzt abwechselnd die fehlenden Buchstaben.

a lateinisch für „helfen“: _ u _ a _ _
b lateinisch für „bringen“: _ pp _ _ t _ r _
c ein Getränk: _ in _ m
d ein Körperteil: _ m _ r _ _
e ein gesundes Getränk: a _ u _

▶ **Quiz**

GRAMMATIK ÜBEN

▶ **Mehr Übungen:** S. 33

1 G1 **Ordnung muss sein.** Ordne die Substantive in dieser Reihenfolge: Nom. Sg., Nom. Pl., Akk. Sg., Akk. Pl.
▶ **Hilfe**

a filius, filios, filium, filii
b servae, serva, servas, servam
c verba, verbum, verbum, verba

2 G1 G2 **Grundform gesucht.** Gib den Nominativ Singular der Substantive an und bestimme ihre Deklination sowie ihr Genus (Geschlecht).

porcos | domini | filiam | verbum | servae | mulierem | pericula | villam | dolores | dominas | Marcum | clamores

3 G1 G2 **KNG gesucht.**
a Erklärt euch gegenseitig, woran ihr bei Substantiven den Kasus (Fall) und Numerus (Einzahl/Mehrzahl) erkennt. Unterscheidet dabei nach Deklinationen (a-Dekl., o-Dekl. m, o-Dekl. n und kons. Dekl.).
b Bestimmt nun KNG (Kasus, Numerus, Genus) der folgenden Substantive.

servam | periculum | mulier | dominos | filia | liberi | dolores | verba | villas | dominae | clamorem | porcus

4 G1 G2 G3 **Satzgliedern auf der Spur.** Frage nach den unterstrichenen Satzgliedern und formuliere die Antworten wie im Beispiel.

Beispiel: Serva <u>dominam</u> audit.
→ **Wen** oder **was** (**Akkusativobjekt**) hört die Sklavin?
Die Sklavin hört <u>die Herrin</u>.

1 <u>Flavia</u> flet.
2 <u>Liberi</u> <u>vinum</u> apportant.
3 <u>Mulier</u> dolorem sentit.
4 <u>Quis</u> timet?

5 G1 **Sinn oder Unsinn?** Nur jeweils einer der beiden Sätze ergibt Sinn. Nenne ihn und begründe.

1 Delia villam intrat. | Villa Deliam intrat.
2 Servos aqua apportat. | Servi aquam apportant.

6 G1 G2 **Bring's zu Ende!**

a Wen oder was hört/sieht/spürt… Audax? Setze die passenden Akkusativ-Endungen ein und übersetze.

1 Audax Marc___ et Corneli___ audit.
2 Sed liber___ non videt.
3 Saepe pericul___ sentit.
4 Tum clamor porc___ terret.
5 Nam Audax clamor___ timet.

b Nenne weitere Möglichkeiten, die Lücken zu füllen. Erkläre.

7 G1 G2 **KNG-Paare gesucht.**
a Bestimmt KNG der Substantive. Ordnet dann jedem ein Partner-Substantiv aus Aufgabe 3 zu, mit dem es in KNG übereinstimmt.

porcum | mulieres | servas | clamores

b Gibt es weitere Übereinstimmungen? Findet und erklärt sie.

8 G3 **Lückenfüller.** Setze passend ein und übersetze.

Tipp: Es sind mehrere Lösungen möglich.

-ne | quis | quid | cur | ubi

1 ___ domina est?
2 ___ Flavia non respondet?
3 Auditis___ clamorem?
4 ___ est?
5 ___ dolet?

G1 Der Akkusativ
G2 Die konsonantische Deklination
G3 Fragesätze

ÜBER SPRACHEN NACHDENKEN

Eins bleibt immer gleich.

1 Schreibe die Sätze 1–3 ab. Verwende vier verschiedene Farben und unterstreiche die Satzglieder Subjekt, Prädikat, Objekt und die Zeitangabe in allen drei Sätzen jeweils mit derselben Farbe. Begründe, dass die drei Sätze Aussagesätze sind.

1 Plötzlich hören die Kinder einen Schrei.
2 Die Kinder hören plötzlich einen Schrei.
3 Einen Schrei hören die Kinder plötzlich.

2 Beschreibe nun den Satzaufbau ▶ **Hilfe**: Welche Satzglieder können ihre Stellung ändern, welches bleibt immer am selben Platz?

3 ⊕ Der Satz *Subito liberi clamorem audiunt.* (Z. 12) ist mit jedem der drei Sätze korrekt übersetzt. Entscheide dich für die Übersetzung, die deiner Meinung nach am besten zum Text passt. Begründe deine Wahl.

DIE ANTIKE WELT KENNENLERNEN

Sklaverei im Römischen Reich

Sklavinnen und Sklaven spielten bei den Römern eine große Rolle und machten bis zu einem Viertel der Bevölkerung aus. Ihre Herkunft war sehr unterschiedlich. Manche wurden bereits als Unfreie geboren. Viele kamen als Kriegsgefangene (▶) ins Römische Reich; andere wurden geraubt und als Sklaven verkauft. Der **Sklavenhandel** war ein **großes Geschäft**.
Sklaven führten ein sehr **unsicheres Leben**, da sie von ihren Herren **abhängig** waren, keine Rechte besaßen und vor dem Gesetz **als Sache** behandelt wurden. Häufig wendeten die Herren auch **Gewalt** gegen sie an. Je besser ein Sklave aber ausgebildet war, desto respektvoller wurde er oft auch behandelt. Manchmal entwickelten sich fast freundschaftliche Beziehungen zwischen Herren und ihren Sklaven. Manche verdienten Geld und konnten sich freikaufen; nicht wenige wurden auch von ihren Herren **freigelassen**.
Nur selten versuchten Sklaven zu fliehen, denn in der Regel wurden sie schnell entdeckt und zu ihrem Herrn zurückgebracht. Dann drohten ihnen schwere Strafen. Es gab auch Anhänger oder Halsbänder aus Eisen, die Sklaven und Sklavinnen kennzeichneten, und sogar Kopfgeldjäger (▶), die Entflohene wieder einfingen.

A Stelle drei Fragen an den Text, die sich nicht mit „Ja“ oder „Nein“ beantworten lassen. Lest euch dann eure Fragen vor und beantwortet sie gegenseitig. ▶ **M8:** S. 122–123

B Auf dem Anhänger rechts steht ungefähr Folgendes: „Ich bin geflohen. Halte mich fest. Wenn du mich meinem Herrn Zoninus zurückbringst, erhältst du einen *Solidus* (Goldmünze).“ Erkläre, warum viele Sklaven solche Halsbänder tragen mussten.

DIE ANTIKE WELT KENNENLERNEN

FLAVIA

Das Römische Reich: Rom und seine Provinzen

„Nach dem Unwetter ist unser Haus leider fast unbewohnbar. Während es repariert wird, schicke ich meine Kinder zu ihrem Onkel Flavius nach Rom. Ihr Vater wird sie am Ende seiner Geschäftsreise von dort wieder mit nach Hause nehmen. Hoffentlich geht alles gut! Immerhin können sie so endlich ihren Onkel kennenlernen – und unsere Hauptstadt.
„Unsere“ sage ich, denn wir sind römische Bürger, auch wenn wir in Gallien (▶) leben: mein Mann und ich und auch unsere Kinder. Rom ist die größte, schönste und wichtigste Stadt des römischen Weltreichs *(Imperium Romanum)*. Auch der Kaiser (▶) lebt dort.
Das römische Reich ist riesig, weil unser Volk im Laufe der Jahrhunderte so viel Land erobert hat. Es ist in Provinzen *(provinciae)* (▶) unterteilt. Wir zum Beispiel wohnen in der nördlichen Provinz *Gallia Belgica*. Alle Provinzen werden von Statthaltern (▶) im Auftrag des Kaisers und des römischen Volkes verwaltet.
Aus den Provinzen kommt der Reichtum nach Rom. An römischen Marktständen kann man Waren aus aller Welt kaufen oder einfach nur bewundern: Als junges Mädchen habe ich mir dort immer gerne die feinen Stoffe aus den südlichen Provinzen Syria oder Arabia angesehen oder an exotischen Gewürzen gerochen. Wie schön, dass meine Kinder all das nun selbst entdecken können. Rom wird ihnen gefallen!“

A Cornelia und Marcus diskutieren, welche Vor- und Nachteile das Leben in Rom gegenüber dem Leben zuhause haben könnte. Stellt ein solches Gespräch nach.

B Beschreibe die Ausdehnung des Römischen Reichs mithilfe der Karte im Umschlag. Nenne fünf heutige Länder, die früher zum Römischen Reich gehörten. ▶ **Hilfe**

NEUE VOKABELN KENNENLERNEN

Abschied

1 Erschließe die Bedeutungen der neuen Vokabeln im Text und im Bild. Unten kannst du deine Lösung überprüfen.

Bald beginnt die Reise und es heißt Abschied nehmen. Marcus muss sich zum Beispiel von seinem besten ___ (amicus) verabschieden. Ihn wird er bestimmt sehr ___ (desiderare). Zuhause kennt er alle Menschen und Tiere. In der großen Stadt ___ (Roma) kennt er dagegen niemanden. Während er hier eine große *familia* hat, hat er ___ (ibi) nur seinen Onkel.

2 Wähle selbst aus dem Werkzeugkoffer 1–2 aus oder entscheidet gemeinsam. ▶ S. 198

berühren, Feld, Rom, herankommen, dort, Sonne, Pferd, vermissen, Freund, Wagen

NEUE GRAMMATIK KENNENLERNEN

G1 Die 1. und 2. Person Singular und Plural

Dēlia:

Cornēlia, quid vidē-s? / spectā-s? / audī-s?

Cornēlia:

Equōs vide-ō. / spect-ō. / audi-ō.

Dēlia:

Līberī, quid vidē-tis? / spectā-tis? / audī-tis?

Līberī:

Equōs vidē-mus. / spectā-mus. / audī-mus.

A Ordne die neuen lateinischen Endungen den Personalformen zu: ich | du | wir | ihr.

▶ **Quiz** ▶ **Video**

VOKABELN ÜBEN

▶ **Lernvokabeln:** S. 131

Wiederhole einige bekannte Vokabeln:

1 **Fremdwörter-Profi.** Ordne den Wörtern ihren lateinischen Ursprung und ihre Definition zu.

das Audio | die Sensibilität | das Aquarium

lateinischer Ursprung	Definition
A aqua **B** audire **C** sentire	**1** die Tonaufnahme **2** die Fähigkeit, Gefühle intensiv wahrzunehmen **3** der Behälter für Wassertiere

2 **Sag's mit Bildern!** Wähle drei Vokabeln aus und zeichne sie. Erratet sie dann und nennt die Bedeutung.

liberi | videre | clamor | audire | rogare | gaudere

Lerne zuerst die Vokabeln I. Übe sie dann:

3 **Deutsch-Profi.** Übersetzt und wählt dabei aus dem Kasten verschiedene Übersetzungsmöglichkeiten für *praeterea* aus.

außerdem | zudem | darüber hinaus | des Weiteren | ferner | auch | genauso | ansonsten | weiterhin | überdies | und

Marcus vermisst auf der Reise vieles: Desiderat patriam, praeterea Aratum, praeterea amicum, praeterea villam.

4 **Aus dem Kopf.** Nennt zu den unterstrichenen Wörtern die lateinische Vokabel in der Grundform. ▶ **Hilfe**

Cornelia sagt: „Man darf weder Geld noch Essen stehlen, sonst ist man ein Dieb, und ein Dieb ist ein Verbrecher." Marcus, der Cornelias Äpfel aufgegessen hat, schweigt.

EINEN LATEINISCHEN TEXT LESEN

Auf dem Weg nach Rom

Zusammen mit Delia und zwei kräftigen Sklaven, Davus und Faustus, als Beschützern, haben die Kinder sich auf die lange und gefährliche Reise gemacht. Sie sind schon viele Tage unterwegs.

A Stellt Vermutungen an, welche Gedanken und Gefühle Cornelia und Marcus beschäftigen und was sie unterwegs erleben könnten. ▶ **Hilfe**

B Überprüft am Text, inwiefern eure Überlegungen aus **A** für Marcus und Cornelia zutreffen, und belegt das (Z. 1–9).

I Dēlia rogat: „Cūr tacētis, līberī? Nōn gaudētis."
Mārcus et Cornēlia: „Ita est. Nōn gaudēmus."
Dēlia: „Cūr tū nōn gaudēs, Cornēlia?"
Cornēlia: „Māter[1] domī est, etiam amīcae ibi sunt. Patriam dēsīderō. Et tū, Mārce?"
Mārcus: „Amīcōs quoque dēsīderō. Praetereā perīcula timeō – timeō scelerātōs et fūrēs. Dēlia, timēs-ne perīcula?"
Dēlia: „Ego neque scelerātōs neque fūrēs timeō. Hīc perīcula certē nōn sunt."

1 māter: Mutter

Nach vielen Tagen kommen sie in Italien an. Es ist sehr heiß.

II Dēlia: „Ecce Ītalia! Marcē et Cornēlia, spectāte campōs! Gaudēte!"
Mārcus: „Sed sōl ārdet. Sentīs-ne sōlem, Cornēlia?"
Cornēlia: „Sōlem sentiō. Habēmus-ne aquam, Dēlia?"
Dēliā: „Aquam nōn habēmus."
Cornēlia clāmat: „Servī, audīte! Retinēte equōs! Retinēte vehiculum! Sōl ārdet, itaque aquam dēsīderāmus."

Zum Glück ist ein Brunnen in der Nähe. Die Sklaven halten den Wagen an. Nachdem sie etwas getrunken haben, sehen sich die Geschwister in der Umgebung um. Dabei macht Marcus eine Entdeckung.

III Mārcus: „Venī, Cornēlia! Accēde et spectā! Vidē, ibi est ..."
Cornēlia accēdit, tum clāmat: „Vae!"
Dēlia quoque clāmōrem audit et accēdit. Perīculum sentit, itaque līberōs retinet.
Subitō clāmat: „Celeriter discēdite, līberī! Ibi vīpera est. Vīperam tangere nōn dēbētis. Petite vehiculum!"
Vehiculum celeriter petunt.
Tum equī vehiculum trahunt.
Dēlia: „Nunc Rōmam petimus. Ibi avunculus est."

C Stelle dir vor, dass anstelle von Marcus und Cornelia zwei Jugendliche von heute eine solche gefährliche Entdeckung machen. Übersetze in Jugendsprache.

1 „Accede et specta. Vide, ibi est ...“ (Z. 17)
2 „Vae!“ (Z. 18) **3** „Celeriter discedite!“ (Z. 20)

LIES UND PARAPHRASIERE!

D Erkläre, warum sich Marcus und Cornelia nun freuen (*gaudeō*, Z. 26–27). Belege am Text.

Mārcus: „Hīc neque fūrēs neque scelerātī sunt, sed vīpera hīc est. Dēlia autem semper mē iuvat. Itaque perīcula nōn timeō, sed gaudeō.“
Cornēlia: „Mē quoque iuvās, Dēlia! Gaudeō, nam Rōmam petimus. Avunculus ibi est.“
Dēlia: „Habet-nē avunculus līberōs?“
Mārcus: „Līberōs nōn habet, neque fīlium neque fīliam.“

E Stellt euch vor, Cornelia und Marcus hätten mit ihrer Mutter telefonieren können. Spielt nach, was sie ihrer Mutter von der langen Reise berichten würden. ▶ **Hilfe**

VOKABELN ÜBEN

▶ **Lernvokabeln:** S. 131

Lerne zuerst die Vokabeln II. Übe sie dann:

1 **Was ist was?** Ordne die Vokabeln den passenden Bildern zu.

A sol **C** fur
B equus **D** vehiculum

2 **Fehlerteufel.** Nennt die Vokabel, die falsch übersetzt wurde, und korrigiert die Übersetzung.

1 Ecce servi laborant! | Sklaven arbeiten oft!
2 Servi equos habent. | Die Sklaven führen die Pferde.
3 Sed sol ardet. | Aber die Sonne geht auf.
4 Itaque Cornelia aquam desiderat. | Aber Cornelia sehnt sich nach Wasser.

Lerne zuerst die Vokabeln III. Übe sie dann:

3 **Deutsch-Profi.** Nennt die jeweils passende Bedeutung von *petere*:

verlangen | eilen | angreifen | haben wollen

1 Marcus et Cornelia Romam <u>petunt</u>.
2 Cornelia aquam desiderat, itaque aquam <u>petit</u>: „Servi, aquam <u>peto</u>.“
3 Marcus Corneliam <u>petere</u> non debet.

4 **Was gehört wohin?** Ordne passend zu.

sceleratus | sol | discedere | campus | amica | petere | accedere | avunculus | celeriter | fur | trahere

▶ **Quiz**

GRAMMATIK ÜBEN

▶ **Mehr Übungen:** S. 34

1 G1 **Personalendung gesucht.** Gib die Personalendung an und nenne das passende deutsche Personalpronomen (ich, du, ...). Übersetze dann.

audit | fleo | estis | desideramus | vident | venis | moves | clamatis | sunt | sentimus

2 G2 G3 **Was gehört wohin?**
a Gebt Delia (Sg.) oder den Kindern (Pl.) Befehle. Ordnet ihnen hierfür die passenden Imperative zu.

spectate | gaudete | vide | dormite | audite | iuva | veni | mane

b Findet passende Ergänzungen für die Aufforderungen auf Deutsch.
Beispiel: spectate: Seht den Baum an, Kinder!

3 G1 G4 **Konjugationen gesucht.** Gib für jede Verbform den Infinitiv und die Konjugation an (a-, e-, i- oder konsonantische Konjugation). Übersetze dann die ursprünglichen Formen.

rogat | ardes | sentit | discedunt | maneo | audiunt | trahimus | desideratis | tangit | habent | accedo | retinemus | petis

4 G4 **Irrläufer.** Nenne das Wort, das grammatisch nicht in die Reihe passt. Begründe.

a accedere | petere | trahere | flere
b tango | peto | desidero | discedo
c trahit | audit | dormit | sentit

5 G1 **Wörterschlange.** Nenne und bestimme die neun versteckten Verbformen.

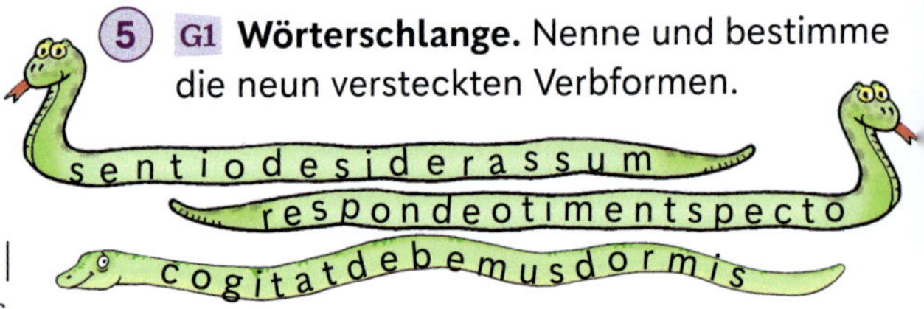

6 G2 G3 **Imperative gesucht.**
a Nenne und übersetze die Imperative.

ardet | intrate | apporta | quoque | accede | manete | aqua | habent | audi | discedite | ibi | subito | videte

b Wähle für jeden Befehl aus **a** eine Person oder Personengruppe aus, an die er gerichtet sein könnte.

servae | Marce | fures | Delia | liberi | mulier | amici | fili

Tipp: Es gibt mehrere Möglichkeiten.

7 G1 G2 G4 **Was ist hier los?**
a Schreibe die Sätze ab und markiere Subjekte, Prädikate und Objekte.

b Bestimme alle Prädikate ▶ **Hilfe** und übersetze die Sätze.

1 Cornelia et Marcus subito clamant et celeriter discedunt.
2 Delia rogat: „Cur disceditis?"
3 Liberi respondent: „Equos timemus. Equi celeriter se movent."
4 Delia: „Vae! Etiam equi timent. Quid equos terret?"

8 G4 **Bring's zu Ende!** Bilde die passende Form und übersetze.

1 Marcus et Cornelia acced___. Subito viperam vident.
2 Cornelia clamat et disced___.
3 Delia: „Viperam tang___ non debetis. Celeriter venite! Nunc Romam pet___."

G1 Die 1. und 2. Person Singular und Plural
G2 Der Imperativ
G3 Der Vokativ
G4 Die konsonantische Konjugation

▶ Selbsttest

ÜBER SPRACHEN NACHDENKEN

Beherrsche den Imperativ!

1 Die Bildung des Imperativs im Deutschen

a Setze die Infinitive in Klammern in den Imperativ.

Kurz vor der Abreise gibt Flavia der Sklavin Delia Anweisungen: „___ *(aufpassen)* gut auf meine Kinder ___. ___ *(helfen)* ihnen sofort, wenn sie Hilfe brauchen. Denn die Reise ist gefährlich. ___ *(fahren)* schnell mit ihnen nach Rom. Wenn ihr angekommen seid, ___ *(aufsuchen)* sogleich das Haus des Onkels ___."

b Betrachte die Imperativformen und beschreibe, wie sie gebildet werden.

2 **Der Tonfall macht's.** Einen Befehlssatz kann man in verschiedenen Tonfällen äußern: z. B. freundlich, besorgt oder fordernd.

a Entscheidet euch bei den Sätzen 1–3 jeweils für einen Tonfall und begründet eure Wahl mit dem Lektionstext. Lest euch die Sätze dann gegenseitig vor.
b Arbeitet diese feinen Unterschiede auch bei der Übersetzung heraus, indem ihr Wörter wie „bitte", „endlich", „doch", „unbedingt", „sofort" ergänzt.

1 Delia: „Marce et Cornelia, spectate campos! Gaudete!" (Z. 10–11)
2 Cornelia clamat: „Servi, audite!" (Z. 15)
3 Delia clamat: „Celeriter discedite, liberi!" (Z. 20)

DIE ANTIKE WELT KENNENLERNEN

„Alle Wege führen nach Rom!" – Reisen in der Antike

Die *via Appia*, eine wichtige Römerstraße.

Das Reisen in der Antike war unbequem und gefährlich. Viele Gebiete des Römischen Reiches waren zwar an das lange Fernstraßennetz angebunden. Die Straßen waren jedoch holprig und man musste mit Räubern rechnen.
Reisen unternahm man oft zu Fuß. Wer es sich leisten konnte, nutzte einen größeren **Reisewagen**, der manchmal sogar überdacht war. Mit ihm konnte man pro Tag eine Strecke von ca. 20 bis 25 römischen Meilen (ca. 30–37 km) zurücklegen. An viel genutzten Straßen konnten Reisende in Herbergen übernachten. Zur Orientierung dienten **Meilensteine** (▶) am Straßenrand, die die Entfernung zum nächstgrößeren Ort angaben.
Die Römer reisten lieber auf dem **Landweg**, da es günstiger und weniger riskant war als das Reisen auf dem Meer. Bei Schiffsreisen war man völlig von Wind und Wetter abhängig und Stürmen ausgesetzt. Für Handel und Transport waren die **Seewege** jedoch sehr wichtig.

A Erstellt ein Schaubild oder eine Liste der Gefahren beim Reisen und stellt sie heutigen Gefahren beim Reisen gegenüber.

B Recherchiere mithilfe deines Atlas, welchen Weg Cornelia und Marcus heute nach Rom nehmen könnten und wie lange die Reise dauern würde. ▶ **M9:** S. 124–125

LEKTION 1

1 G1 **Sag's mit Bildern!** Zeichne ein passendes Bild zu jedem Substantiv. Beachte den Numerus.

porcus | serva | liberi | dominus | filiae

2 G2 **Was gehört wohin?**

a Ordne die Verben passend zu und nenne die Bedeutungen.

debere | venire | rogare

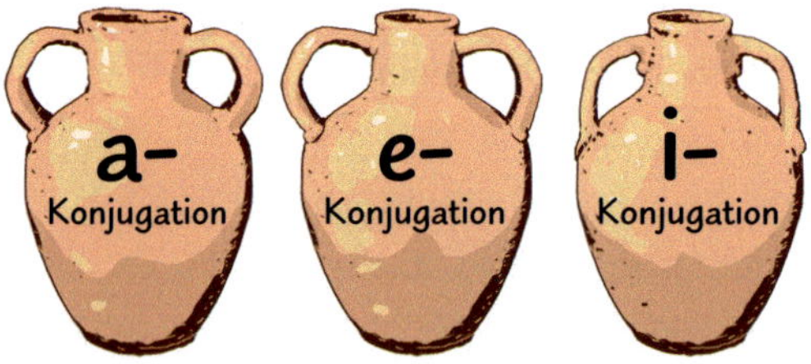

b Nenne für jedes Gefäß ein weiteres Verb. Gib die Bedeutung an.

3 G2 G3 **Wer tut was?** Übersetze jeweils als Satz.

Beispiel: laborat: Er/Sie/Es arbeitet.

clamat | gaudent | est | respondet | dormit | iacent | movet | rogant | sunt

4 G1 G2 **Fachbegriffe gesucht.** Ergänze die Sätze um die Fachbegriffe. Die Buchrolle hilft dir.

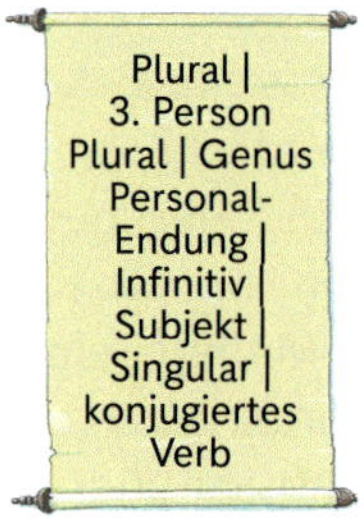

1 Das Wort *filia* hat das ___ Femininum.
2 Nach dem Satzglied ___ wird mit „Wer oder was?" gefragt.
3 Die Grundform eines Verbs heißt ___.
4 *Movet* ist kein Infinitiv, sondern ein ___. Man erkennt dies an der ___ *-t*.
5 Der Fachbegriff für Einzahl ist ___, der für Mehrzahl ___.
6 Die ___ hat als Endung *-nt*.

5 G1 G2 **Fehlerteufel.** Nenne die lateinischen Wörter, die falsch übersetzt wurden, und korrigiere die Übersetzung.

1 Dominus rogat, servi non respondent.
Die Hausherrin fragt, der Sklave antwortet nicht.
2 Porci iacent et dormiunt.
Das Schwein liegt da und schläft.
3 Serva clamat et porcus se movet.
Der Sklave ruft laut und die Schweine bewegen sich.

6 G2 G3 **Lückenfüller.** Ergänze jede Lücke mit dem richtigen Buchstaben und übersetze.

a ven___t
b deb___nt
c mov___nt
d rog___nt
e gaud___t
f ___st

7 G1 G2 G3 **Irrläufer.** Wähle das Wort aus, das nicht zu den anderen passt. Achte dabei auf ...

a ... **Genus:** servus | liberi | filius | verbum
b ... **Numerus:** filia | servae | periculum | Delia
c ... **Numerus:** gaudent | veniunt | rogant | manet
d ... **Numerus:** sumus | sum | estis | sunt

8 G1 G2 **Satzgliedern auf der Spur.** Schreibt die Sätze ab und unterstreicht Subjekte und Prädikate in zwei verschiedenen Farben. Übersetzt anschließend.

1 Certe Audax iacet et dormit.
2 Sed servae semper laborare debent.
3 Cornelia et Marcus liberi saepe gaudent.

G1 Der Nominativ
G2 Die 3. Person Singular und Plural
G3 *esse*

LEKTION 2

1 G1 **Ordnung muss sein.** Wähle alle Akkusative aus und ordne sie nach Sg. und Pl.

villa | liberos | aquam | verba | iam | periculum | servus | dominum | filii | herbas | tum

2 G1 G2 **Was gehört wohin?** Setze die Substantive in den Nom. Sg. und ordne sie nach ihrem Genus.

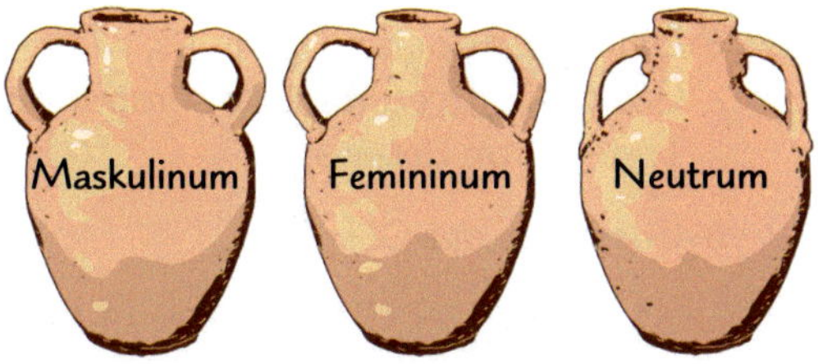

vinum | servos | clamor | porcus | umeri | pericula | mulierem | dolores | aquam | dominae | dominos

3 G1 G2 G3 **Fachbegriffe gesucht.** Ergänze die Sätze um die Fachbegriffe. Die Buchrolle hilft dir.

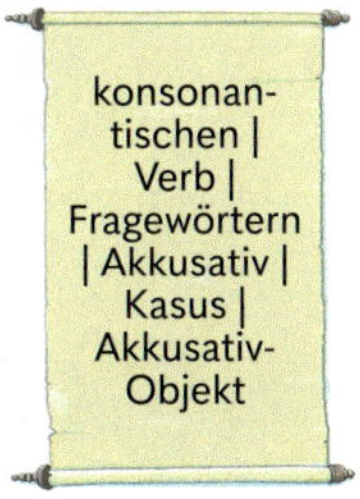

1 Die Wortart von *audire* wird als ___ bezeichnet.
2 Der ___ des Wortes *servus* ist Nominativ.
3 Das Wort *mulier* wird der ___ Deklination zugeordnet.
4 Nach dem Satzglied ___ fragt man mit „Wen oder was?“.
5 *Quid* gehört als Wortart zu den ___.
6 Der Kasus von *servam* ist der ___.

4 G1 G2 **Triff deine Wahl!** Ergänze die Sätze mit passenden Akkusativen aus dem Kasten und übersetze dann.

dolor | periculum | dominae | mulierem | liberos | servus

1 Periculum ___ terret.
2 Liberi ___ audiunt.
3 Delia ___ spectat.

5 G3 **Lückenfüller.** Setze ein passendes Fragewort ein, nenne das Subjekt des Satzes und übersetze.

Tipp: Es sind mehrere Lösungen möglich.

quis | cur | ubi | quid

1 ___ clamas?
2 ___ flet?
3 ___ audiunt?
4 ___ Flavia est?

6 G2 G3 **Irrläufer.** Bestimme die Wortarten. Nenne dann das Wort, das nicht zu den anderen passt. Begründe.

a villa | intrare | serva | domina
b cur | tum | ubi | quid
c clamor | mulier | dolere | dolor

7 G1 G2 G3 **Satzgliedern auf der Spur.** Bestimme Prädikat, Subjekt und Akkusativobjekt. Übersetze dann.

1 Serva dominam iuvat.
2 Dolores mulierem terrent.
3 Filius aquam et herbas apportat.
4 Quid liberi sentiunt?

8 G1 G2 G3 **Übersetzt.** Während des Gewitters bleibt Marcus bei Audax.

a Audax et Marcus periculum sentiunt.
b Periculum porcum terret.
c Ubi Cornelia et Delia serva sunt?
d Certe dominam iuvant.
e Tum Audax Marcum spectat et gaudet.

G1 Der Akkusativ
G2 Die konsonantische Deklination
G3 Fragesätze

LEKTION 3

1 G1 **Ordnung muss sein.** Ordne die Verbformen wie in der Tabelle und übersetze sie.

1. Sg.	2. Sg.	3. Sg.
1. Pl.	2. Pl.	3. Pl.

debemus | laborat | respondeo | spectant | dormis | iuvatis

2 G2 G4 **Sag's mit Bewegung!** Arbeitet zu dritt. Wählt der Reihe nach einen Imperativ aus und fordert ein Teammitglied (Sg.) oder beide (Pl.) auf Latein auf, die jeweilige Tätigkeit auszuführen.

discedite | te move | audite | dormi | accedite | gaudete | veni | spectate | fle | tacete

3 G1 G2 **Nicht verwechseln!** Unterscheidet genau und übersetzt.

a itaque | neque ... neque | quoque
b doletis | dolores | dormis
c domi | dormi | domini
d est | et | es | ecce | ego

4 G4 **Konjugation gesucht.**
a Erkläre, wie du im Lernvokabular die Verben der konsonantischen Konjugation von denen der e-Konjugation unterscheiden kannst.

habēre	habeō	1. **haben** 2. **halten**

trahere	trahō	**ziehen, schleppen**

b Gib zu jedem Verb an, welcher Konjugation es angehört.

petere | ardere | specto | traho | audit | tangit

5 G1 G3 **Personalpronomen gesucht.**
a Nenne die Prädikate und ordne ihnen ein deutsches Personalpronomen zu.

Tipp: Manche Personalpronomina kannst du mehrfach, andere gar nicht verwenden.

ich | du | er/sie/es | wir | ihr | sie

1 Delia: „Valesne, Cornelia?"
2 Cornelia: „Amicas desidero. Marcus et ego pericula timemus."
3 Delia: „Cur pericula timetis, Marce et Cornelia? Te et Marcum semper iuvo. Timere non debetis."

b Übersetze das Gespräch.

6 G1 G2 G4 **Irrläufer.** Nenne das Wort, das nicht zu den anderen passt, und begründe deine Wahl.

a habeo | specto | ego | peto
b audis | sentitis | videtis | spectatis
c ardemus | amicus | campus | umerus
d tace | bene | trahe | accede
e desidero | sum | subito | retineo

7 G1 G4 **Satzbau-Profi.**
a Bilde aus den Puzzleteilen kurze lateinische Fragen.

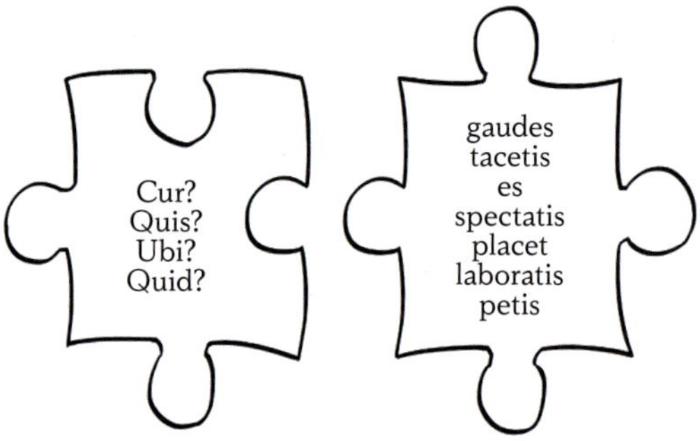

b Vergleicht zu zweit eure Fragen.
c Stellt euch in Kleingruppen eure Fragen gegenseitig und beantwortet sie auf Deutsch oder Latein.

G1 Die 1. und 2. Person Singular und Plural
G2 Der Imperativ
G3 Der Vokativ
G4 Die konsonantische Konjugation

TESTE DICH SELBST!

Die antike Welt

1 Nenne die Mitglieder einer römischen *familia*.

liberi | servae | equi | dominus | porcus | amici | filia | fures | avunculus

2 Ordne die Tätigkeiten richtig zu.

serva/servus	dominus

Feldarbeit | Schreiben (als Sekretär) | Heilen | Reparieren | Geschäftsreisen | Geldgeschäfte

3 Nenne Gemeinsamkeiten und Unterschiede zwischen dem Reisen in der Antike und heute.

4 Ordne die Vokabeln den Sachfeldern zu.

gaudere | tangere | accedere | audire | dolere | movere | spectare | timere | venire | trahere

5 Übersetze mit der passenden Bedeutung von *petere*.

1 Serva herbas petit.
2 Avunculus vinum petit.
3 Equi campos petunt.

Grammatik

6 Bestimme die Wortarten folgender Vokabeln.

patria | laborare | cur? | et | nunc

7 Bilde den Akkusativ Sg. und Pl. zu folgenden Substantiven.

a porcus **b** amici **c** domina

8 Ergänze die Prädikate in Übereinstimmung zum Subjekt.

1 „Quid liberi ___ (spectare)?“
2 „Ubi ___ (esse) porcus?“
3 „Marce, Cornelia, cur ___ (gaudere)?“

Der lateinische Text

9 Stelle anhand der Überschrift und des Vortextes Vermutungen über den lateinischen Text an: Im lateinischen Text geht es wahrscheinlich um …

A … Unterschiede zwischen dem Reisen heute und zur Zeit der Römer.
B … verschiedene Transportmittel, die man in der Antike benutzte.
C … Gefahren, die Römern auf Reisen drohten.

Römer auf Reisen: Keine sichere Sache
Wenn wir heute reisen, haben wir manchmal Angst, dass der Flug ausfällt oder der Zug Verspätung hat. Reisende in der Antike hatten dagegen ganz andere Sorgen! Davon erzählt ein Römer namens Quintus:

Campi mihi non placent, nam ibi multa pericula sunt. Fures timeo. Semper sol ardet et aqua non est. Praeterea scelerati me terrent. Itaque domi maneo.

10 Belege anhand von drei lateinischen Wörtern aus dem Text, warum Quintus lieber zuhause bleibt.

11 Übersetze den Text.

WAS IST HEIMAT?

Cicero: „Ich habe zwei Heimaten!“

Marcus Tullius Cicero (106–43 v. Chr.) war Anwalt, Philosoph, Schriftsteller und Politiker. Er war Römer, stammte aber nicht aus Rom, sondern aus der 100 Kilometer entfernten Stadt Arpinum (▶). Von ihm stammt das folgende Gespräch mit seinem besten Freund, Titus Pomponius Atticus. Die beiden befinden sich in Ciceros Landhaus in Arpinum und machen sich Gedanken darüber, was „Heimat“ eigentlich ist.

CICERO

Dies hier ist meine **eigentliche Heimat**. Von hier stammen wir, mein Bruder und ich. Hier haben unsere Vorfahren (▶) gelebt, unser Vater hat sein Leben hier verbracht. Hier bin ich geboren worden. Ich liebe diesen Ort. Hier fühle ich mich wohler als irgendwo sonst.

ATTICUS

Ich verstehe das sehr gut. Denn solche Orte berühren uns – Orte, wo die Menschen, die wir lieben, Spuren hinterlassen haben.

CICERO

Ich bin froh, dass ich dir den Ort gezeigt habe, wo ich meine Kindheit verbracht habe.

ATTICUS

Ich bin auch froh darüber! Aber ich habe noch eine Frage: Was meinst du damit, dass dieser Ort hier, Arpinum, deine ‚**eigentliche Heimat**‘ ist? Hast du denn **zwei Heimaten**?

CICERO

Ja, auf jeden Fall! Und da bin ich nicht der einzige. Wie alle römischen Bürger, die nicht in Rom geboren sind, habe ich zwei Heimaten: eine **natürliche**, wo ich **geboren** bin, und eine **gesetzliche**, wo ich **Staatsbürger** (▶) bin. Ganz besonders liebe ich Rom, also die Heimat, in der ich lebe und arbeite. Aber genauso viel bedeutet mir Arpinum, wo ich herstamme.

Abb.: So stellte sich der Maler Richard Wilson um 1771 Ciceros Heimat vor. Im Vordergrund: Atticus, Cicero und Ciceros Bruder.

A Cicero sagt, er habe „zwei Heimaten“. Erkläre, was er damit meint, und nimm Stellung dazu.

B Auch in den bisherigen Lektionen habt ihr Personen kennengelernt, die nicht an dem Ort wohnen, wo sie herstammen. Auch sie könnten von sich sagen, dass sie „zwei Heimaten“ haben. Nenne Beispiele aus den Lektionen und begründe deine Wahl.

Heimat ist ...

C **a** Tauscht euch darüber aus: Wie viele Heimaten habt ihr, und was ist „Heimat“ für euch?

b Wähle aus den Bildern und Texten auf dieser Seite aus, was dich im Hinblick auf „Heimat“ besonders anspricht, und begründe deine Wahl.

c Sammelt zusätzliche Bilder, Fotos, Texte, Wörter, Gedichte oder auch Lieder zum Thema Heimat und erstellt eine Collage daraus.

Ubi bene (est), ibi patria (est).
Römisches Sprichwort

Freundschaft – das ist wie Heimat.
Kurt Tucholsky (1890-1935), deutscher Schriftsteller

Heimat ist kein Ort, Heimat ist ein Gefühl.
Herbert Grönemeyer, deutscher Sänger

Gehe in die Welt, um zu erfahren, was Heimat ist.
Carl Peter Fröhling, deutscher Schriftsteller

LEBEN IN ROM

Abb. 1: Querschnitt eines römischen Hauses

1 Innenhof *(atrium)*
2 Regenbecken *(impluvium)*
3 Speiseraum *(triclinium)*
4 Säulengang *(peristylium)*

Abb. 2: eine antike Wachstafel mit Griffel

In den nächsten drei Lektionen erfährst du mehr über den Alltag der Römer.
Du erfährst:

- wie römische Kinder zur Schule gingen und wie der Unterricht ablief. ► S. 40
- in welchen Häusern die Römer lebten und wie ihr Zuhause aussah. ► S. 46
- was ein römisches Bad ist und was man dort alles tun konnte. ► S. 52

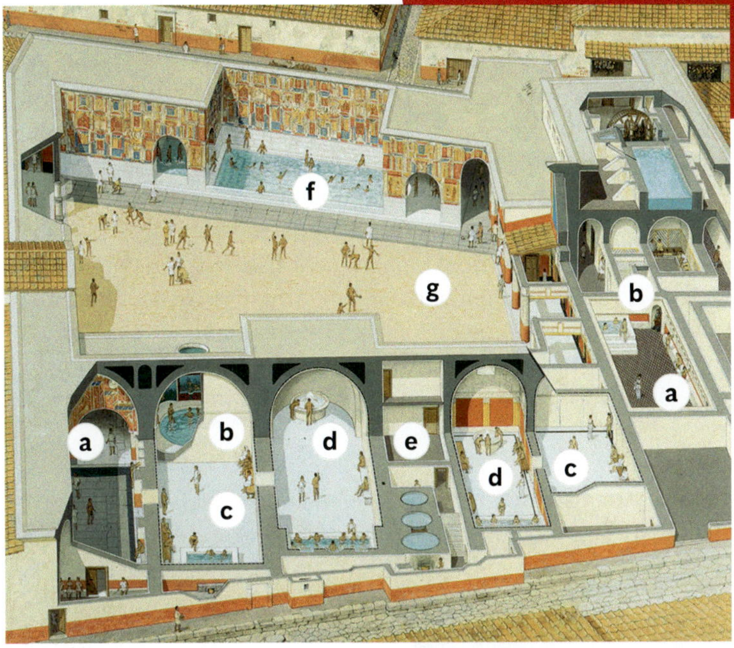

a Umkleide *(apodyterium)*
b Kaltbad *(frigidarium)*
c Lauwarmes Bad *(tepidarium)*
d Warmbad *(caldarium)*
e Sauna *(sudatorium)*
f Schwimmbecken *(natatio)*
g Sportplatz *(palaestra)*
Die Bereiche a–d gibt es doppelt: links für Männer, rechts für Frauen.

Abb. 3: Ausschnitt einer römischen Thermenanlage

1 Reiche Römer wohnten in einem Atriumhaus.

a Seht euch den Querschnitt eines solchen Hauses (Abb. 1) an und nennt drei Dinge, die euch besonders auffallen.
b In der Startlektion hast du schon Räume eines solchen Hauses gesehen. Blättere zurück auf S. 10–11 und vergleiche die Räume damit.

2 Auf Abb. 2 sind eine Wachstafel und ein Griffel zu sehen, mit dem man Buchstaben in das Wachs ritzte.

a Stellt Vermutungen an, wofür das flache Ende des Griffels benutzt wurde.
b Vergleicht die Gegenstände mit euren eigenen Schreibmaterialien: Nennt Vor- und Nachteile und bewertet sie.

3 Auch die Römer gingen in ihrer Freizeit gerne zum Schwimmen, so wie wir. Doch was verstehen wir heute eigentlich unter einem Schwimmbad und was machen wir, wenn wir dort sind?

a Tauscht euch darüber aus,
- was es in einem modernen Schwimmbad alles gibt,
- was man dort machen kann,
- warum Leute dorthin gehen.

b ⊕ Haltet eure Ergebnisse auf einem Plakat fest. (Wenn ihr wollt, könnt ihr auf eurem Plakat auch Zeichnungen oder Symbole verwenden.)

DIE ANTIKE WELT KENNENLERNEN

Römischer Schulunterricht

„Was mir an der Reise nach Rom bisher besonders gefällt? Dass ich nicht für die Schule lernen muss. Denn mein Hauslehrer Aratus reist nicht mit uns nach Rom. Eigentlich bin ich aber froh, dass ich Aratus habe. Die meisten Eltern können sich keinen gebildeten Sklaven oder Freigelassenen als Hauslehrer leisten und ihre Kinder müssen in eine öffentliche Schule gehen.
Mein Vater hat uns viel von den öffentlichen Schulen erzählt, weil ein Freund von ihm dort unterrichtet wurde. Stellt euch vor: Der Unterricht findet mitten in der Öffentlichkeit statt! Einige Lehrer unterrichten in Nischen am Straßenrand. Damit nicht alle hineinschauen können, hängt ein Stofftuch davor. Andere lehren in Zelten oder sogar unter freiem Himmel. Bei ihnen ist es natürlich immer laut wegen der Straßenhändler, Musikanten und fluchenden Viehhändler. Das kann ziemlich ablenken und man muss sich ganz schön konzentrieren! Der Unterricht beginnt sehr früh morgens und ist erst am Nachmittag zu Ende. 7- bis 11-jährige Mädchen und Jungen lernen so Lesen, Schreiben und Rechnen. Sie sitzen auf Hockern ohne Lehne und schreiben mit einem Griffel *(stilus)* (▶) auf kleinen Wachstafeln. Der Lehrer hat manchmal auch eine Papyrusrolle (▶), also ein richtiges Buch, dabei. Die Lehrer sollen sehr streng sein und die Kinder sogar mit einer Rute (▶) schlagen!“

A Vergleiche den Unterricht von damals mit deinem eigenen Unterricht (Ort, Unterrichtsmethoden, Lernmaterial, Tagesablauf, ...).

NEUE VOKABELN KENNENLERNEN

Ankunft in Rom

1 Erschließe die Bedeutungen der neuen Vokabeln im Text und im Bild. Unten kannst du deine Lösung überprüfen.

Nach einer langen Reise erreichen die Kinder zusammen ____ (cum) Delia und den beiden Sklaven Rom. Erleichtert rufen sie: „ ____ (tandem) sind wir da!“ Werden sie heute noch die Stadt erkunden ____ (posse)? Die Kinder sind neugierig. Schon von Weitem hören sie die Händler laut ____ (vocare). Gern würden sie sich bei einem von ihnen etwas ____ (emere) – vielleicht etwas Süßes.

2 Wähle selbst aus dem Werkzeugkoffer 1 – 4 aus oder entscheidet gemeinsam. ▶ S. 198

können, mit, Händler, grüßen, Junge, endlich, Mädchen, rufen, kaufen, schlagen, diskutieren

NEUE GRAMMATIK KENNENLERNEN

G1 Der Ablativ

Mercātor disputat …	Mercātor nōn disputat …
… cum mulier-e.	… cum fūr-ibus.
… cum fīli-ā.	
… cum Faust-ō.	… cum equ-īs.

A Die Präposition *cum* („mit") steht mit einem Kasus, den es im Deutschen nicht gibt: dem Ablativ. Ordne die Endungen den Deklinationen zu. ▶ **Hilfe**

B Der Ablativ Plural hat in der a- und o-Deklination (m/n) die gleichen Endungen. Bilde den Ablativ Plural zu *herba* und *perīculum*. ▶ **Hilfe** ▶ **Quiz** ▶ **Video**

VOKABELN ÜBEN

▶ **Lernvokabeln:** S. 133

Wiederhole einige bekannte Vokabeln:

1 **Gegensätze ziehen sich an.** Nenne die Bedeutung der Vokabeln.

a dominus ↔ servus
b ibi ↔ hic
c respondere ↔ rogare
d clamare ↔ tacere

2 **Lückenfüller.** Ordnet die Vokabeln passend zu. ▶ **Hilfe**

nam | cur | etiam | certe | celeriter

Die Kinder freuen sich. ___ freuen sie sich? Sie freuen sich, ___ sie sind endlich in Rom! Sie zögern nicht lange, sondern springen ___ aus dem Wagen. Sie sehen viele Menschen. Sie sehen ___ große, schöne Gebäude aus Marmor. ___ gefällt ihnen Rom.

Lerne zuerst die Vokabeln I. Übe sie dann:

3 **Was passt wozu?** Nenne die Kombinationen (z. B. H8).

A	forum	1	lange (Zeit)
B	disputare	2	rufen
C	diu	3	verkaufen
D	vendere	4	das Getreide
E	vocare	5	der Marktplatz
F	frumentum	6	diskutieren

4 **Irrläufer.** Nenne die Vokabel, die aufgrund ihrer Bedeutung nicht zu den anderen passt. Begründe.

a mercator | celeriter | vendere | emere
b petere | vocare | disputare | respondere

5 **Rätselwörter.** Ergänzt die fehlenden Buchstaben.

a eine Person, die etwas verkauft: _ e _ c _ t _ _
b lateinisch für „diskutieren": d _ _ p _ _ a _ _
c ein Fragewort: _ _ r
d lateinisch für „mit": c _ _

EINEN LATEINISCHEN TEXT LESEN

Endlich in Rom!

Ein paar Tage später sind die Reisenden am Ziel. Während Davus sich um Wagen und Pferde kümmert, betreten die Kinder mit Delia und Faustus frühmorgens einen großen Marktplatz.

A Belege am Text (Z. 1–9), wer und was auf dem Marktplatz zu sehen ist. Sieh dir dazu auch die Abbildung an.
▶ **M4:** S. 116–117

B Stelle Vermutungen an, was die Personen hier jeweils tun.

I Līberī et Dēlia et Faustus clāmōrem audiunt. Līberī cum servā et servō forum intrant: Hīc sunt mercātōrēs, dominae, dominī, servī, equī!
Cornēlia vocat: „Vidēte! Domina cum servō accēdit. Ecce! Servus diū cum mercātōre disputat."
Mercātor frūmentum vendit, servus frūmentum petit.
Nunc frūmentum emit.
Mārcus: „Ibi mercātōrēs equōs vendunt. Dominī cum mercātōribus disputant. Ecce! Equōs nōn emunt."

Plötzlich laufen Schulkinder mit ihren Wachstafeln an ihnen vorbei und setzen sich in eine Ecke auf dem Marktplatz. Ihr Lehrer aber ist noch nicht zu sehen.

II Cornēlia: „Puerī et puellae ad-sunt. Ubī autem magister est? Cūr abest?"
Mārcus: „Ibi vir accēdit. Ecce librī! Certē magister est, nam librōs habet."
Tum puerī cum puellīs magistrum salūtant: „Salvē, magister!"
Magister respondet: „Salvēte, līberī! Sed ... ubī Rūfus est? Cūr puer abest?"
Līberī timent, itaque tacent. Tum puer celeriter accēdit.
Magister clāmat: „Tandem ades, Rūfe!"
Puerum cum clāmōre petit, etiam pellit. Rūfus flet.

C Belege am Text (Z. 10–18), woran Marcus den Lehrer erkennt.

Cornelia und Marcus sehen sich erschrocken an. Ihr Hauslehrer Aratus war ganz anders!

III Mārcus: „Magister līberōs nōn bene docet. Līberī magistrum timent. Bene discere sīc nōn possunt."
Cornēlia: „Sīc nec scrībere litterās nec legere sententiās placet. Arātus autem bene docēre potest. Ita bene discere potes, Mārce!"
Mārcus: „Ita est. Arātus neque clāmat neque pellit. Ita bene discere possum."

D Informiere dich über die Pendelmethode. Übersetze Z. 19–20 auf diese Weise. Tauscht euch anschließend darüber aus, an welcher Stelle die Methode hilfreich war und wo es damit Schwierigkeiten gab. ▶ **M6:** S. 119

Tipp: Nutze die Übersetzungs-Checkliste, um deine Übersetzung zu überprüfen. ▶ **M7:** S. 121

E *Bene discere sic non possunt* (Z. 20). Bewerte diese Aussage, indem du besonders gute bzw. schlechte Lernbedingungen damals und heute erläuterst. ▶ **Hilfe**

LIES UND PARAPHRASIERE!

F Plötzlich bleibt Cornelia stehen. Erkläre, warum (Z. 24).
Gib dann wieder, was du über den *vir* erfährst (Z. 25–29).

Cornēlia: „Manēte! Audītis-ne clāmōrem?“
Mārcus: „Ibi mercātor cum virō disputat.“
Subitō mercātor vocat: „Fūr, fūr! Ibi est!“
Mārcus: „Vir fūr est!“
Dēlia: „Sed ubī nunc est? Virum vidēre nōn possum.“
Mārcus: „Ibi ... Vir vehiculum petit. Sed nunc ... ab-est.

VOKABELN ÜBEN

▶ **Lernvokabeln:** S. 133

Lerne zuerst die Vokabeln II. Übe sie dann:

1 Damals und heute. Erkläre mithilfe der Abbildung, warum „Buch“ eine missverständliche Übersetzung für *liber* ist.

2 Gegensätze ziehen sich an. Nenne die drei Gegensatzpaare und ihre Bedeutungen.

vendere | salutare | abesse | emere | pellere | rogare | adesse | respondere

3 Männlich und weiblich. Nennt abwechselnd aus dem Kopf das Gegenstück. ▶ **Hilfe**

a dominus
b magistra
c puer
d mulier

Lerne zuerst die Vokabeln III. Übe sie dann:

4 Was passt wozu? Ordne die Vokabeln zu.

forum | magister | litterae | mercator

1 ___ docet liberos.
2 ___ vendit equos.
3 Hic liberi dulcia *(Süßes)* emunt: ___.
4 A, B, C ... sunt ___.

5 Text-Scanner. Nennt aus dem Text alle Vokabeln zum Thema „Schule“. Begründet.

Pueri et puellae accedunt. Tum manent. Ecce! Vir accedit. Liberi cogitant: ‚Certe magister est, nam libros habet.‘ Tandem magister adest. Liberi magistrum salutant. Tum magister liberos docet. Liberi litteras legunt. Tum sententias scribunt. Sic pueri et puellae bene discunt.

▶ **Quiz**

GRAMMATIK ÜBEN

▶ **Mehr Übungen:** S. 58

1 G1 **Triff deine Wahl!** Wähle jeweils den Ablativ aus und gib die Deklination und den Numerus an. ▶ **Hilfe**

a Marco | verbum **c** servae | amica
b fure | avunculos **d** liberi | mulieribus

2 G1 **Begleitung gesucht.**
a Nenne alle Substantive im Ablativ und verbinde sie mit *cum*.

frumentum | filia | mercatoribus | mulierem | forum | amicam | equo | fure | servis (2)

b Nenne die Grundform der gefundenen Substantive aus **a** und übersetze die Wendungen mit *cum*.
Beispiel: amico → Grundform: amicus → cum amico: mit dem Freund

3 G1 G2 **Grundform gesucht.** Gebt Nominativ Sg., Genus und Deklination an. Übersetzt den Nominativ.

pueri | mercatoribus | libros | litteris | puella | periculo | amicus | servo | aquam

4 G3 **Ordnung muss sein.** Bringe die Formen von *posse* und *adesse* in die richtige Reihenfolge (1. P. Sg., 2. P. Sg. ...) und übersetze sie.

adest | possumus | adestis | potes | adsunt | adsum | potestis | possum | ades | potest | adsumus | possunt

5 G1 **Ablativ gesucht.**
a Suche die fünf Ablative heraus und bestimme den Numerus und das Genus.

1 Fur cum filio mercatores spectat.
2 Mercatores cum equis forum petunt.
3 Filius cum mercatoribus diu disputat.
4 Mercatores cum clamore respondent.
5 Celeriter fur cum equo discedit.

b Übersetze die Sätze.

6 G1 **Mit wem?** Während einer Pause ist Marcus im Schatten eingeschlafen. Er träumt, dass Aratus sich auf den Weg nach Rom macht. Wähle für Aratus fünf passende Begleiter/-innen aus der Gedankenblase und bilde die Formen im Ablativ.

Tandem Aratus cum ____ venit.

domina mulieres equus puellae
servi fur mercator sceleratus

7 G2 **Im Doppelpack.** Nennt Paare, die in KNG übereinstimmen.

Tipp: Es gibt verschiedene Möglichkeiten.

porcus | libri | viros | servis | clamores | puellae | fures | mercatoribus | puer | mulieres

8 G3 **Triff deine Wahl!** Wähle das passende Prädikat aus und übersetze den Text.

Auf dem Marktplatz
Liberi discere non (potes/possunt), nam clamor (est/sunt). Itaque magistrum audire non (possunt/possumus). Tum puer: „Neque libros legere neque scribere (possum/potest).“ Etiam puellae: „Ita discere non (possumus/potestis).“ Sed magister clamat: „Tacete! Sic ego docere non (posse/possum)!“

G1 Der Ablativ
G2 Die Substantive auf *-er*
G3 *posse*

▶ Selbsttest

ÜBER SPRACHEN NACHDENKEN

Muss man immer „sagen" sagen?

Eine Schülerin hat Folgendes im Lateinunterricht gelernt: Wenn ein Prädikat vor der wörtlichen Rede im lateinischen Text fehlt, soll sie bei der Übersetzung ins Deutsche eine Form von „sagen" oder ein anderes Verb des Sagens hinzufügen.

1 Lies ihre Übersetzung und gib an, was dir bei den Einleitungssätzen zur wörtlichen Rede auffällt.

Der Lehrer sagt: „Seid gegrüßt, Kinder!" Die Schüler sagen: „Wir grüßen dich, Lehrer!" Der Lehrer sagt: „Lucius, was ist los? Wieso antwortest du nicht?" Quintus sagt: „Lucius kann dich nicht hören. Er schläft." Der Lehrer sagt: „L-U-C-I-U-S! Wach auf!"

2 Sortiere die Verben aus der Wortwolke in drei Wortfelder. Lege dazu eine Tabelle mit drei Spalten an:
- Verben des Sagens und Antwortens
- Verben des Fragens
- Verben des Rufens und Aufforderns

3 Ersetze nun das Verb „sagen" in der Übersetzung durch passendere Verben aus deiner Tabelle. Begründe deine Wahl.

rufen einwenden schreien erkundigen sprechen glauben fragen nachfragen mitteilen
bitten loben befehlen
antworten diskutieren entgegnen
schimpfen verlangen erwidern anordnen meinen
flüstern grüßen erklären ermahnen
sagen

DIE ANTIKE WELT KENNENLERNEN

Bildung für alle?

Relief: Schüler mit ihrem Hauslehrer (Trier, 2. Jh. n. Chr.).

Die meisten Römer konnten einigermaßen lesen, schreiben und rechnen. Allerdings gab es **keine Schulpflicht** und die Schule kostete Geld. Die meisten Kinder besuchten nur vier Jahre lang die **Elementarschule** (▶), wenn überhaupt. Nach der Schule begannen sie mit etwa 12 Jahren eine Ausbildung (▶). Jungen aus den höheren Gesellschaftsschichten erhielten bis zum 16. Lebensjahr bei einem ***grammaticus*** Unterricht in Latein, Griechisch und Literatur. Die Mädchen wurden manchmal mit ihren Brüdern unterrichtet, vor allem aber auf ihre Rolle als Hausherrin vorbereitet.
Einige wenige Jungen setzten ihre Ausbildung im Alter von 16 bis 20 Jahren bei einem **Rhetoriklehrer** fort. Bei ihm studierten sie die Redekunst, das heißt, sie lernten, Reden zu formulieren und überzeugend vorzutragen. Damit bereiteten sie sich auf eine Laufbahn als Beamter, Politiker oder Anwalt vor.

A Gestaltet ein Schaubild zu den Stufen der römischen Schulbildung. ▶ **M9:** S. 124–125

B Vergleiche die römische Schulbildung mit der heutigen und nimm Stellung dazu.

DIE ANTIKE WELT KENNENLERNEN

Wohnen in der *insula*

MIETERIN QUINTA

„Rom ist die größte Stadt der Welt: Eine Million Menschen wohnt hier, die meisten in ärmlichen Wohnvierteln, wo die Häuser hoch und die Straßen eng und gefährlich sind. Ein solches Viertel ist die Subura. Hier wohne ich mit meiner Familie ganz oben in einem mehrstöckigen Mietshaus, einer *insula*. Das Haus gehört Gaius Flavius Crassus, doch er kümmert sich kaum darum. Das einzige, was ihn interessiert, ist die Miete.
Die Wohnungen sind klein und überfüllt. Es gibt keinen Wasseranschluss und auch keine Küche, denn man darf wegen der Brandgefahr im Haus kein Feuer machen. Zugegeben: All dies ist in der Subura üblich. Aber dass die Wände wackeln und bröckeln, macht mir Sorgen! Erst letzte Woche ist eine *insula* in der Nähe eingestürzt, weil sie zu schlecht gebaut und zu hoch war. Die Höhe der *insulae* ist zwar wegen der Einsturz- und Brandgefahr gesetzlich begrenzt, doch Eigentümer wie Flavius halten sich nicht daran. Sie wollen ja viele Wohnungen vermieten und bauen einfach immer höher! Viel lieber würde ich im ersten Stock wohnen, direkt über den *tabernae*, also den Werkstätten und Geschäften. Diese Wohnungen haben zum Teil sogar Glasfenster. Aber nur wohlhabende Römer können sie sich leisten."

A Nenne drei Informationen über eine *insula*-Wohnung, die dir besonders aufgefallen sind. Begründe deine Wahl.

NEUE VOKABELN KENNENLERNEN

Auf Wohnungssuche

1 Erschließe die Bedeutungen der neuen Vokabeln im Text und im Bild. Unten kannst du deine Lösung überprüfen.

Ein junger Mann sucht mit seiner Frau eine Wohnung in der Subura. Sie erreichen ihr Ziel und stehen ____ (ante) der Haustür. Der Vermieter führt sie hinein. Er meint: „Der Raum ist ____ (magnus), sogar riesig!" Die Frau meint aber: „Nein, er ist ____ (parvus), sogar winzig!" Ihr Mann findet den Raum trotzdem ____ (bonus), ihm gefällt die Lage. Die Frau findet ihn aber ____ (malus), weil das Haus in keinem guten Zustand ist. Also geht die Suche weiter.

2 Wähle selbst aus dem Werkzeugkoffer 1–4 aus oder entscheidet gemeinsam. ▶ S. 198

sagen, groß, vor, in … hinein, zu … hin, Mietshaus, zeigen, klein, gut, schlecht, aus … heraus

NEUE GRAMMATIK KENNENLERNEN

G1 Das Adjektiv

A Beschreibe die Funktion der markierten Wörter.

B Erkläre, warum die neuen Wörter jeweils verschiedene Endungen haben, und gib an, woher du die Endungen kennst.

▶ **Quiz** ▶ **Video**

VOKABELN ÜBEN

▶ **Lernvokabeln:** S. 135

Wiederhole einige bekannte Vokabeln:

1 **Was gehört wohin?** Ordne die Vokabeln passend zu. ▶ **Hilfe**

rogare | liberi | verbum | accedere | vir | vocare | venire | sceleratus | clamor | respondere

2 **Aus dem Kopf.** Nenne zu den unterstrichenen Wörtern die lateinische Vokabel. ▶ **Hilfe**

Marcus und Cornelia sind <u>mit</u> ihren Begleitern <u>endlich</u> in Rom. <u>Hier</u> gibt es viel zu sehen. Die Kinder blicken sich <u>oft</u> um, alles ist aufregend. <u>Plötzlich</u> rempelt ein Junge Cornelia an. Er entschuldigt sich. <u>Bestimmt</u> war es nur ein Versehen.

Lerne zuerst die Vokabeln I. Übe sie dann:

3 **Was passt wozu?** Ergänze die Lücken mit den passenden Vokabeln.

insula | iratus | taberna

1 Ein Haus, in dem viele Menschen leben, nennt man ___ .
2 Den Ort, an dem man etwas essen und trinken kann, nennt man ___ .
3 Wenn man ungerecht behandelt wird, wird man manchmal ___ .

4 **Deutsch-Profi.** Gebt treffende Übersetzungen für die unterstrichenen Vokabeln an.

1 Mulier villam <u>magnam</u> videt.
2 Mulier <u>credit</u>: ‚Hic vir <u>magnus</u> habitat.'
3 Mulier cogitat: ‚Ego in insula habito. Itaque mulier <u>parva</u> sum.'

EINEN LATEINISCHEN TEXT LESEN

Wo wohnt der Onkel?

Marcus, Cornelia, Delia und Faustus suchen das Haus des Onkels, Gaius Flavius Crassus. Zum Glück kennt jemand den Namen und schickt sie in die Subura. Die Kinder sind erstaunt: Hier soll ihr Onkel wohnen? Ihre Mutter hat sie vor diesem Stadtviertel gewarnt …

A Beschreibe, was die Personen in Z. 1–8 denken und wie sie sich fühlen.

I Mārcus laetus nōn est, etiam Cornēlia laeta nōn est. Dēlia cōgitat: ‚Hīc sunt paucī dominī atque paucae dominae. Hīc certē multī scelerātī sunt …‘ Cornēlia māgnās īnsulās atque parvās tabernās videt. Videt etiam virōs īrātōs. Cornēlia rogat: „Num avunculus hīc habitat?“ Dēlia respondet: „Ita crēdō. Venīte!“ Tandem Dēlia vocat: „Adsumus! Hīc habitat!“

Vor ihnen steht ein großes Mietshaus. Im Erdgeschoss ist eine Gaststätte, aus der Lachen, aber auch Gebrüll zu hören sind. Faustus geht hinein, um sich nach dem Onkel zu erkundigen.

II Līberī cum Dēliā ante tabernam manent. Subitō māgnum clāmōrem audiunt: Virī ē tabernā veniunt. Īrātī sunt et clāmant: „In Subūrā saepe flammae sunt. Saepe īnsulae ārdent!“ – „Cūr dominī[1] nōs nōn iuvant?“ – „Dominōs[1] malōs habemus, nōn bonōs!“ Tum verba mala dīcunt. Mārcus cōgitat: ‚In Subūrā multa perīcula sunt.‘ Tum Faustus cum virō ad līberōs accēdit et vocat: „Vir viam ad Flāvium avunculum ostendere potest.“ Vir: „Salvēte! Ita est: Flāvius hīc īnsulam habet, sed hīc nōn habitat. Habitat in māgnō aedificiō. Venīte!“

1 dominus *hier:* ein/der Vermieter

B Formuliert treffende Übersetzungen für die Sätze *Subito magnum clamorem audiunt* (Z. 9–10) und *Tum verba mala dicunt* (Z. 15).

Was für ein Missverständnis! Doch nun finden die vier endlich das richtige Haus. Und – dort angekommen, stellt sich heraus, dass Davus schon da ist! Er nimmt sie in Empfang.

III Servus et līberōs et Dēliam et Faustum in aedificium dūcit. Cornēlia vocat: „Tandem avunculum convenīmus!“ Deinde avunculus accēdit. Dīcit: „Salvēte! Nunc Rōmae estis. Nōnne beātī estis? Vōs ē Galliā venītis, ergō Rōma certē placet.“

LIES UND PARAPHRASIERE!

C ⊕ Marcus antwortet seinem Onkel auf die Frage *Nonne beati estis* (Z. 24). Erkläre, wie Marcus sich fühlt, und beschreibe die Reaktion des Onkels.

Mārcus: „Beātus nōn sum. Patriam dēsīderō. Nōnne multa perīcula Rōmae sunt?“ Avunculus: „Hahae! Num perīcula timēs? Puer perīcula timēre nōn dēbet!“ Ad Dēliam dīcit: „Cum līberīs in aedificiō manēre nōn possum. In forō amīcum, māgnum virum, conveniō. Manēte hīc!“

D Notiere in Stichworten, was du über den Onkel erfährst. ▶ **M5:** S. 118
Verfasse dann einen Brief von Marcus an einen Freund, in dem er ihm seinen Onkel beschreibt. ▶ **Hilfe**

VOKABELN ÜBEN

▶ **Lernvokabeln:** S. 135

Lerne zuerst die Vokabeln II . Übe sie dann:

1 **Gegensätze ziehen sich an.** Ordne die Vokabeln passend zu.

multi | parvus | bonus | pauci | magnus | malus

- **a** ___ (groß) ↔ ___ (klein)
- **b** ___ (schlecht) ↔ ___ (gut)
- **c** ___ (wenige) ↔ ___ (viele)

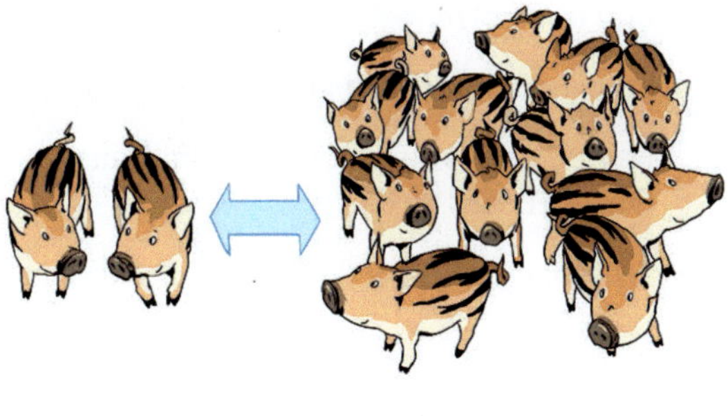

2 **Sag's mit Bildern!** Zeichne die Wörter. Erratet sie dann und nennt ihre Bedeutung.

- **a** Ort und Richtung: ante, ad, in (+ *Akk.*), in (+ *Abl.*), e/ex
- **b** Menschen, Dinge, Handlungen: insula, via, taberna, flamma, ostendere, vir

Lerne zuerst die Vokabeln III . Übe sie dann:

3 **Was passt wozu?** Ordne die Vokabeln ihrer Bedeutung zu.

laetus | bonus | iratus | beatus | malus
schlecht | glücklich | froh | gut | zornig

4 **Irrläufer.** Nenne die Vokabel, die aufgrund ihrer Bedeutung nicht zu den anderen passt. Begründe.

- **a** hic | deinde | tum | tandem
- **b** taberna | aedificium | insula | flamma
- **c** venire | dicere | ducere | convenire

5 **Rätselwörter.** Ergänzt die fehlenden Buchstaben.

- **a** ein Fragewort: n ___ ___ ___ e
- **b** in der Hauptstadt Italiens: R ___ ___ a ___
- **c** lateinisch für „also, folglich“: e ___ g ___
- **d** ein größeres Gebäude: ___ ___ ___ i f i ___ i u m
- **e** lateinisch für „ihr“: ___ o ___

▶ **Quiz**

GRAMMATIK ÜBEN

▶ **Mehr Übungen:** S. 59

1 G1 **Lückenfüller.** Ordne das Adjektiv einem in KNG passenden Substantiv zu und übersetze.

a multi ___ (viri/puellae/servos)
b laeta ___ (puer/serva/liberi)
c magnae ___ (villas/periculum/insulae)
d parvum ___ (mulierem/vehiculum/vir)

2 G1 **Wortarten auf der Spur.**
a Notiere alle Substantive, Adjektive und Verben. Vergleicht eure Ergebnisse und gebt die Grundformen an. ▶ **Hilfe**

Cornelia cogitat: „Magnae insulae non placent. Etiam multi scelerati ibi sunt."

b Übersetzt die Sätze.

3 G1 **Was passt wozu?**
a Nenne in jedem Satz das Substantiv, das zum unterstrichenen Adjektiv passt. Begründe mit KNG.

1 Avunculus magnam villam ostendit.
2 Puer laetus est.
3 Cornelia beata avunculum rogat:
4 „Cur viri in Subura *(in der Subura)* irati sunt?
5 Habentne dominos *(Vermieter)* malos?"
6 Tum avunculus iratus:

b Übersetze und bestimme die Funktion der Adjektive (Attribut, Prädikatsnomen, Prädikativum).

4 G2 **Satzgliedern auf der Spur.**
a Übersetze die Sätze.

1 Primum avunculus amicum in foro videt.
2 Deinde amicum in tabernam ducit.

b Frage auf Deutsch nach dem unterstrichenen Satzglied. Erkläre den Unterschied bei *in*.

5 G1 **Im Doppelpack.** Ordne jedem Adjektiv ein passendes Substantiv zu und bestimme KNG.

parvum | multis | paucas | mali
dolores | periculis | mulieres | puerum

6 G1 **Adjektiv gesucht.** Nennt die Adjektive und ihre Bezugswörter. Übersetzt dann.

Saepe insulae ardent; itaque viri et mulieres irati sunt. Cogitant atque dicunt: „Insulae bonae non sunt." Tum vocant: „Insulae malae sunt!" Pauci homines magna aedificia habent.

7 G1 G2 **Was ist hier los?** Ergänze im richtigen Kasus und übersetze.

Cornelia et Marcus cum ___ (Delia) ante ___ (parva taberna) manent. Parvus vir celeriter e ___ (magnum forum) venit. Tum Deliam in ___ (aedificium) ducit. Subito liberi ___ (clamor laetus) audiunt. Deinde ___ (Delia laeta) vident. Cur gaudet?

8 G2 **Lückenfüller.**
a Ergänze die passenden Präpositionen und übersetze.

ante | ex | in (2) | ad | cum

Davus kommt als erster bei dem Haus von Onkel Flavius an:

1 Davus servus ___ magnum aedificium accedit.
2 Tum serva ___ aedificio venit et dicit: „Salve! Dominus ___ aedificio est. Veni ___ aedificium et saluta dominum!
3 Equi autem ___ vehiculo ___ aedificium manere debent."

b Nenne zu jeder Präposition aus **a** den dazugehörigen Kasus.

G1 Das Adjektiv
G2 Die Präpositionen

▶ Selbsttest

ÜBER SPRACHEN NACHDENKEN

Alles gleich?! Adjektive in verschiedenen Sprachen

1 Lies dir die folgenden Sätze in vier Sprachen aufmerksam durch. Ordne dann den jeweiligen Sprachen die untenstehenden Aussagen (a–c) zu.

Sprache	Singular	Plural
Latein	Marcus iratum virum videt. Marcus virum iratum videt.	Marcus iratos viros videt. Marcus viros iratos videt.
Deutsch	Marcus sieht einen zornigen Mann.	Marcus sieht zornige Männer.
Englisch	Marcus sees the angry man.	Marcus sees the angry men.
Türkisch	Marcus öfkeli adamı görüyor.	Marcus öfkeli adamları görüyor.

a In dieser Sprache zeigen Endungen, zu welchem Substantiv ein Adjektiv gehört.
b In dieser Sprache kann das Adjektiv vor oder nach dem Substantiv stehen.
c In diesen Sprachen wird das Adjektiv nicht dekliniert.

2 Erläutere, worauf du besonders achten musst, wenn du in einem lateinischen Text Adjektive siehst.

DIE ANTIKE WELT KENNENLERNEN

Wohnen in einem römischen Atriumhaus

Atriumhaus. Man sieht das Peristyl mit dem Garten (Pompeji, 1. Jh. n. Chr.)

Wohlhabende Römer lebten gern in sogenannten **Atriumhäusern**. Das Zentrum eines solchen Hauses war der **Innenhof** (*atrium*), der als Empfangsraum diente. Durch sein offenes Dach fiel Licht, ein Wasserbecken fing den Regen auf und kühlte den Raum. Um das Atrium herum waren die anderen Räume angeordnet: Schlaf-, Arbeits- und Speiseräume, Küche, Bad, Bibliothek und Kammern für die Sklaven. Außerdem schloss sich ein Garten mit einem **Säulengang** (*peristylium*) an. Die Böden waren oft aufwändig mit Mosaiken (▶) gestaltet und die Wände mit bunten Wandmalereien verziert. Besonders reich war oft der **Speiseraum** (*triclinium*) ausgestattet: Er hatte drei sogenannte Klinen (▶), auf denen je drei Personen ihre Mahlzeiten im Liegen einnahmen. Die Römer speisten gern mit Gästen. Zur **Beleuchtung** dienten Fackeln oder Öllampen, die einen Raum aber nur spärlich erhellen konnten.

A Stellt euch vor, die Mieterin Quinta (▶ S. 46) besucht das Atriumhaus ihres Vermieters: Nennt fünf Unterschiede zwischen seinem Haus und ihrer *insula*-Wohnung. Nutzt dabei die lateinischen Fachbegriffe. Zieht auch das Bild auf S. 38 heran.

DIE ANTIKE WELT KENNENLERNEN

Thermen – Freizeitbäder der Antike?

FLAVIUS

„Ich bin froh, dass die Kinder sicher bei mir in Rom angekommen sind, doch viel Zeit habe ich nicht für sie. Morgen Nachmittag werde ich aber das Angenehme mit dem Notwendigen verbinden und mit Marcus in die Thermen (▶) gehen. Dort bin ich mit einem Geschäftspartner verabredet. Cornelia wird nicht mitkommen, denn Marcus und ich besuchen den Männerbereich. Die Frauen haben einen eigenen Bereich. Da der Eintritt fast nichts kostet, kommen hier viele verschiedene Menschen zusammen: Ob arm oder reich, alle kommen hierher – manchmal sogar Trajan (▶), unser Kaiser! Die Thermen sind ein wunderbarer Ort, um sich mit Freunden und Bekannten zu treffen oder Geschäfte abzuschließen. Allerdings sind sie auch ein wunderbarer Ort für Diebe! Während ich mich mit meinem Geschäftspartner treffe, kann Marcus in einem der verschiedenen Becken baden, in der Sportanlage beim Ballspielen mitmachen oder in der Bibliothek lesen. Nach meinem Geschäftstermin können wir uns dann, wenn noch Zeit ist, zu einem kleinen Imbiss treffen oder massieren lassen."

A Stell dir vor, ein 14-jähriger Römer oder ein Kaufmann aus Germanien ist nach langer, anstrengender Reise in Rom angelangt. Stelle ihm drei lohnende Aktivitäten für einen Vormittagsbesuch in den Thermen vor.

B Erklärt, inwiefern Thermen als „Freizeitbäder der Antike" bezeichnet werden können. ▶ **Hilfe**

NEUE VOKABELN KENNENLERNEN

Cornelia auf dem Markt

1 Erschließe die Bedeutungen der neuen Vokabeln im Text und im Bild. Unten kannst du deine Lösung überprüfen.

Während Marcus die Thermen besucht, geht seine ___ (soror) Cornelia mit Delia auf den Markt. „Cornelia, dein Onkel hat uns Geld gegeben", ___ (inquit) Delia. „Wir kaufen heute Stoff für eine neue ___ (tunica), die du unter dein Obergewand anziehst." Doch Cornelia hört nicht zu, denn sie ist damit ___ (occupata), den Markt zu betrachten: die fremden Menschen und die vielen Waren, die es in Gallien nicht gibt. Plötzlich hören die beiden die laute ___ (vox) eines Händlers. Offensichtlich ist er unzufrieden, ___ (quia) der Kunde ihm zu wenig Geld für seine Ware anbietet.

2 Wähle selbst aus dem Werkzeugkoffer 1–4 aus oder entscheidet gemeinsam. ▶ S. 198

rennen, sagt, Tunika, weil, Stimme, Schwester, Speise, zwei, beschäftigt

NEUE GRAMMATIK KENNENLERNEN

G1 Der Genitiv

Fūr sum.

Petō pecūniam dominī, dominōrum.
Petō pecūniam puellae, puellārum.

Petō pecūniam mercātōris, mercātōrum.
Petō pecūniam mulieris, mulierum.

A Erschließe, wie die neuen Formen zu übersetzen sind.

B Formuliere die Frage, mit der man nach den neuen Formen fragt.

Tipp: Verwende hierfür das Fragewort „Wessen?".

C Gib die neuen Endungen an und ordne sie den Deklinationen zu. ▶ **Hilfe**

▶ **Quiz** ▶ **Video**

VOKABELN ÜBEN

▶ **Lernvokabeln:** S. 137

Wiederhole einige bekannte Vokabeln:

① **Sag's mit Bildern!** Wähle drei Vokabeln aus und zeichne sie. Erratet sie dann und nennt die Bedeutung.

cogitare | dicere | spectare | intrare | magnus | parvus | laetus | fur

② **Aus dem Kopf.** Ergänze die passende Vokabel. ▶ **Hilfe**

1 Ein Mann betritt mit seinem Sklaven einen Laden.
Vir ____ servo tabernam intrat.
2 Sie warten lange. Endlich kommt ein Händler.
Diu manent. ____ mercator venit.
3 Zuerst begrüßt der Händler die Männer.
____ mercator viros salutat.
4 Dann kaufen sie Bücher.
____ libros emunt.

Lerne zuerst die Vokabeln I. Übe sie dann:

③ **Was passt wozu?** Ordne die Vokabeln den unterstrichenen Wörtern zu.
Nenne drei Vokabeln, die auf der Abbildung dargestellt sind.

agere | tunica | quia | inquit | custodire | pecunia

Die Männer legen ihr Untergewand ab. Ihre Sklaven bewachen die Kleidung, weil viele Diebe unterwegs sind. Die Badegäste gehen ins Wasser. „Ich verhandle", sagt einer, „jetzt gern mit euch über das Geld."

④ **Auf Latein!** Nennt lateinische Vokabeln zum Sachfeld „Einkauf".

EINEN LATEINISCHEN TEXT LESEN

Geheimnisse in den Thermen

Flavius wird heute in den Thermen Didius treffen. Didius arbeitet in der Stadtverwaltung und hat Flavius aufgefordert, die oberen Etagen seines Mietshauses abzureißen. So verlangt es das Gesetz. Doch Flavius denkt, dass er Didius umstimmen kann. Zusammen mit Marcus betritt Flavius nun das *apodyterium*, den großen Umkleideraum der Thermen.

A Im *apodyterium* sieht Marcus viele Sklaven. Überlege, welche Aufgaben die Sklaven im Umkleideraum haben könnten. Überprüfe deine Vermutungen danach anhand des Textes.

I Flāvius: „Tunicam dēpōne, Mārce! Ecce: Servī tunicās dominōrum et puerōrum custōdiunt, quia hīc saepe fūrēs sunt. Numerus fūrum māgnus est!“ Iam amīcus avunculī intrat: „Salvē, Flāvī!“ Flāvius vōcat: „Salvē, Dīdī! Hīc est Mārcus,“ inquit, „fīlius Flāviae sorōris.“ Tum Flāvius ad Mārcum: „Nunc cum amīcō agere dēbeō. Discēde et spectā thermās, Mārce! Hīc pecūnia est.“

B Überprüfe deine Übersetzung der Sätze *Servi … magnus est* (Z. 1–3) mit der Übersetzungscheckliste: ▶ **M7:** S. 121

C Nenne die Personen, die Marcus in den Thermen beobachten kann. Gib an, was sie dort tun (Z. 9–13).

Das lässt sich Marcus nicht zweimal sagen. Er betritt die Thermen und läuft von Raum zu Raum.

II Multōs hominēs videt: Hīc virī in aquā sunt et sermōnem habent. Ibi duō iuvenēs celeriter currunt. Multitūdō hominum iuvenēs spectat et vōcat: „Currite! Currite!“ Tandem victor clāmat: „Io! Io!“ Subitō Mārcus māgnam vōcem virī audit: Mercātor est, cibos vendit. Mārcus ad mercātōrem accēdit et cibum petit. Laetus est.

Marcus betritt nun das *tepidarium*, einen beheizten Raum mit lauwarmem Wasser. Dort entdeckt er seinen Onkel und Didius, die sich leise unterhalten.

III Virī puerum prīmō nōn vident. Mārcus verba Dīdiī audit: „Necesse non iam est māgnitūdinem īnsulae minuere. Sed pecūniam petō!“ Avunculus parvā vōce dīcit: „Hīc pecūnia est. Satis-ne est?“ Dīdius paucīs verbīs respondet: „Satis est.“ Deinde avunculus: „Grātiās agō!“ Mārcus cōgitat: ‚Avunculus Dīdium pecūniā corrumpit. Vae! Contrā lēgem est.‘ Laetus nōn iam est. Subitō avunculus Mārcum videt. Māgnā vōce dīcit: „Mārce! Quid hīc agis? Occupātī sumus!“

D Belege am lateinischen Text, woran Markus erkennt, dass sein Onkel gegen das Gesetz *(contra legem)* handelt und dass er dies heimlich tut.

E Marcus durchlebt in den Thermen ein Wechselbad der Gefühle (*Laetus est*, Z. 13; *Laetus non iam est*, Z. 18). Erkläre mit Bezug zum Text seine unterschiedlichen Emotionen. ▶ **M5:** S. 118

LIES UND PARAPHRASIERE!

Zu Hause erzählt Marcus Cornelia, was er im *tepidarium* gehört hat. Beide erinnern sich an das Gespräch der Männer über „schlechte Vermieter“, das sie gestern mitbekommen haben.

F ⊕ Erkläre, worin sich in Cornelias Augen gute und schlechte Vermieter *(domini boni et domini mali)* unterscheiden.

Mārcus: „Quid cōgitās: Num avunculus dominus[1] malus est?“ Cornēlia: „Ita crēdō. Hominēs in Subūrā beatī nōn sunt, quia īnsulae saepe ārdent. Dominī[1] bonī perīcula minuere dēbent. Ergō necesse est māgnitūdinem īnsulārum minuere.“ Mārcus: „Avunculus autem māgnitūdinem īnsulae nōn minuit. Vae! Dominus[1] bonus nōn est.“

1 dominus *hier:* ein/der Vermieter

G Beurteilt Cornelias Aussagen: Ist der Onkel ein *dominus malus*?

VOKABELN ÜBEN

▶ **Lernvokabeln:** S. 137

Lerne zuerst die Vokabeln II. Übe sie dann:

1 **Wir gehören zusammen!** Nenne die Bedeutung der Vokabeln.

Personen: homo | iuvenis | soror | victor
Sprechen: inquit | agere cum | sermo | vox
Anzahl: numerus | multitudo | multi | duo

2 **Sag's mit Bewegung!** Stellt die Vokabeln pantomimisch dar.

currere | deponere | custodire | inquit | victor

3 **Fremdwörter-Profi.** Erklärt die unterstrichenen Begriffe, indem ihr auf den lateinischen Ursprung eingeht.

1 Wir bringen Abfälle zur Müll<u>deponie</u>.
2 Das <u>Duo</u> präsentiert einen neuen Song.

Lerne zuerst die Vokabeln III. Übe sie dann:

4 **Was passt wozu?** Ordne passend zu.

quia | contra | satis | magnitudo
die Größe | genug | weil | gegen

5 **Lückenfüller.** Ordne die Vokabeln passend zu. Übersetze dann.

cibos | gratias | occupatus

Mercator ___ vendit, ergo ___ est. Iuvenis mercatorem iuvat. Itaque mercator dicit: „ ___ ago!“

6 **Fremdsprachen-Profi.** Nennt die Bedeutung der englischen Vokabeln, indem ihr auf den lateinischen Ursprung eingeht. Überprüft mit einem Wörterbuch.

victory | necessary | occupied

▶ **Quiz**

GRAMMATIK ÜBEN

▶ **Mehr Übungen:** S. 60

① G1 **Genitiv gesucht.**
a Gib alle Genitivformen an und bestimme ihren Numerus. ▶ **Hilfe**

pecuniae | gratias | fori | numeris | pueri | insularum | frumentum | mulierum | solis | equorum | viae

b Nenne alle Genitivformen, die auch Nominativ Plural sein könnten.

② G1 **Was ist das?** Bestimme KNG der Genitive und übersetze die Wendungen.

a clamor servorum
b dominae equus
c liberi sororis
d aedificium viri
e mercatoris vinum

③ G1 G2 **Formenwechsel.** Nennt abwechselnd den Nominativ Sg. zu den Genitivformen und übersetzt diesen.

hominis | sermonis | multitudinis | vocis | viri | victoris | verbi | magnitudinis

④ G3 **Lückenfüller.** Ergänze einen passenden Ablativ und übersetze.

magna voce | vehiculo (2) | pecunia

1 Puer et puella ___ ad forum accedunt.
2 Subito mercator ___ clamat: „Emite cibos! Emite vinum!"
3 Puer ___ cibum emit.
4 Deinde puer cum sorore ___ discedit.

⑤ G1 **Sinn oder Unsinn?** Nur jeweils eine der beiden Kombinationen ergibt Sinn. Nennt sie und begründet.

a pecunia mercatoris | pecuniae mercator
b fures numeri | furum numerus
c filiarum verba | filiae verborum

⑥ G1 G2 **Formen-Profi.** Setze die folgenden Substantive in den Genitiv Sg. und Pl. Verbinde sie mit *pecunia* und übersetze die so entstandenen Wendungen.

Beispiel: pecunia avunculi: das Geld des Onkels

avunculus | amica | iuvenis | puer

mercator | puella | homo | victor

⑦ G2 **Irrläufer.** Nenne das Wort, das grammatisch nicht in die Reihe passt. Begründe.

a vehiculorum | hominum | cibum | iuvenum
b aquam | victorem | vocem | iuvenem
c homo | servo | multitudo | sermo

⑧ G3 **Ablativ gesucht.** Im folgenden Text befinden sich sechs Ausdrücke im Ablativ.

a Nenne sie und übersetze die Sätze.
b Gib die vier Ablative des Mittels an.

1 Multi homines in thermis *(Thermen)* sunt.
2 In aqua multi viri multis verbis disputant.
3 Subito iuvenis iratus magna voce clamat: „Ubi pecunia est? Vae, fur hic est! Iuvate me!"
4 Fur parva voce dicit: „Cibum pecunia emere possum."

G1 Der Genitiv
G2 Die konsonantische Deklination (der Stamm)
G3 Der Ablativ des Mittels

ÜBER SPRACHEN NACHDENKEN

Den Genitiv treffend übersetzen

1 **a** Bestimme KNG der markierten Wörter in den beiden lateinischen Sätzen.
b Beschreibe die Übersetzungen des Genitivs im Deutschen und erläutere sie.

Marcus verba **virorum** audit. — Marcus hört die Worte **der Männer**.

Marcus verba **Flavii** audit. — Marcus hört **Flavius'** Worte *oder* Marcus hört die Worte **von Flavius**.

2 Übersetze und wähle dabei jeweils eine geeignete Übersetzung des Genitivs.

1 Avunculus **Marci et Corneliae** dominus *(Vermieter)* bonus non est.
2 Magnitudinem **insulae** non minuit.
3 Didius gaudet: Pecunia **Flavii** satis est.

3 Eine elegante Übersetzung des Ausdrucks *multitudo hominum* lautet „Menschenmenge". Erläutere, was in dieser Übersetzung mit dem Genitivattribut geschehen ist, und finde ähnliche Beispiele im Deutschen.

DIE ANTIKE WELT KENNENLERNEN

Thermen: Meisterwerke der Technik

Mosaik: Ballspielerinnen in den Thermen (4. Jh. n. Chr.).

Eine **beliebte Freizeitbeschäftigung** der Römer war der Besuch einer der zahlreichen Badeanstalten. Da die meisten Wohnungen keinen Wasseranschluss besaßen, konnte sich die Bevölkerung hier auch waschen. Aber die großen, von Kaisern wie Trajan errichteten Thermenanlagen boten viel mehr. Sie waren so groß wie ein Hauptbahnhof und reich mit kostbaren Mosaiken und Marmorstatuen verziert. Folgende Räume gab es in den Thermen: Zu Beginn ging man in den beheizten **Umkleideraum** *(apodyterium)* und legte seine Kleidung ab, die dort von Sklaven bewacht wurde. Häufig suchte man danach den **Sportplatz** *(palaestra)* auf. Im **Heißbaderaum** *(caldarium)* standen große Sitzwannen mit warmem Wasser für mehrere Personen bereit. Im **lauwarmen Bad** *(tepidarium)* reinigte man sich oder ließ sich massieren. Für die nötige Wärme sorgte eine von Sklaven betriebene **Fußbodenheizung** *(hypocaustum)* (▶). Darüber hinaus gab es einen **Kaltbaderaum** *(frigidarium)*, eine **Schwitzkammer** *(sudatorium)* (▶) und ein **Schwimmbecken** *(natatio)*.

A Seht euch die Rekonstruktion einer Therme auf S. 39 an: Welche Räume aus dem Text sind abgebildet? Zeigt den Weg, den Marcus durch die Thermen gegangen sein könnte.

LEKTION 4

1 G1 **Was passt wozu?** Ordne den Substantiven ihr KNG zu. Übersetze den Lösungssatz, der sich aus **a** und **b** ergibt.

a avunculi | periculo | aquam | muliere | clamor

Abl. Sg. f (C) | Nom. Pl. m (A) | Nom. Sg. m (O) | Akk. Sg. f (I) | Abl. Sg. n (M)

Lösungswort: ___ S

b liberos | dolores | villis | amicae | verba | servo | amica | furibus | vehiculis | furem

Abl. Sg. m (E) | Abl. Pl. m (A) | Nom./Akk. Pl. m (E) | Akk. Sg. m (T) | Abl. Pl. n (N) | Nom./Abl. Sg. f (R) | Akk. Pl. m (D) | Nom. Pl. f (I) | Nom./Akk. Pl. n (D) | Abl. Pl. f (S)

Lösungswort: ___

Lösungssatz: LIBERI ___ S ___

2 G1 G2 **Bring's zu Ende!** Nenne die Deklination und ergänze die passenden Ablativ-Endungen (Sg. und Pl.).

puell-
avuncul-
mercator-
puer-

-e
-o
-is
-is
-is
-a
-o
-ibus

3 G1 G2 G3 **Lückenfüller.** Ergänzt die Lücken und übersetzt.

libris | vir | puellis | pueri | possum | pueros

Magister cum ___ forum petit. Ibi ___ et puellas litteras docet. Pueri cum ___ discunt. Magister gaudet, sed sol ardet. Subito ___ dicit: „Apportate aquam, ___, quaeso (*bitte*)! Non valeo. Ita docere non ___."

4 G1 **Satzgliedern auf der Spur.** Bestimme Subjekt, Prädikat, Objekt und Adverbiale (mit wem?) und übersetze.

1 Marcus cum Cornelia sententias scribit.
2 Magistri cum pueris libros legunt.
3 Ego cum amica sententias disco.
4 Serva cum servo frumentum emit.

5 G1 G2 **Triff deine Wahl!** Wähle passend aus und übersetze.

1 Vir cum (emo/amico/accedis) venit.
2 Domina cum (mercatore/servos/clamare) disputat.
3 Pueri cum (puellae/pellis/puellis) magistrum salutant.

6 G2 **Irrläufer.** Nenne das Wort, das grammatisch nicht zu den anderen passt. Begründe.

a dolor | puer | fur | clamor
b filio | viro | saluto | scelerato
c periculum | magistrum | librum | campum

7 G3 **Auf Latein!** Bildet Dreiergruppen. Frage ein Teammitglied (Sg.) oder beide (Pl.), was er/sie kann bzw. sie können. Er/sie antwortet bzw. sie antworten. Sprecht auch über andere (3. P.).
Beispiel: „Potes-ne scribere?" – „Scribere possum." oder: „Potest-ne Lara porcum docere?" „Lara fur docere non potest."

possum | potes | potest | possumus | potestis | possunt

vocare | disputare | litteras scribere | verba discere | equos vendere | amicam salutare | furem pellere | librum legere | villam emere | porcum docere

G1 Der Ablativ
G2 Die Substantive auf *-er*
G3 *posse*

LEKTION 5

1 G1 **Im Doppelpack.**
a Bilde Paare aus Substantiv und Adjektiv, die in KNG übereinstimmen.

Tipp: Es gibt mehrere Möglichkeiten.

Substantive:	Adjektive:
flamma | pueri | solem | verba | puellae | vir | cum mulieribus | amicas | fur	laetas | paucis | multae | parva | iratus | boni | beatus | mala | magnum

b Manche Kombinationen aus **a** haben unterschiedliche Endungen. Erkläre.

2 G1 G2 **Adjektive gesucht.** Nenne die Adjektive und ihr Bezugswort. Übersetze dann.

1 In Subura multi viri irati clamant:
2 „Cur nos in insulis malis habitare debemus, sed dominus malus in magno aedificio habitat?"
3 Liberi laeti non sunt, sed timent.

3 G1 **Wortarten gesucht.**
a Nennt alle Substantive, Adjektive und Verben und notiert die Wörter in der Grundform.

Tipp: Es bleiben zwei Wörter übrig.

1 Avunculus magnas insulas ostendit.
2 Dicit: „Ibi viri mali habitant."
3 Liberi tabernas parvas spectant.
4 Pauci viri cum equo veniunt.

b Übersetzt gemeinsam.

4 G2 **Im Doppelpack.** Bilde Paare aus Präposition und passendem Substantiv. Übersetze dann.

Tipp: Es gibt mehrere Möglichkeiten.

Präpositionen:	Substantive:
ante | ad | ex | in (2)	insula | aedificium | forum | tabernam | Subura

5 G1 **Bring's zu Ende!** Bestimme KNG der Substantive und ergänze die richtige Adjektivendung.

a cum serva laet___
b cum muliere beat___
c magn___ clamor
d magn___ campos
e mult___ dominas
f cum mercatore irat___

6 G1 G2 **Bezugswort gesucht.**
a Nenne zu jedem Adjektiv das Bezugswort. Ergänze die passende Endung.

In Subura liberi puerum laet___ conveniunt. Puer dicit: „In magn___ insula habito. Ibi mult___ viri et mulieres sunt. Sed nunc e Subura discedo. Ad forum accedere debeo. Ibi cum mercatore bon___ frumentum vendo. Emitisne frumentum bon___?"

b Übersetze den Text.

7 G1 G2 **Was gehört wohin?** Setze die Verbindungen aus Adjektiv und Substantiv passend ein. Übersetze dann.

magno periculo | parvam tabernam | viri mali

1 Ante ___ viri irati sunt.
2 Liberi cogitant: Suntne ___?
3 Liberi sentiunt: Nos in ___ sumus.

8 G1 G2 **Auf Latein!** Betrachtet die Abbildung, bildet treffende Sätze und übersetzt sie.
Beispiel: Hic fur bonus est. Mulier equum emit.

G1 Das Adjektiv
G2 Die Präpositionen

LEKTION 6

1 G1 **Genitiv gesucht.** Nenne jeweils den Genitiv und übersetze.

a vox sororis
b magnitudo equi
c litterae magistrorum
d hominum pecunia
e verba dominae
f tunica iuvenis

2 G1 **KNG gesucht.**
a Nenne alle Genitive und bestimme deren Numerus.

Tipp: Es sind drei Wörter.

iuvenis | puellarum | insulam | sole | cibo | numerum | doloribus | pueri

b Bestimme KNG der übrigen Substantive.
c Nenne die Wörter, deren KNG hier nicht eindeutig sind.

3 G2 **Formenwechsel.** Nenne die Grundform und übersetze den Nominativ Sg.

vocem | leges | iuveni | multitudine | victoribus | sermonum | hominis

4 G3 **Was gehört wohin?** Übersetze die Sätze. Ordne dann die unterstrichenen Ablative den passenden Fragen zu.

1 Marcus litteras cum sorore scribit.
2 Servi cibis gaudent.
3 In aedificio liberi sunt.
4 Cornelia magna voce clamat.
5 Delia e taberna venit.

Warum? Worüber? | Mit wem? | Wie? Womit? | Woher? | Wo?

5 G1 **Genitiv gesucht.** Nenne die Genitiv-Attribute und übersetze anschließend.

1 In thermis *(Thermen)* servi tunicas dominorum custodiunt.
2 Hic multitudo iuvenum sermones habet.
3 Marcus pecuniam habet et gaudet.
4 Nam cibos mercatoris emere potest.

6 G1 **Was passt wozu?** Verbindet Substantive aus Wortwolke 1 mit passenden Genitiv-Attributen aus Wortwolke 2. Übersetzt die entstandenen Wendungen.

clamores | sententiae | vox | gratia | magnitudo | sermo | pecunia

amicae | victoris | avunculi | liberorum | sororis | hominum | filiorum

7 G1 G2 **Satzgliedern auf der Spur.**
a Nenne alle Substantive und bestimme deren Satzgliedfunktion. Die Schriftrolle hilft dir.

Marcus in aedificio avunculi iuvenes videt. Puer magnitudine aedificii gaudet. Saepe sermones avunculi et amicorum audit. Etiam magna multitudo servorum ibi est.

Nominativ (Wer oder was?) = Subjekt
Genitiv (Wessen?) = Genitiv-Attribut
Akkusativ (Wen oder was?) = Akkusativ-Objekt
Ablativ (Wodurch? Womit? Mit wem? Worüber? Wo?) = Adverbiale

b Übersetze den Text.

8 G2 **Ablativ gesucht.** Fragt nach den Ablativen und übersetzt die Sätze.

1 Puella verbis bonis dominae gaudet.
2 Vir equos magna voce terret.
3 Multitudo iuvenum victorem clamore iuvat.

G1 Der Genitiv
G2 Die konsonantische Deklination (der Stamm)
G3 Der Ablativ des Mittels

TESTE DICH SELBST!

Die antike Welt

1 Nenne die richtige Kombination von Lehrern und Fächern (z. B. D4).

A Rhetoriklehrer 1 Lesen, Schreiben, Rechnen
B grammaticus 2 Redekunst
C magister 3 Literatur(unterricht)

2 Ordne die Räume richtig zu und gib deren Funktion an.

atrium | natatio | palaestra | peristylium | caldarium | triclinium | frigidarium

Atriumhaus	Thermen

3 Nenne Aktivitäten, die sowohl in antiken *thermae* als auch in modernen Freizeitbädern möglich sind.

Vokabeln

4 Ordne die Wortgruppen einem Sachfeld zu.

Schule 1 mercator | vendere | pecunia | occupatus
Subura 2 liber | legere | discere
Forum 3 insula | habitare | malus

5 Wer sind all diese Personen? Ergänze jeweils das passende Wort.

vir | mulieres | soror | avunculus | magister | puella | mercatores | puer

Cornelia ___ est. ___ Marci est.
Marcus ___ est.
Aratus ___ Marci est.
Davus ___ est.
Flavius ___ Marci et Corneliae est.
In foro multi ___ sunt.
Et viri et ___ homines sunt.

Grammatik

6 Ordne jedem Substantiv ein in KNG übereinstimmendes Adjektiv zu.

beatae | insulam | sororis | parvas | hominibus | puerorum | tabernas | magnam | bonorum | victores | iratis | malos

7 Wandle die Substantive in Klammern in den Ablativ um.

Cornelia cum (amicus), cum (mulier laeta), cum (mercatores) in forum currit.

8 Wandle die Substantive in Klammern in den Genitiv um.

1 Liberi insulam (avunculus) vident.
2 Marcus vocem (mercator iratus) audit.

Der lateinische Text

9 Nenne aus dem Text die wichtigsten Personen und Orte.

Ein Streit auf dem Forum
Die Kinder sind mit Delia auf dem Forum, als sie Geschrei hören und eine große Menschenmenge sehen. Was ist da nur los?

Liberi in foro sunt. Subito magnum clamorem audiunt. Multitudo hominum ante tabernam convenit, quia ibi mercator cum servo disputat. Liberi celeriter ad multitudinem currunt. Mercator magna voce clamat: „Ubi tunicae sunt? Custodire debes!“ Mercator iratus servum pellit, sed iuvenis dicit: „Ego tunicas habeo! Servus contra legem non agit, pellere necesse non est. Tunicas emo.“ Iuvenis tunicas mercatoris emit; servus autem laetus ad iuvenem accedit et gratias agit. Deinde multitudo discedit.

10 Schreibe den ersten Satz in dein Heft und wende die Pendelmethode auf ihn an.

11 Übersetze nun den gesamten Text.

BÄDER UND WASSER

Seneca: „Bäder – ein Alptraum!“

Alle Römer liebten die Bäder (▶). Alle Römer? Nein! Der Philosoph Lucius Annaeus Seneca (1–65 n. Chr.) fand die Badekultur maßlos übertrieben und kritisierte den Luxus und den Lärm. Hier beschreibt er sehr lebhaft, wie es in den Thermen zuging:

„Stelle dir jetzt einmal alle Arten von Tönen vor, die es einen bedauern lassen, dass man Ohren hat. Wenn die Sportler beim Muskeltraining ihre Hanteln schwingen, dann höre ich ihr Stöhnen und Keuchen. Wenn andere sich ganz entspannt salben lassen, so höre ich, wie ihnen der Masseur mit der Hand auf die Schultern klatscht. Ballspieler lassen den Ball an die Wand prallen und zählen dabei ihre Würfe. Dazu kommen Streitereien, ertappte Diebe und Menschen, die mit lautem Platsch ins Schwimmbecken springen! Und zu guter Letzt noch die Kuchenhändler, die Wurstverkäufer, die Süßigkeitenhändler und sämtliche Imbiss-Anbieter, die alle lauthals ihre Waren anpreisen.

SENECA

Heutzutage müssen Bäder so gebaut sein, dass sie den ganzen Tag lang durch riesige Fenster das Sonnenlicht einlassen, sodass man gleichzeitig baden und bräunen kann. Von der Wanne aus hat man Aussicht auf Felder und Meer! Und das Wasser fließt ständig nach, frisch und kristallklar, wie aus heißen Quellen. Viel zu heiß sogar, man könnte sich darin kochen lassen! Und dabei geht es doch eigentlich nur darum, sich den Schmutz abzuwaschen.“

A In Lektion 6 wird erzählt, wie Marcus seinen ersten Thermenbesuch erlebt hat.

a Arbeitet heraus, wie Seneca die verschiedenen Badebereiche schildert, und vergleicht das Ergebnis mit Marcus’ Erlebnissen (▶ S. 52–55).
b Stellt euch vor, die beiden wären sich im Bad direkt begegnet. Wie wäre diese Begegnung wohl abgelaufen? Spielt die Szene nach.

Freizeitbäder heute

B Im zweiten Abschnitt kritisiert Seneca den Badeluxus. Arbeitet heraus, was ihn daran stört. Diskutiert dann darüber: Ist seine Kritik aus heutiger Sicht berechtigt? Begründet eure Meinung.

Eins der 40 Becken der Therme Erding (nahe München). Mit 19 Hektar ist die moderne Anlage etwa doppelt so groß wie die Trajansthermen.

Woher kam eigentlich all das Wasser?

Die Thermen verbrauchten Unmengen an Wasser, doch an Wasser herrschte in Rom kein Mangel. Mehrere Aquädukte (▶) leiteten es aus den umliegenden Bergen bis zu 90 Kilometer weit in die Stadt. Man schätzt, dass in Rom 400 Liter pro Person täglich zur Verfügung standen. Ebenso gut versorgt war man auch in vielen Provinzstädten, etwa im römischen Köln (▶). Der gut erhaltene antike Aquädukt in der spanischen Stadt Segovia vermittelt einen Eindruck davon, wie gewaltig diese Bauwerke sein konnten.

Römischer Aquädukt in Segovia (Spanien).

Was man über Wasserversorgung wissen sollte

Der Pro-Kopf-Wasserverbrauch ist heute in Deutschland mit ca. 130 l wesentlich geringer als im alten Rom. Allerdings gilt das nur für den direkten Verbrauch zu Hause; auch Industrie und Landwirtschaft brauchen viel Wasser für die Herstellung der Waren, die wir dann kaufen. Insgesamt ist Wasser ein wertvolles Gut, mit dem man sparsam umgehen sollte.

C Vergleiche den Wasserverbrauch eines Römers mit unserem heutigen und bewerte den unterschiedlichen Umgang mit Wasser hinsichtlich seiner Nachhaltigkeit.

Pro-Kopf-Wasserverbrauch in Deutschland.

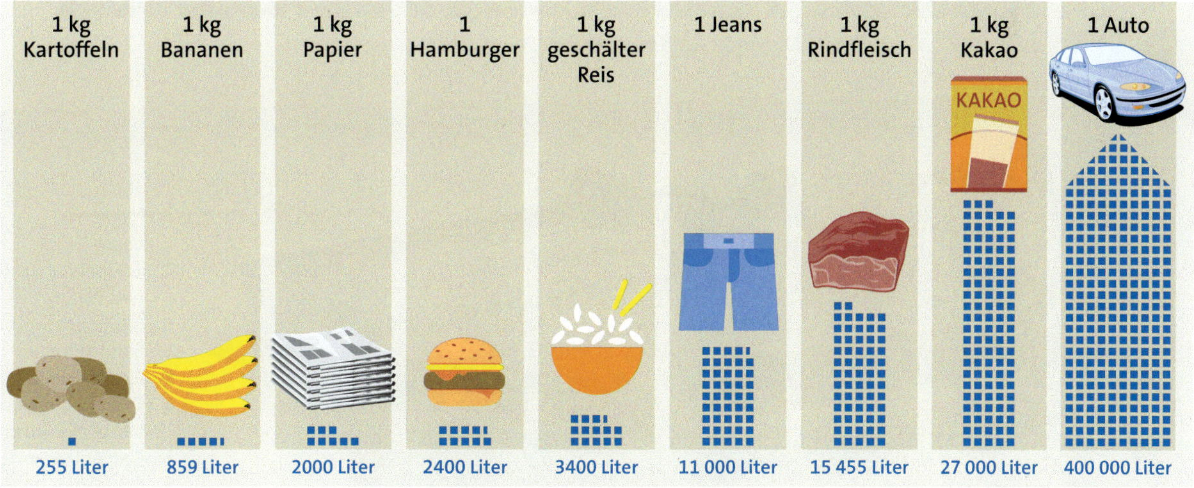

D Sammelt gemeinsam Vorschläge, was ihr selbst im Alltag tun könnt, um Trinkwasser einzusparen. Recherchiert dafür auch. ▶ **M9:** S. 124–125

ROM – HAUPTSTADT DER WELT

Abb. 1: Es werden 120 weiße Stiere für Jupiter auf dem Kapitol geopfert.

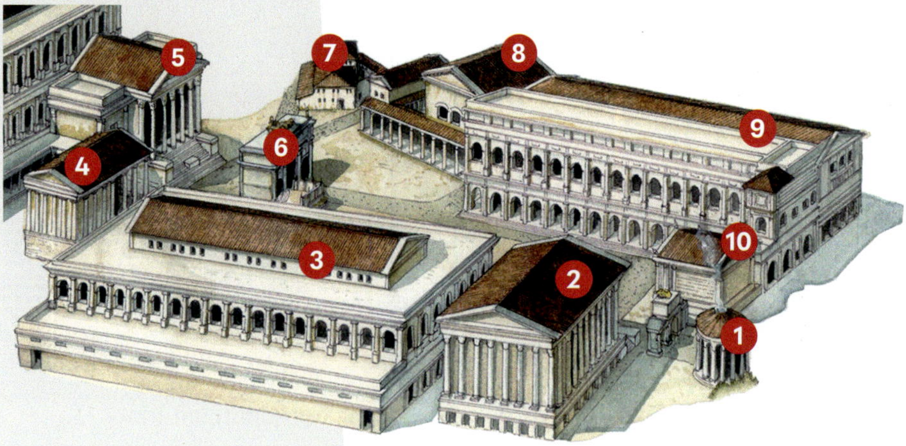

1 Vesta-Tempel
2 Tempel für Castor und Pollux
3 Basilica Semproni
4 Saturn-Tempel
5 Concordia-Tempe
6 Triumphbogen de Septimius Severus
7 Carcer (Kerker)
8 Curia (hier tagte der Senat)
9 Basilica Aemilia
10 Caesar-Tempel

Abb. 2: Das Forum Romanum

In den nächsten vier Lektionen erfährst du mehr über Rom, die Hauptstadt des römischen Reiches. Du erfährst:

- wie die Römer ihre Götter verehrten. ▶ S. 66
- welche Schauspiele die Römer in einem Amphitheater oder Circus ansahen. ▶ S. 72
- wie es bei einem Gerichtsprozess zuging. ▶ S. 78
- wie die Römer feierten. ▶ S. 84

Abb. 3: Gladiatoren kämpfen gegeneinander in der Arena.

1 Auf dem Kapitol, dem wichtigsten der sieben Hügel Roms, stand der Tempel des höchsten Gottes: Jupiter.

a Beschreibt Abb. 1: Notiere zunächst drei Dinge, die du besonders interessant findest, und tauscht euch dann darüber in der Lerngruppe aus.
b Stellt eine Vermutung an, weshalb Tiere für Gottheiten geopfert wurden.

2 In den römischen Arenen kämpften zur Unterhaltung des Publikums Gladiatoren in unterschiedlicher Ausrüstung.

a Vergleicht die beiden Gladiatoren auf Abb. 3, indem ihr deren Ausrüstungen beschreibt.
b Tauscht euch darüber aus,
- welche Vor- und Nachteile die jeweilige Ausrüstung haben könnte,
- was die Aufgabe des Mannes in der weißen Tunika war,
- welche Veranstaltungen es heute gibt, um die Leute zu unterhalten.

3 Das Forum Romanum (Abb. 2) am Fuß des Kapitols war das Herz Roms. Markt, Politik, Religion, Gericht – alles fand hier statt.

a Erklärt, ggf. anhand von Recherche, was eine Basilika, ein Tempel und ein Triumphbogen ist.
b MK Beschreibt anhand von Recherche, wie das Forum heute aussieht: Die Curia ist noch vollständig zu erkennen. Findet sie und benennt weitere Gebäude.

DIE ANTIKE WELT KENNENLERNEN

Götter und Opfer auf dem Kapitol

„Heute ist ein ganz besonderer Tag. Auf dem Kapitol (▶), am Altar des Jupitertempels, findet eine große Opferfeier statt und zum ersten Mal bin ich dafür verantwortlich. Der Jupitertempel ist der wichtigste Tempel Roms, denn hier verehren wir unseren höchsten Gott: Jupiter. Wir opfern den Göttern und Göttinnen, damit sie uns helfen, oder um ihnen für ihren Beistand zu danken. Denn ihnen verdanken wir es, dass unser römisches Reich so groß und mächtig ist. Uns Römern sind die Götter sehr wichtig. Wir verehren sie auch zuhause; jede Familie hat sogar eigene Hausgötter, die Laren und Penaten. Doch solche öffentlichen Opfer wie heute sind große Festtage für alle Römer. Staatliche Priester leiten sie, heute sogar der Kaiser selbst, denn er ist der Oberpriester *(pontifex maximus)*. Ich bin sehr aufgeregt, weil ich dafür sorgen muss, dass der Ablauf des Opfers genau eingehalten wird: Zuerst müssen alle Anwesenden leise sein. Dann wird das mit Blumenkränzen geschmückte Opfertier, meist ein Stier, herbeigebracht. Der Kaiser wird die Gebete sprechen, dann schlachten Opferdiener den Stier. Wir zerlegen das Tier und untersuchen es, denn daraus können wir die Zukunft lesen. Teile des Fleisches verbrennen wir auf dem Altar vor dem Tempel, damit der Rauch zu den Göttern aufsteigt, aber das meiste wird an die Teilnehmer und Teilnehmerinnen verteilt und aufgegessen."

A Formuliere Fragen zum Text, die sich nicht mit „Ja" oder „Nein" beantworten lassen. Lest euch diese vor und beantwortet sie gegenseitig. ▶ **M8:** S. 122–123

B Gebt wieder, aus welchen Gründen die Römer den Göttern opferten. Vergleicht damit, warum Menschen heute an religiösen Feiertagen zusammenkommen.

NEUE VOKABELN KENNENLERNEN

Vorbereitungen im Tempel

1 Erschließe die Bedeutungen der neuen Vokabeln im Text und im Bild. Unten kannst du deine Lösung überprüfen.

Heute opfern wir unserem höchsten ___ (deus) Jupiter. Unser ___ (imperator), Trajan persönlich, leitet die heilige Handlung. Opferdiener werden ihm dabei ___ (adesse). Wir erwarten viele Besucher: Reiche und Arme, Freie und Sklaven, Kinder mit ihren ___ (parentes), also mit ___ (mater) und ___ (pater). Die Kinder dürfen sich dem Stier nicht ___ (appropinquare), denn er ist gefährlich. Es darf einfach ___ (nihil) schiefgehen!

2 Wähle selbst aus dem Werkzeugkoffer 1–6 aus oder entscheidet gemeinsam. ▶ S. 198

Vater, nichts, Stier, Tempel, Eltern, (sich) nähern, Mutter, befehlen, Kaiser, helfen, Gott

NEUE GRAMMATIK KENNENLERNEN

G1 Der Dativ

Cornēlia appropinquat	Flāvi-ō	vir-īs
	Dēli-ae	serv-īs
	vehicul-ō	vehicul-īs
	mercātōr-ī	mercātōr-ibus

A Erschließe, wie die neuen Formen zu übersetzen sind.

B Gib an, wie man nach den neuen Formen fragt.

C Ordne die neuen Endungen den Deklinationen zu.

▶ **Quiz** ▶ **Video**

VOKABELN ÜBEN

▶ **Lernvokabeln:** S. 139

Wiederhole einige bekannte Vokabeln:

1 **Wir gehören zusammen!**

a Erstellt ein Sachfeld mit deutschen Wörtern zum Thema „sagen". ▶ **Hilfe**

b Übersetzt die lateinischen Vokabeln und ergänzt dann das Sachfeld.

dicere | inquit | ostendere | respondere | gratias agere | rogare | tacere | verbum | vocare | vox

2 **Was gehört wohin?** Ordnet die Vokabeln passend zu. ▶ **Hilfe**

Zeit	Ort	Grund	Aufzählung

quia | ac | nunc | diu | cur | et | tum | ibi | saepe | etiam | deinde | ad | primum | primo | atque | subito

Lerne zuerst die Vokabeln I. Übe sie dann:

3 **Deutsch-Profi.** Gebt jeweils die passende Bedeutung von *adesse* an.

1 Puer puellae adest: Templum ostendit.
2 Sacerdos adest, sed taurus non adest.
3 Ibi sacerdos est. Imperator etiam adest.
4 Sacerdos imperatori adest.

4 **Bedeutung gesucht.** Nenne die Bedeutung der unterstrichenen Vokabeln.

Cornelia et avunculus et Delia sacerdotibus appropinquant. Cornelia gaudet et vocat: „Quam pulchrum templum est!"

5 **Aus dem Kopf.** Übersetzt ins Lateinische.

1 Der Stier ist schön.
2 Der Diener nähert sich dem Priester.

EINEN LATEINISCHEN TEXT LESEN

Ein Opfer für den höchsten Gott

Heute findet das alljährliche Fest zur Gründung des Jupitertempels statt. Dieser berühmte Tempel liegt auf dem Kapitol *(mons Capitolinus)*, einem der sieben Hügel Roms (▶). Zu diesem besonderen Anlass begleiten Cornelia und ihre Sklavin Delia den Onkel.

A Lies Z. 1–10 und notiere alle Personen, die auf dem Kapitol zusammenkommen.
▶ **M4:** S. 116–117

I Flāvius, Cornēlia, Dēlia montī appropinquant.
Multitūdō hominum iam adest.
Flāvius Cornēliae māgnum templum ostendit et dīcit: „Vidē, Cornēlia! Ibī imperātor est. Etiam sacerdōtēs atque ministrī ibī sunt. Adsunt imperātōrī.“
Subitō Cornēlia taurum videt, gaudet, vocat: „Quam pulcher taurus est!“
Flāvius puellae respondet: „Ita est.“
Tum minister hominibus māgnā vōce imperat: „Tacēte, hominēs! Vōbīs imperō: Tacēte!“

Da heute ein wichtiger Feiertag in Rom ist, drängen immer mehr Leute zum Kapitol. Cornelia versucht, das Geschehen zu verfolgen. Leider kann sie schon bald nichts mehr sehen, weil die Menschenmenge ihr die Sicht versperrt.

II Flāvius: „Imperātor nunc sacra facit. Bene audī, Cornēlia!“ Puella tacet ac manet.
Imperātor sacra facere incipit. Ōrat: Prīmum deōs vocat. Deinde deīs grātiās agit. Nam deī hominibus saepe adsunt. Verba imperātōris animōs hominum capiunt. Tum imperātor tacet.
„Dēlia“, inquit Cornēlia, „quid nunc faciunt? Sacra spectāre cupiō, sed nihil videō.“
Dēlia puellae respondet: „Ministrī taurum ad imperatōrem dūcunt.“
Avunculus: „Tacēte tandem! Nunc taurum interficiunt.“
Postrēmō sacrum flammīs dant.

B Beschreibe den Ablauf des Opfers in Z. 11–22, indem du fünf Schritte herausarbeitest. Wörter wie *primum, deinde, tum, nunc* helfen dir.

Sie betrachten schweigend das Ende der Opferhandlung (▶) und machen sich dann auf den Heimweg. Um sie herum sind viele Familien, die sich angeregt unterhalten. Da fällt Delia auf, wie ruhig Cornelia geworden ist. Sie fragt, was das Mädchen bedrückt.

III Cornēlia: „Dēsīderō parentēs: et mātrem et patrem. Timor mihī est …“ Subitō tacet et flēre incipit. Dēlia umerum puellae tangit et rogat: „Cūr flēs? Cūr tibi timor est?“ Cornēlia: „Pater iam diū abest. Ubī est? Valetne? Māgna pecūnia patrī est. Fortāsse scelerātī patrem interficiunt et pecūniam rapiunt. Vae! Nēmō patrem servat.“

C Erkläre, weshalb Cornelia in Tränen ausbricht. Belege am Text.

LIES UND PARAPHRASIERE!

D Sowohl Delia als auch der Onkel wollen Cornelia die Angst nehmen. Arbeite heraus, welche Argumente bzw. Vorschläge sie vorbringen. Belege deine Aussagen am lateinischen Text.

Dēlia: „Sed servī patrem servāre possunt, Cornēlia.“ Tum Flāvius: „Audī! Cupisne domī deōs vocāre? Deī saepe hominibus adsunt, prīmum autem nōs deōs vocāre dēbēmus.“ Dēlia: „Bonum animum habē, Cornēlia! Certē deī patrī adsunt. Timēre ergō necesse nōn est.“

E Beurteilt, wer Cornelia wohl mehr geholfen hat: der Onkel oder Delia?

VOKABELN ÜBEN

▶ **Lernvokabeln:** S. 139

Lerne zuerst die Vokabeln II. Übe sie dann:

1 **Nicht verwechseln!** Manche Vokabeln unterscheiden sich nur durch einen Buchstaben. Nenne ihre Bedeutungen.

a adesse | abesse
b capere | cupere
c quia | quid

2 **Wort-Scanner.** Nennt die Vokabeln, die zum Sachfeld „Religion“ passen. Begründet.

deus | nihil | sacrum facere | mons | orare | postremo | interficere | sacerdos | minister | templum | taurus | incipere

3 **Sag's mit Bewegung!** Stellt die Vokabeln pantomimisch dar und erratet die lateinischen Begriffe.

appropinquare | cupere | audire | capere | dare | flere | orare | gaudere

Lerne zuerst die Vokabeln III. Übe sie dann:

4 **Gegensätze ziehen sich an.** Ordne die Vokabeln ihrem deutschen Gegensatz zu.

rapere | incipere | pulcher | nemo |
beenden | schenken | jeder | hässlich

5 **Was passt wozu?** Ordne zu.

mons | dare | fortasse | animus | nihil | imperare
nichts | befehlen | geben | der Berg | der Geist, der Mut | vielleicht

6 **Auf Latein!** Beschreibt die Abbildung. Bildet einfache lateinische Sätze.

Beispiel: Hic est puella. Hic est … Video …

▶ **Quiz**

GRAMMATIK ÜBEN

▶ Mehr Übungen: S. 88

1 G1 **Dativ gesucht.**
a Nenne alle Dativformen.

equo | magnitudo | puellae | tauris | homini | imperatori | templo | tauri | periculis | sacerdotis | montibus

b Führe die Dative auf die Grundform zurück, übersetze diese und bestimme die Deklination.

2 G1 **Sinn oder Unsinn?** Nur jeweils einer der beiden Sätze ergibt Sinn. Nennt den Satz und begründet.

1 Avunculus Marco Romam ostendit. / Roma avunculo Marcum ostendit.
2 Sacerdoti templa appropinquant. / Sacerdos templis appropinquat.
3 Saepe Flavius servis imperat. / Saepe Flavio servi imperant.

3 G2 **Konjugation gesucht.** Ordnet nach Konjugationen; nennt zu jeder Form den Infinitiv und die 1. P. Sg. Übersetzt dann die Form. ▶ **Hilfe**

audis | vocamus | facit | incipiunt | appropinquat | cupis | dant | interficitis

4 G3 **Wem gehört was?** Bilde Sätze und übersetze sie.

Tipp: Es sind mehrere Lösungen möglich.

Insulae Cibi Nihil Sacra	deis avunculo servis porcis	est. sunt.

5 G4 **Pronomen-Profi.**
a Bestimme Person (1./2.) und Numerus und übersetze die Pronomina.

te | vobis | nobiscum | me | nobis | vos (2) | tecum | ego

b Ordne ihnen die Fragewörter „Wer?", „Wem?", „Wen?" oder „Mit wem?" zu.

6 G1 **Dativ oder Akkusativ?** Ergänze das Substantiv im passenden Kasus.

1 Serva (puellae/puellam) adest. Die Sklavin hilft dem Mädchen.
2 Imperator (ministris/ministros) imperat. | Der Kaiser gibt den Dienern Befehle.
3 Liberi (tauro/taurum) spectant. Die Kinder betrachten den Stier.

7 G2 **Text-Scanner.** Nenne die Prädikate. Gib ihre Konjugation an und begründe. Übersetze dann.

Cornelia hat ihrem Bruder vom Tieropfer erzählt. Nachts hat er einen Traum:

Marcus dormit. Domi est. Subito porcum audit: Audax magna voce clamat. Celeriter puer e villa currit. Ante villam servos videt. Servi porcum capiunt et ad templum ducunt. Orant et sacrum incipiunt. Puer clamat: „Porcumne interficere cupitis?" Tum imperat: „Manete! Porcum deponite!" Sic servos terret et porcus ad Marcum currit.

8 G3 **Formenwechsel.** Setzt den Genitiv in den Dativ des Besitzers und übersetzt.
Beispiel: pecunia patris → Pecunia patri est.

a liber puellae **b** insula avunculi

9 G4 **Lückenfüller.**
a Übersetze die Pronomina.

mecum | nos | mihi | tecum | tibi | ego | nobis

b Ergänze mit ihnen den Text und übersetze ihn.
Cornelia: „Marce, ___ deos vocare debemus. Certe dei ___ adsunt. Marce, ___ veni!" Marcus: „ ___ venio. Nam ___ templum videre cupio. Roma ___ placet. Nonne etiam ___ placet, Cornelia?"

G1 Der Dativ
G2 Die Konjugation mit kurzem *-i-*
G3 Der Dativ des Besitzers
G4 Die Personalpronomina der 1. und 2. Person

ÜBER SPRACHEN NACHDENKEN

Wendungen übersetzen

1 Übersetze zuerst Wort für Wort **(a)**. Formuliere dann einen Ausdruck, bei dem Verb und Substantiv erhalten bleiben **(b)**. Wandle die Verbindung nun in ein Verb um **(c)**.

Tipp: Schritt **(c)** ist nicht bei allen Verb-Substantiv-Verbindungen möglich.

Lateinischer Ausdruck	**Deutsche Übersetzung**		
	(a) Wort für Wort	**(b) Verb und Substantiv**	**(c) ein Verb**
gratias agere	Dank tun	Dank aussprechen	danken
sermonem agere			
sacrum facere			
viam facere		sich einen Weg bahnen	
verba facere			

2 Bewerte, welche Übersetzungen aus **1** angemessenem Deutsch entsprechen. Begründe deine Antwort anhand eines von dir gewählten Beispiels.

DIE ANTIKE WELT KENNENLERNEN

Römische Götter und Göttinnen

Die Römer hatten viele Götter. Am mächtigsten war **Jupiter** (▶) als **Göttervater** und Wettergott, der gerne Blitze schleuderte. Ihm zur Seite standen seine Frau **Juno** (▶) als Göttin der **Ehe** und **Minerva** (▶) als Göttin der **Weisheit**. Weitere wichtige Gottheiten waren **Mars** (▶) als Gott des Krieges, **Venus** (▶) als Göttin der Liebe und Schönheit und **Saturn** (▶) als Gott des Ackerbaus und Hüter des Staatsschatzes. Sehr verehrt wurde auch **Vesta** (▶), dieGöttin des Herdfeuers.
In ihrem Tempel brannte ein ewiges Feuer. Darum kümmerten sich ihre Priesterinnen, die sechs Vestalinnen (▶). Sie durften nicht heiraten, genossen aber mehr Rechte als gewöhnliche Frauen.
Die Römer hatten zahlreiche Feiertage für ihre vielen Götter; sie opferten ihnen aber auch gern zwischendurch, wenn sie ihnen danken oder um etwas bitten wollten: z. B. eine gute Reise, Glück in der Liebe oder die Heilung von Krankheiten. Dieses Prinzip nennt man *„do, ut des"* – „ich gebe, damit du gibst".

Das Relief zeigt Vestalinnen beim Opfer. Die Früchte in der Schale sollen geopfert werden (2. Jh. n. Chr.).

A Die Götter besaßen eigene Erkennungsmerkmale (Attribute). So trug Mars z. B. Helm und Lanze. Recherchiere mithilfe des Internets die Attribute der im Text genannten Gottheiten und fasse die Ergebnisse in einer Tabelle zusammen.

B Erkläre, ob das Prinzip *„do, ut des"* heute noch gilt. Bewerte, ob es sinnvoll ist.

DIE ANTIKE WELT KENNENLERNEN

Gladiatoren – Superstars der Antike?

GLADIATOR FEROX

„Schon als Kind war ich, Ferox (▶), begeistert von den Gladiatorenkämpfen hier im Kolosseum (▶) in Rom. Wenn die mutigen Gladiatoren auf dem Sandplatz *(arena)* gegeneinander gekämpft haben, habe ich immer mitgefiebert und mitgejubelt und die Kämpfer sehr bewundert! Deshalb wollte ich auch Gladiator werden. In früheren Zeiten waren Gladiatoren meist Kriegsgefangene (▶), verurteilte Verbrecher oder entflohene Sklaven. Inzwischen ergreifen aber viele freiwillig diesen Beruf – so wie ich. Ja, man kann dabei sterben. Aber mir gefällt es, wenn ich vom Publikum bewundert und als Sieger gefeiert werde. Ich liebe den Ruhm und auch das viele Geld, das ich für meine Siege erhalte.
Übrigens gibt es unterschiedliche Gladiatorentypen. Ich bin z. B. ein Murmillo (▶), der mit einem kurzen Schwert und einem großen, gewölbten Rechteckschild kämpft. Morgen werde ich gegen Manlius antreten. Dieser ist als Hoplomachus (▶) mit einer langen Stoßlanze, einem Kurzschwert und einem kleinen Rundschild ausgestattet. Ich hoffe sehr, dass ich morgen gewinne.“

A Ordnet die Gladiatorentypen aus dem Text den Abbildungen zu. Benennt dann auch die Gladiatorentypen auf S. 65 (Abb. 2).

B Recherchiere zum Gladiator Spartacus und präsentiere deine Ergebnisse zum Thema: „Spartacus – ein Held der Freiheit oder ein Staatsfeind?“. ▶ **M9:** S. 124–125
Nimm auch Stellung zu dieser Frage.

NEUE VOKABELN KENNENLERNEN

Sorgen eines Gladiators

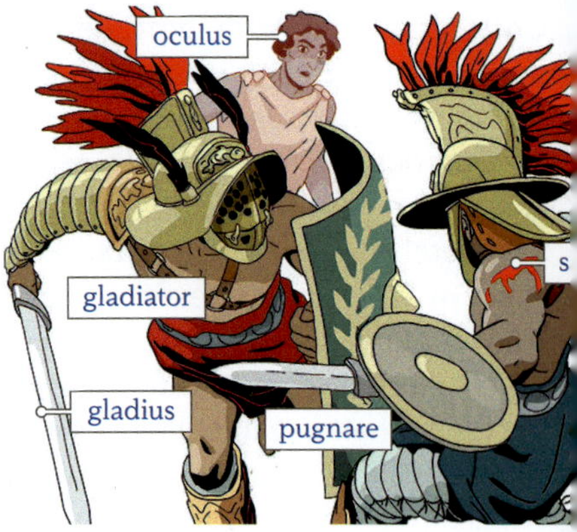

1 Erschließe die Bedeutungen der neuen Vokabeln im Text und im Bild. Unten kannst du deine Lösung überprüfen.

Mein Name ist Manlius und ich bin erschöpft: Gestern habe ich gekämpft und ___ (hodie) kämpfe ich schon wieder. Die Arena ist voller Zuschauer. Ich höre die ___ (turba) jubeln. Viele Gladiatoren wollen Ehre und ___ (gloria), doch ich möchte nur überleben. Ich will mein ___ (vita) behalten und nicht den Tod in der Arena finden! Als Sklave wünsche ich mir außerdem genug Geld, um mich freizukaufen. Denn ich möchte kein Sklave mehr sein, ich möchte ___ (liber) sein! Das Warten auf meinen Kampf gegen Ferox fällt mir schwer. Entweder laufe ich weiter nervös auf und ab ___ (vel) ich schaue mir den nächsten Kampf an.

2 Wähle selbst aus dem Werkzeugkoffer 1–6 aus oder entscheidet gemeinsam. ▶ S. 198

frei, heute, Auge, Blut, Menge, Schwert, Gladiator, Leben, Ruhm, kämpfen, oder

NEUE GRAMMATIK KENNENLERNEN

G1 Der Relativsatz

(1) Hominēs clāmant. Hominēs gladiātōrem manent.

(2) Hominēs, qui gladiātōrem manent, clāmant.

(3) Tum gladiātor, quem turba vocat, intrat.

A Erschließe, wie Satz (2) zu übersetzen ist. Beschreibe die Veränderung zwischen Satz (1) und (2).

B Nenne das Relativpronomen und sein Bezugswort in Satz (3).

C Bestimme dann jeweils Kasus, Numerus und Genus des Bezugswortes und des Relativpronomens in Satz (2) und (3). Gib an, worin sich Relativpronomen und Bezugswort unterscheiden können.

▶ **Quiz** ▶ **Video**

VOKABELN ÜBEN

▶ **Lernvokabeln:** S. 141

Wiederhole einige bekannte Vokabeln:

1 **Was gehört wohin?** Ordne die Vokabeln passend zu.

clamor | homines | intrare | rogare | appropinquare | puer | servus | inquit | venire | sceleratus | petere | soror | respondere | vir

2 **Vokabel-Profi.** Bilde Wendungen und übersetze sie.

clamorem	rapere
pecuniam	audire
diu	appropinquare
sceleratum	manere
Romae	interficere

Lerne zuerst die Vokabeln I. Übe sie dann:

3 **Gegensätze ziehen sich an.** Ordne die Vokabeln ihrem deutschen Gegensatz zu.

multi | dare | amare | clarus
unbekannt | hassen | wenige | nehmen

4 **Bedeutung gesucht.** Nennt die Bedeutung der unterstrichenen Vokabeln.

1 Gladiator, qui gladio pugnat, iratus est.
2 Spectaculum, quod turba exspectat, clarum est.
3 Turba, quae hic est, gaudet.

5 **Rätselwörter.** Ergänzt die Buchstaben und nennt die Bedeutung der Vokabeln.

a q _ _ n _ o
b t _ _ t _ s
c _ _ a d _ u s

EINEN LATEINISCHEN TEXT LESEN

Im Kolosseum

Cornelia und Marcus haben sich mittlerweile in Rom gut eingelebt. Heute steht etwas Besonderes auf dem Programm: ein Gladiatorenkampf im Kolosseum! Mit ihrem Onkel betreten sie das Amphitheater (▶) und sehen sich neugierig um.

A Die Begeisterung über die Gladiatorenkämpfe ist groß. Belege das mit Schlüsselbegriffen aus dem folgenden Absatz.

I Mārcus: „Tandem sumus in amphitheātrō, quod tam clārum est. Cūr clāmor, quem audīmus, tantus est?“
Flāvius: „Quia multī hominēs adsunt, quī spectāculum clārum amant et quōrum animī ārdent.“
Cornēlia rogat: „Quandō gladiātōrēs veniunt, quōs turba exspectat? Quandō pugnāre incipiunt?“
Flāvius respondet: „Iam duō virī, quībus gladiī sunt, arēnam[1] intrant: Ferōx atque Mānlius gladiatōrēs.“

1 arēna: Arena

Bevor der Kampf beginnt, spricht Flavius über die Vergangenheit der Gladiatorenspiele:

II „Tum gladiatōrēs vel servī vel scelerātī erant: Iterum atque iterum pecūniam rapiēbant vel hominēs interficiēbant.“
Mārcus: „Dē Spartacō[2] gladiatōre saepe audiēbam! Nōnne servus erat, qui cum multīs servīs Rōmam temptābat?“
Flāvius: „Ita. Servus malus erat, dē cuius bellō certē multa audiēbas.“
Mārcus: „Audiēbam.“
„Hodiē“, inquit Flāvius, „nōn modo servī vel scelerātī gladiatōrēs sunt, sed etiam cīvēs līberī, quī vel glōriam vel pecūniam petunt.“

2 Spartacus: ▶ S. 194

B Bewerte mit den Ergebnissen deiner Recherche (▶ S. 72) die Aussagen des Onkels über Spartacus.

C Erläutere die Satzstruktur in Z. 16–17, indem du herausarbeitest, wo sich Haupt- und Nebensätze befinden. Nutze dazu die Konstruktionsmethode. ▶ **M6:** S. 120

Endlich beginnen die beiden Gladiatoren zu kämpfen. Die Spannung ist groß, die Menge tobt. Auch die Geschwister schauen den Gladiatoren gebannt zu, die nun ganz in ihrer Nähe kämpfen. Auf einmal hält Marcus aber den Atem an …

III Ferōx gladiātor, cuius oculī īratī sunt, Mānliō gladiātōrī celeriter appropinquat.
Mārcus ad sorōrem: „Ecce! Mānlius, quem prope vidēmus, paene puer est. Timet. Vae, gladium amittit!“

Cornēlia clāmat: „Age, Mānli! Tolle gladium!“ Deinde Mānlius gladiō, quem tollit, Ferōcem[3] petit et sē dēfendere temptat.

Mārcus: „Vae! Nōn bene sē dēfendit. Nunc Ferōx Mānlium iterum glādiō petit et ... vulnerat!“

Cornēlia: „Mānlius dōlet, sanguinem videō! Num vītam amittit? Vae, paene puer est.“

3 Ferōcem *(Akk.)*: Ferox

Plötzlich ist es ganz still in der Arena. Manlius hebt mit letzter Kraft seine Hand: Er gibt auf! Sofort setzt lautes Gebrüll ein. Dann gibt der Leiter der Spiele das Gnadenzeichen (▶).

LIES UND PARAPHRASIERE!

D Beschreibe mit eigenen Worten, was mit Manlius geschieht.

E Erkläre, was Cornelia, Marcus und der Onkel von Gladiatorenkämpfen halten, und belege dies am lateinischen Text. Bewerte ihre Auffassungen.

Duō virī accēdunt, Mānlium tollunt, discēdunt.

Flāvius: „Vidēte, līberī! Victor, quem turba amat, māgnā pecūniā gaudet. Turba autem spectāculō pulchrō gaudet.“ Cornēlia: „Cūr hominibus, quibuscum hīc sumus, spectāculum placet? Spectāculō nōn iam gaudeō.“

Mārcus: „Dē Mānliō timeō. Vītamne amittit? Quid crēdis, avuncule?“

Flāvius: „Dē Mānliō cogitāre necesse nōn est.“

VOKABELN ÜBEN

▶ **Lernvokabeln:** S. 141

Lerne zuerst die Vokabeln II. Übe sie dann:

(1) **Trefft eure Wahl!** Gebt zu den unterstrichenen Vokabeln die passende Bedeutung an und begründet eure Wahl.

frei | das Buch | die Kinder

Liberi librum legunt. Puer libro discit. Servus liberorum liber non est.

(2) **Lückenfüller.** Ordne die Vokabeln dem passenden Satz zu.

non modo ... sed etiam | vel ... vel | et ... et

1 Homines ___ boni ___ mali sunt.
2 Gladiatores ___ pugnare ___ se defendere temptant.
3 Homines ___ spectant, ___ clamant.

Lerne zuerst die Vokabeln III. Übe sie dann:

(3) **Was passt wozu?** Ordne die Vokabeln ihrer Bedeutung zu.

de templo | temptare | paene | civis | prope templum | tollere | vita | vulnerare

fast | der Bürger | verwunden | nahe beim Tempel | das Leben | versuchen, angreifen | vom Tempel | hochheben

(4) **Sag's mit Bildern!** Zeichne die Vokabeln. Erratet sie dann und nennt die Bedeutung.

amare | pecunia | pugnare | oculus | videre | gladius | amittere | sanguis

▶ **Quiz**

GRAMMATIK ÜBEN

▶ **Mehr Übungen:** S. 89

1 G1 **Relativpronomen gesucht.** Nenne das lateinische Relativpronomen und das deutsche Bezugswort. Übersetze dann die Relativsätze.

1 Cornelia gefallen die Gladiatoren, *qui pugnant,* nicht.
2 Immerzu muss sie an Manlius denken, *cui adesse non potest.*
3 Sie erinnert sich: Ferox, *cuius gladius magnus est,* greift Manlius sehr schnell an.

2 G1 **Was passt wozu?** Wechselt euch ab: Eine/r von euch ordnet einem Bezugswort einen passenden Relativsatz zu, der/die andere übersetzt. Achtet auf die Kongruenz von Numerus und Genus.

A avunculus
B mater
C sacra
D gladiatores

1 quibus sacerdotes deis gratias agunt
2 quorum gloria magna est
3 cui spectaculum placet
4 quae liberos desiderat

3 G2 **Imperfekt gesucht.** Nenne alle Imperfektformen und übersetze sie.

Beispiel: manebam – ich wartete

amabam | habes | liberam | pugnabant | turbam | appropinquabat | videbas | interficitis | debebatis | erant | sentiebamus | poterat

4 G2 **Ordnung muss sein.** Ordne die *esse*-Formen nach Tempus, Person und Numerus. Ergänze die fehlenden Formen und übersetze. ▶ **Hilfe**

es | eramus | sum | erant | estis | eram | erat

5 G1 **Was ist das?**

a Bestimme die Relativpronomina nach KNG und nenne ihre Satzgliedfunktionen (Subjekt, Dativ- oder Akkusativobjekt).

1 Turba gladiatores, quos amat, exspectat.
2 Avunculus Ferocem (▶), qui gladiator clarus est, salutat.
3 Gladiator, cui spectacula placent, pugnat.

b Übersetze die Sätze.

6 G1 **Was passt wozu?** Ordnet jedem unterstrichenen Satzglied einen Relativsatz zu und übersetzt die Sätze.

A Gladiatores gloriam petunt.
B Cives ad spectacula conveniunt.
C Marcus et Cornelia matri litteras scribunt.

1 ..., quae clara sunt, ...
2 ..., quae abest,...
3 ..., qui homines interficiunt,...

7 G2 **Triff deine Wahl!** Übersetze und entscheide bei jeder Imperfektform, ob sie eine wiederholte oder eine andauernde Handlung anzeigt.

Saepe Gaius gladiator in amphitheatro *(Amphitheater)* pugnabat. Nunc Gaio satis pecuniae est; itaque pugnare non iam debet. Amico dicit: „Diu gladiator eram. Magnos gladiatores saepe temptabam. Iterum atque iterum vitam defendebam. Civibus spectacula semper placebant."

G1 Der Relativsatz
G2 Das Imperfekt

▶ Selbsttest

ÜBER SPRACHEN NACHDENKEN

1 Lest den Beginn des Zeitungsartikels und benennt das Tempus, das hier verwendet wird.

2 Erklärt anhand der markierten Prädikate, wie dieses Tempus im Deutschen gebildet wird.

3 Schreibe den Zeitungsartikel zu Ende und formuliere eine spannende Überschrift. Achte bei deinen Prädikaten auf die Verwendung der richtigen Zeitform.

4 Präsentiert eure Ergebnisse im Plenum. ▶ **M9:** S. 124–125

NUNTII LATINI

Spectacula et sanguis

Im prunkvollen Amphitheater **kamen** gestern Abend Tausende von Zuschauern **zusammen**, um den spektakulären Gladiatorenkampf zwischen Manlius und Ferox zu verfolgen.
Die Menge tobte, als die beiden Kontrahenten in die Arena **liefen**.
Die Zuschauer **waren** voller Erwartung: Ein lautes Getöse **erfüllte** die Luft, während die Gladiatoren ihre Waffen **schwangen** und sich auf den bevorstehenden Kampf **vorbereiteten**. Manlius **griff** zu seinem Schwert ...

DIE ANTIKE WELT KENNENLERNEN

Entertainment bei den Römern: Von Sport bis Kultur

Die Römer liebten die öffentlichen Spiele *(ludi publici)*, die von den Kaisern großzügig ausgestattet wurden und meist mehrere volle Tage dauerten. Insgesamt gab es Spiele *(ludi)* an über 60 Tagen im Jahr! Neben den Gladiatorenkämpfen im Kolosseum *(Amphitheatrum Flavium)* (▶) gab es noch viele andere Spektakel. Manche waren blutig, z. B. Tierhetzen, bei denen man exotische Tiere wie Löwen oder Bären kämpfen ließ. Sehr spannend fanden die Römer auch die Wagenrennen im Circus Maximus (▶), einer langen Rennbahn, die 250 000 Zuschauern Platz bot. Die Wagenlenker der vier Teams trugen die Farben ihrer Vereine (weiß, rot, grün, blau) und wurden von deren Fans bejubelt und angefeuert. Auch Schauspiele im Theater (▶) gehörten zum Programm der Spiele. Dort konnte man Theaterstücke sehen, z. B. Tragödien und Komödien, die von Schauspielern mit Masken aus Gips, Ton oder Bronze aufgeführt wurden.

Mosaik mit Wagenlenker. Das Palmenblatt in seiner Hand ist ein Siegeszeichen (3. Jh. n. Chr.).

A Nimm die Rolle eines Reporters/einer Reporterin ein und erstelle einen Bericht zu einem *ludus* deiner Wahl. Recherchiert dafür auch. ▶ **M9:** S. 124–125 ▶ **Hilfe**

B Nenne moderne Tätigkeiten, die wie Gladiatorenkämpfe großen Ruhm, aber auch ein hohes Risiko mit sich bringen. Begründe, ob du dir vorstellen kannst, eine solche Tätigkeit später als „Beruf“ auszuüben.

DIE ANTIKE WELT KENNENLERNEN

„Was für ein Verbrechen!“ – Ein Senator vor Gericht

FLAVIUS

„Heute wird es wieder einmal spannend auf dem Forum, denn in der Kurie (*curia*) (▶) findet vor dem Senat (▶) der Prozess gegen den Senator (▶) Claudius statt. Senatoren sind sehr angesehen, denn sie entstammen meist den ehrwürdigsten Familien Roms. Doch Claudius hat durch sein Verhalten das Ansehen des ganzen Senats beschmutzt. Claudius wird angeklagt, weil er sein Amt als Statthalter (▶) missbraucht haben soll. Er verwaltete die reiche Provinz (▶) Asia. Dort war es eigentlich seine Aufgabe, Sicherheit, Ordnung und Recht durchzusetzen. Doch Claudius hat die Provinz ausgebeutet und ihre Bewohner erpresst, um mit ihren Reichtümern sein eigenes Vermögen zu vergrößern.
Nun haben die Asianer, also die Bewohner der Provinz Asia, in Rom gegen Claudius Klage eingereicht. Doch ob sie wirklich eine Chance haben? Immerhin vertritt sie mein guter Freund Aemilius, der ein hervorragender Anwalt ist. Ich werde mir diese Verhandlung zusammen mit den Kindern ansehen. Da können sie viel lernen.“

A Erkläre die Funktion und die Aufgaben eines römischen Statthalters.

B Einer der bekanntesten Fälle von Amtsmissbrauch (▶) ist der Fall des Statthalters Gaius Verres auf Sizilien. Recherchiere, auf welche Weise Verres sein Amt missbrauchte und wie der Prozess gegen ihn ausging. ▶ **M9:** S. 124–125

NEUE VOKABELN KENNENLERNEN

Heimweh

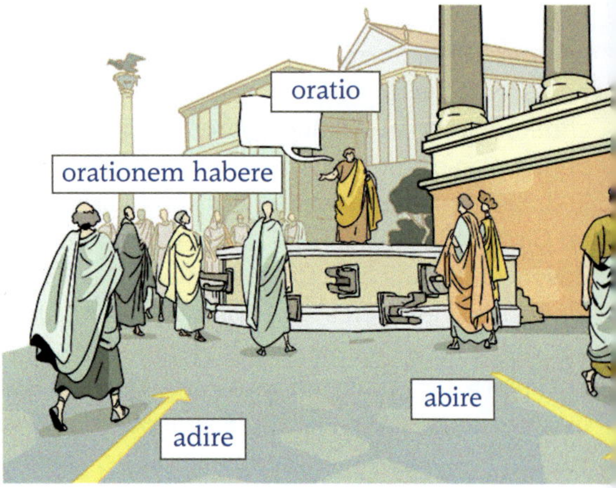

1 Erschließe die Bedeutungen der neuen Vokabeln im Text und im Bild. Unten kannst du deine Lösung überprüfen.

Cornelia fühlt sich in Rom wie zu Hause und kommt sich schon fast wie eine richtige ____ (Romana) vor. Es macht ihr Spaß, über das Forum zu ____ (ire), denn es gibt viel zu sehen: prächtige Hallen und Tempel und viele Menschen, z. B. ____ (senatores), die zur Kurie eilen.
Auch Marcus geht es gut in Rom. Nur manchmal fühlt er sich ____ (miser), weil er Heimweh hat. Er möchte gern in die Heimat ____ (redire), in die ____ (provincia) Gallien. Denn dort leben ____ (cuncti) seine Freunde, hier dagegen muss er ____ (sine) sie leben. Weil er ____ (scire) möchte, wie es ihnen geht, schreibt er ihnen einen Brief.

2 Wähle selbst aus dem Werkzeugkoffer 1–6 aus oder entscheidet gemeinsam. ▶ S. 198

ohne, zurückkehren, weggehen, hingehen, Römerin, Provinz, wissen, Senatoren, unglücklich, Rede, gehen, alle, eine Rede halten

NEUE GRAMMATIK KENNENLERNEN

G1 Der AcI

(1) Mārcus videt Flāvium.

(2) Mārcus videt Flāvium venīre.

(3) Mārcus dīcit Flāvium venīre.

A Übersetze Satz (1) und (2).

B Erschließe, wie Satz (3) im Deutschen wiedergegeben werden kann.

C In diesem Abschnitt begegnet euch der Accusativus cum Infinitivo (AcI). Bestimme alle Akkusative und Infinitive und begründe, in welchen Sätzen ein AcI vorliegt.

▶ **Quiz** ▶ **Video**

VOKABELN ÜBEN

▶ **Lernvokabeln:** S. 144

Wiederhole einige bekannte Vokabeln:

① **Was passt wozu?** Ordne die Vokabeln ihrer Bedeutung zu.

civis | nihil | bene | pecunia | facere
gut | das Geld | nichts | machen | der Bürger

② **Sag's mit Bewegung!** Stellt die Vokabeln pantomimisch dar und erratet die lateinischen Begriffe.

audire | clamare | dicere | magnus | parvus | tacere | beatus

③ **Gegensätze ziehen sich an.** Nenne die lateinischen Vokabeln zu den deutschen Wörtern. ▶ **Hilfe**

a sagen ↔ schweigen
b das Wasser ↔ die Flamme
c jetzt ↔ dann
d gut ↔ böse

Lerne zuerst die Vokabeln I. Übe sie dann:

④ **Wir gehören zusammen!** Nenne die Bedeutung der Vokabeln.

a Wissen: legere | liber | scire | constat
b Gericht: iniuria | lex | oratio | se defendere
c Personen:

⑤ **Lückenfüller.** Ordnet die Vokabeln passend zu.

cuncti | provincia | iniuria | miser

Ein Mann lebt in einer römischen ___. Er ist ___, denn er wird vor Gericht angeklagt. ___ seine Nachbarn denken nun, dass er ein ___ begangen hat.

EINEN LATEINISCHEN TEXT LESEN

Ein spannender Gerichtstermin

Flavius und die Kinder stehen vor der Kurie (*curia*). Hier findet heute der Prozess der Asianer (*Asiani*) gegen den Senator Claudius statt. Der Rechtsanwalt der Asianer ist Aemilius. Aemilius spricht gerade, aber weil es sehr voll und laut ist, ist er nur schwer zu verstehen:

A Nenne lateinische Wörter, an denen die schwierige Lage in der Provinz deutlich wird.

I „Claudius prōvinciam nōn bene administrābat, nam cīvibus iniūriam faciēbat. Est senātor malus."
Mārcus: „Quid Aemīlius dīcit?"
Flāvius: „Aemīlius dīcit Claudium senātōrem malum esse. Tacē, Mārce! Ōrātiōnem Aemīliī audīre cupiō."
Tum Aemīlius clāmat: „Asia prōvincia beāta erat, nunc autem prōvincia misera est!"
Cornēlia: „Quid Aemīlius clāmat, avuncule?"
Flāvius: „Aemīlius clāmat Asiam nunc prōvinciam miseram esse."
Deinde addit: „Cunctī Rōmānī sciunt Asiānōs nunc paene nihil habēre. Cōnstat Claudium nunc māgnam pecūniam habēre."

B Nenne Textbelege dafür, dass Claudius als Statthalter etwas falsch gemacht hat.

Die Zuhörer vor der Kurie ärgern sich laut über Claudius, Aemilius ist kaum mehr zu verstehen. Marcus will wissen, warum Claudius in Asien war und wie es zum Prozess kam.

II Flāvius: „Senātōrēs", inquit, „saepe in prōvinciās eunt et prōvinciās administrant. Senātōribus multum licet, sed nōn licet contrā lēgem agere neque hominibus iniūriam facere. Posteā in Ītaliam redeunt. Si autem senātor ut Claudius iniūriam facit, hominēs contrā iniūriam sē dēfendere possunt. Asiānī iterum atque iterum Aemīlium adībant, quī cunctōs Asiānōs nunc dēfendit."
Tum addit: „Tantus clāmor est! Ōrātiōnem Aemīliī nōn iam audīre possum. Venīte! Ā cūriā nunc abīre et per forum domum redīre cupiō."

Auf dem Heimweg zeigt Flavius den Kindern das Forum Romanum genauer. Die Kinder staunen darüber, was hier alles zu sehen ist.

III Mārcus: „Tot hominēs adsunt: cīvēs cum coniugibus, cīvēs sine coniugibus, līberī, servae, servī! Quid hominēs in forō agunt?"
Flāvius: „Rōmānī negōtia cūrant, amīcōs conveniunt, in templīs sacra faciunt."

Cornēlia: „Tot templa videō! Nōnne templa clāra sunt?“
Flāvius: „Ita est. Cōnstat templa in forō Rōmānō clāra esse! Ibi est templum Saturnī, in quō māgna cōpia aurī est. Aurum cīvibus Rōmānīs est.“

C Informiere dich über den in Z. 25 genannten Tempel, z. B. mithilfe des Internets.

LIES UND PARAPHRASIERE!

Cornelia zeigt auf einen weiteren Tempel und möchte wissen, für welche Gottheit er erbaut wurde. Flavius antwortet mit einem Rätsel – die Kinder sollen die Gottheit selbst erraten.

D Lies Flavius’ nachfolgende Beschreibung des Tempels und hilf Marcus und Cornelia beim Lösen des Rätsels. Beantworte die Frage des Flavius auf Latein.

„Templum, quod prope vidētis, nōn deō, sed deae est. In templō flamma est, quam sacerdōtēs semper servāre dēbent. Sacerdōtēs mulierēs sunt, quae templum atque flammam cūrant et vītam sine coniuge agunt. Scītisne deam?“ Līberī: „Scīmus! Est ...“

E *Aenigmata varia* – verschiedene Rätsel. Erfinde eigene Rätsel – wie das von Flavius – und lasse sie von deiner Lerngruppe lösen. Formuliere ein Rätsel auf Deutsch...

a ...zu einem Gebäude auf dem Forum Romanum mithilfe des Internets oder
b ...zu einem berühmten Gebäude in deiner Gegend oder Stadt.

VOKABELN ÜBEN

▶ **Lernvokabeln:** S. 144

Lerne zuerst die Vokabeln II. Übe sie dann:

1 **Was passt wozu?** Ordne die Vokabeln ihrer Bedeutung zu.

abire | redire | adire
weggehen | hingehen | zurückgehen

2 **Wörterschlange.** Nenne und übersetze die versteckten Vokabeln.

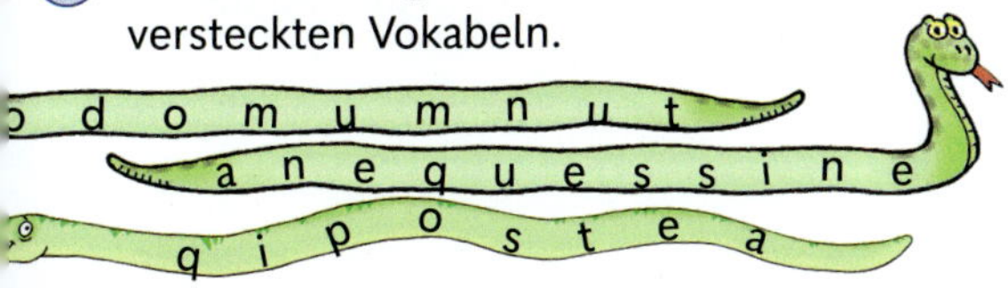

3 **Erklär’s mir!** Umschreibt die Vokabeln auf Deutsch, aber ohne ihre Bedeutung zu nennen. Erratet die lateinischen Begriffe.

licet | oratio | provincia | senator |

Lerne zuerst die Vokabeln III. Übe sie dann:

4 **Was passt wozu?** Ordne die Vokabeln den unterstrichenen Wörtern zu.

addere | tot | Romanus | copia | multum

Für <u>römischen</u> Getreidebrei nimmt man eine <u>Menge</u> Mehl und <u>viel</u> Wasser. Dann gibt man <u>so viele</u> Linsen dazu, wie man möchte. Man sollte auch Salz <u>hinzufügen</u>.

5 **Erzähl mir was!** Schreibt eine kurze deutsche Geschichte, in der folgende Vokabeln vorkommen.

si | domum ire | coniunx | licet |
negotium | aurum

▶ **Quiz**

GRAMMATIK ÜBEN

▶ **Mehr Übungen:** S. 90

① G1 **Akkusativ gesucht.** Nenne alle Akkusative und ordne sie nach Sg. und Pl.

turbam | orationis | oculum | magnitudo | senatorem | cunctos Romanos | leges | iniuriae | pecunia | provincias | te | gladiatorum | hominibus | bella

② G1 **Sag's mit Bildern.** Übertrage die Zeichnung rechts in dein Heft. Wähle die AcI-einleitenden Verben aus und beschrifte deine Zeichnung.

dicere | habere | respondere | scire | posse | addere | videre | adesse | currere | gaudere | facere | audire | sentire | clamare | administrare

③ G1 **Triff deine Wahl!** Entscheide dich jeweils für die richtige Übersetzung und begründe.

1 Cornelia Deliam semper adesse scit.
a Cornelia kennt Delia und hilft ihr immer.
b Cornelia weiß, dass Delia ihr immer hilft.

2 Mater multa pericula Romae esse dicit.
a Die Mutter sagt, dass es in Rom viele Gefahren gibt.
b Die Mutter ist in Rom und spricht über viele Gefahren.

3 Marcus gladiatores bene pugnare gaudet.
a Marcus kämpft so gut, dass sich die Gladiatoren freuen.
b Marcus freut sich, dass die Gladiatoren gut kämpfen.

④ G2 **Ordnung muss sein.** Ordne die *ire*-Formen nach Tempus, Person und Numerus. Ergänze die fehlenden Formen und übersetze alle. ▶ **Hilfe**

is | ibamus | eo | ibant| itis | ibam

⑤ G1 **AcI gesucht.** Übersetzt beide Sätze. Begründet, welcher Satz einen AcI enthält, welcher nicht.

1 Flavius avunculus Aemilium orationem habere dicit.
2 Marcus autem orationem Aemilii audire non potest.

❻ G1 **Dem AcI auf der Spur.** Schreibe die Sätze ab. Unterstreiche jeweils den AcI und kennzeichne den Subjektsakkusativ mit *A* und den Infinitiv mit *I*. Übersetze entsprechend.

1 Avunculus senatores provincias administrare dicit.
2 Marcus Galliam provinciam esse scit.
3 Cornelia: „Constat me Romanam esse."
4 Liberi non timent, nam deos adesse sentiunt.

⑦ G2 **Irrläufer.** Nenne das Wort, das nicht in die Reihe passt. Begründe.

a ego | is | it | imus
b abire | adire | audire | redire
c iam | ite | ibi | ita

❽ G1 G2 **Verbwechsel.** Ersetzt die unterstrichenen Verben durch die passende Form von *ire* und übersetzt.

adire | ite | abeunt | eunt

Marcus et Cornelia cum Flavio ad templum Vestae veniunt. Subito mulierem accedere vident. Sentiunt mulierem sacerdotem esse. Flavius: „Venite mecum!" Liberi cum avunculo de templo discedunt.

G1 Der AcI
G2 *ire*

ÜBER SPRACHEN NACHDENKEN

Komposita im Lateinischen und Deutschen

Im Lateinischen gibt es viele zusammengesetzte Verben. Diese nennt man Komposita. Sie bestehen aus einer Vorsilbe (Präfix) und einem einfachen Verb (Verbum simplex).

ad	+	*ire*	= *adire*
Präfix	+	Verbum simplex	= Kompositum

Du kannst die Bedeutung vieler Komposita erschließen, wenn du das Präfix und das Verbum simplex kennst: *ad* (zu/hin-) + *ire* (gehen) → „hin-gehen". ▶ S. 145

1 Erschließe die Bedeutungen folgender Komposita von *ducere: ab-ducere, e-ducere, in-ducere, re-ducere.* **Beispiel:** *ad-ducere*: heran-führen, herbei-führen

2 Nenne die Prädikate in den lateinischen und deutschen Sätzen. Vergleiche dann deren Stellung im Satz in beiden Sprachen. Beschreibe, was dir auffällt.

Senatores hodie conveniunt.	Die Senatoren kommen heute zusammen.
Nunc homines a curia abeunt.	Jetzt gehen die Menschen von der Kurie weg.

3 „Komposita-Meisterschaft": Bildet im Deutschen möglichst viele Komposita mit dem Verb „sehen". Wer die meisten findet, bekommt den Meistertitel!

DIE ANTIKE WELT KENNENLERNEN

Treffpunkt für alle: Das Forum Romanum

Große Reden, laute Marktschreier, wildes Getümmel – in allen römischen Städten gab es einen zentralen **Marktplatz** (*forum*), aber keiner von ihnen war so bedeutend wie das **Forum Romanum** in Rom. Zwischen den Hügeln Kapitol, Palatin und Esquilin gelegen, war es der geschäftliche, politische und religiöse Mittelpunkt der römischen Welt. Mehrere große **Säulenhallen** (*basilicae*) dienten als Banken oder Gerichtshalle. Vor allem aber wurde auf dem Forum **Politik** gemacht. In der **Kurie** (*curia*) tagte der **Senat** mit seinen etwa 600 Senatoren und fällte hier seine Entscheidungen. Die **Rednerbühne** (*rostra*) (▶) in der Nähe nutzte man für öffentliche Reden. Zu Ehren wichtiger Persönlichkeiten wie Kaisern und Feldherren errichtete man Triumphbögen (▶) und Statuen. Auch die **Religion** war auf dem Forum sehr präsent, denn hier verehrten die Römer ihre ältesten Gottheiten wie Vesta (▶) oder Saturn (▶).

Der Senat in der *curia* (Rekonstruktion).

A Präsentiere ein im Text genanntes Gebäude des Forum Romanum im Detail. ▶ **M9:** S. 124–125

B Erstellt eine Führung für Touristen auf dem Forum Romanum und setzt sie szenisch um. Nutzt dafür auch die Rekonstruktion des Forums auf S. 64–65.

DIE ANTIKE WELT KENNENLERNEN

Ein großes Gastmahl

KÖCHIN FANNIA

„Ich bin im Stress! Denn der Hausherr hat heute zur neunten Stunde (▶) Gäste zu einem großen Gastmahl (*cena*) eingeladen. Das bedeutet für die Küchensklaven und mich sehr viel Arbeit und Vorbereitung. Mindestens drei Gänge müssen wir im Triclinium (▶) servieren und das Gastmahl kann bis zu sieben Stunden dauern.
Damit der Abend aber perfekt wird, habe ich mir etwas Besonderes überlegt. Als Vorspeise werde ich Schnecken und Austern (▶) zubereiten. Köstlichkeiten, die wunderbar zu dem mit Honig gemischten Wein (*mulsum*) passen, der gerne zu den Vorspeisen getrunken wird. Als Hauptgang wird es geräucherte Würste (*lucanica*), gewürzt mit Kreuzkümmel (▶), Pfeffer, Petersilie und Bohnenkraut (▶), geben. Auch gefüllte Haselmäuse (▶) und Spanferkel (▶) stehen auf dem Speiseplan. Zum Würzen und Verfeinern der Speisen dürfen natürlich unsere Fischsauce (*garum*) und weitere Gewürze und Kräuter wie Ingwer, Knoblauch, Minze, Oregano oder Koriander nicht fehlen. Wir Römer lieben es, verschiedene Gewürze und Aromen miteinander zu mischen und auszuprobieren. Dazu gibt es mit Wasser verdünnten Wein. Zum Nachtisch (*mensae secundae*) werde ich kleine Desserts und vor allem Obst servieren. Äpfel, Rosinen, Feigen, Datteln und sogar Pfirsiche und Aprikosen haben die Sklaven auf dem Markt bekommen.
Zwischen den Gängen werden außerdem – anders als bei einem alltäglichen Essen – Flötenspieler, Akrobaten und Spaßmacher die Gäste unterhalten. So wird es ein gelungener Abend werden. Packen wir es an!“

A Vergleicht die Essgewohnheiten der Römer mit den heutigen Gewohnheiten (Uhrzeit, Umfang, Speisen, ...); bezieht dabei auch die Abbildung ein. Stellt dann gemeinsam ein Treffen eines Römers mit einem modernen Menschen nach.

B Wir verbinden mit der heutigen „italienischen“ Küche ganz andere Zutaten und Speisen als die im Text genannten. Doch Tomaten, Auberginen, Kartoffeln und Nudeln kannten die Römer noch nicht. Recherchiert, woher diese Produkte ursprünglich stammten und wie sie nach Europa gelangten.

Römer beim Gastmahl. Wandmalerei aus Pompeji (1. Jh. n. Chr.).

DIE ANTIKE WELT KENNENLERNEN

Römische Kleidung

Das heute wohl bekannteste Kleidungsstück der Römer war die *toga*. Sie galt als Nationalkleidung und durfte nur von **römischen Bürgern** getragen werden. Ausländern und Sklaven war das Tragen der *toga* untersagt. Bei offiziellen Anlässen war die *toga* sogar Pflichtkleidung. Dabei gab es zwei verschiedene *togae*: Senatoren und Priester durften die ***toga praetexta*** mit breitem Purpurstreifen (▶) tragen; sie war ein Zeichen ihres hohen Ranges. Aber auch Jungen trugen die *toga praetexta* bis zur Volljährigkeit (▶). Dann legten sie diese im Rahmen eines Festtags in der Familie ab und zogen die rein weiße ***toga virilis*** – die Männertoga – an. Sie zeigte, dass man ein erwachsener Mann und römischer Bürger war. Im Alltag beliebt war aber vor allem die ***tunica***. Dieses einfache Gewand trugen Männer, Frauen und auch Sklaven. Es wurde mit einem Gürtel um die Hüfte gebunden. Verheiratete Frauen aus der Oberschicht erkannte man an der ***stola***, die sie über einer knöchellangen *tunica* trugen und die mit einem aufgenähten Purpurband verziert war. Über die *tunica* zogen die Römer bei Bedarf einen Mantel (*pallium*) an. Bei einer *cena* bevorzugte man bequeme Kleidung, in der man sich gut niederlegen konnte.

A Benennt die Kleidungsstücke, die ihr an den abgebildeten Statuen erkennt. Geht dann das Buch durch und überprüft, wie die Personen gekleidet sind.

B Kleider machen Leute: Bezieht Stellung zu der Frage, welche Bedeutung Mode damals und heute hatte (auch unter dem Aspekt der Nachhaltigkeit).

Frau, Junge und Mann in den Gewändern der Oberschicht. Die antiken Statuen waren farbig und ließen sicherlich auch Purpurstreifen erkennen. Bequem waren diese Gewänder jedoch nicht. Aufwändig war allein schon das Anlegen der Toga: Sie war sechs Meter lang und 2,5 Meter breit. Um sie so kunstvoll in Falten um den Körper zu legen, wie es hier zu sehen ist, benötigte man die Hilfe eines Sklaven.

EINEN LATEINISCHEN TEXT LESEN

Ein Überraschungsgast

Cornelia und Marcus sind aufgeregt: Heute soll es eine *cena* geben! Anlass ist der Besuch eines Gastes, dessen Namen der Onkel aber nicht verraten will. Voller Spannung warten die Kinder im Atrium (▶).

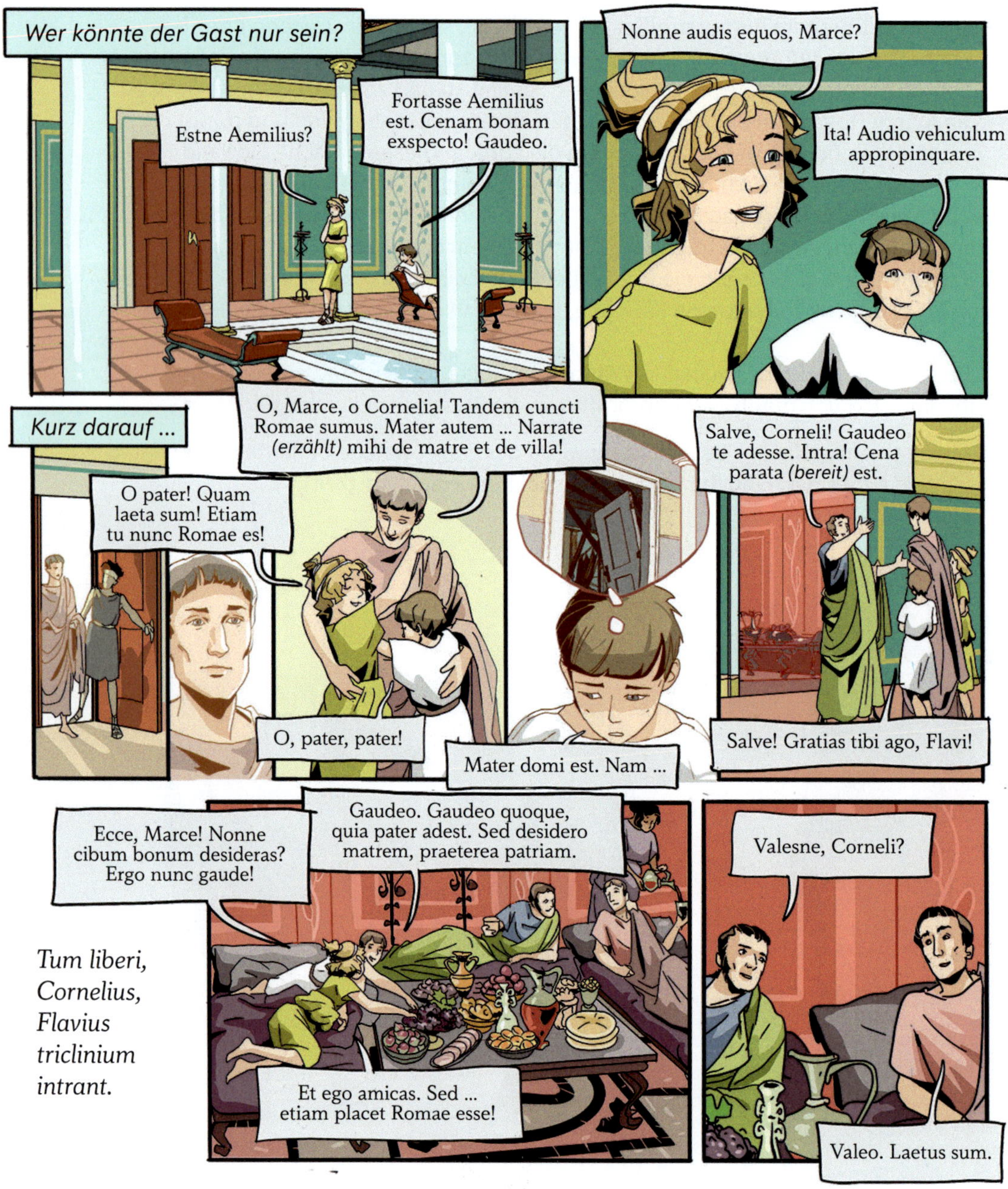

Die Kinder haben viel Freude an der *cena*, ein solch aufwändiges Essen hatten sie lange nicht. Vor allem sind sie überglücklich, ihren Vater nach Monaten der Abwesenheit wiederzusehen. Sie möchten wissen, was er auf seiner langen Reise erlebt hat. Cornelius berichtet:

Die Erinnerung wühlt den Vater auf. Sehr lebendig erzählt er nun von den weiteren Geschehnissen. Fast scheint es den Kindern, als wären sie selbst dabei ...

Alle sind zufrieden. Die *cena* erstreckt sich bis in den späten Abend. Schließlich beginnen der Onkel und der Vater, den Kindern Geschichten über die Götter zu erzählen, bis Marcus und Cornelia tief in der Nacht einschlafen.

LEKTION 7

1 G1 G2 **Was gehört wohin?**

a Ordne richtig zu.

tauro | duco | oro | templo | cupio | deis | animis | custodis | facis | numeris | audi | imperatori | veni | patri | sacerdoti

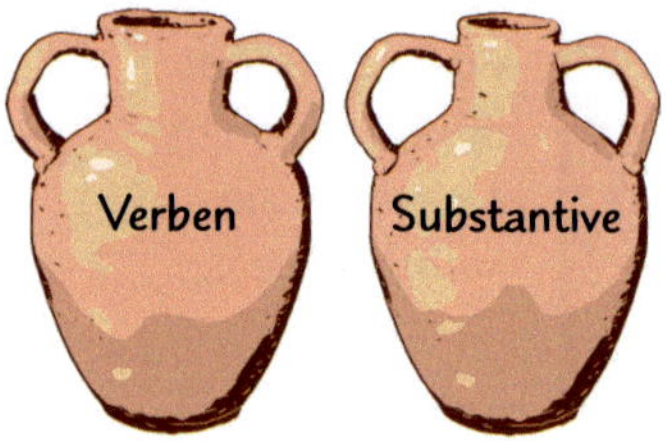

b Bestimme das Substantiv, das nicht im Dativ steht.

2 G1 G3 **Sinn oder Unsinn?** Nur jeweils einer der beiden Sätze ergibt Sinn. Nennt den Satz und begründet.

1 Dei hominibus adsunt./ Homines deis adsunt.
2 Flammae sacrum sacerdoti dant./ Sacerdos sacrum flammis dat.
3 Parentibus villa est./ Parentes villae sunt.

3 G2 **Konjugation gesucht.**

a Gib aus den Lernvokabeln jeweils drei Verben der a-, e-, i-, kons. und Konjugation mit kurzem i an. ▶ S. 126–140

b Erkläre, woran du die jeweilige Konjugation erkennst, und gib die Bedeutung der Verben an.

4 G1 **Verben-Profi.**

a Übersetze die Sätze.

b Erkläre den Unterschied im Gebrauch von *adesse* und *iuvare*.

1 Delia serva liberis adest.
2 Servi patrem iuvant.

5 G1 G2 **Nicht verwechseln!** Bestimme Deklination und KNG der Substantive.

a templis ↔ matris
b legis ↔ avunculis
c amicum ↔ hominum
d equi ↔ timori
e parentum ↔ animum

6 G1 G3 **Lückenfüller.** Setze passend ein und übersetze.

Tipp: Es sind mehrere Lösungen möglich.

deis (2) | sacerdoti | hominibus | templo

Homines ad templum accedunt, nam ___ gratias agere necesse est. Subito sacerdos cum tauro ___ appropinquat. Nunc taurus non iam ___, sed ___ est. Sacerdos sacra facit, ministri ___ adsunt.

7 G1 G2 G4 **Irrläufer.** Nenne das Wort, das nicht zu den anderen passt. Begründe.

a monti | voci | liberi | iuveni
b capis | cupis | rapis | puellis
c periculum | sermonum | templum | sacrum
d animo | impero | vino | verbo
e tibi | mihi | ego | vobis

8 G1 G2 G4 **Dem Kasus auf der Spur.** Wählt den richtigen Kasus und übersetzt anschließend.

Tipp: Die Kasus könnt ihr mithilfe des passenden W-Frageworts ermitteln.

Cornelia et Marcus saepe de patre cogitant: Ubi est? Nonne ___ (nos/nobiscum) desiderat? In ___ (villae/villa) habitat? Nos semper ___ (deis/deos) oramus: „Adeste patri! Fures ___ (patrem/patrum) interficere non debent." Delia ___ (nos/nobis) dicit: „Bonum animum habete! Certe ___ (dominus/domini) valet. Servi ___ (patri/patre) adesse debent."

G1 Der Dativ
G2 Die Konjugation mit kurzem *-i-*
G3 Der Dativ des Besitzers
G4 Die Personalpronomina der 1. und 2. Person

LEKTION 8

1 G1 **Ordnung muss sein.** Ordne die Relativpronomina nach der gelernten Reihenfolge (Sg.: Nom. m, f, n | Gen. | … Pl.: Nom. m, f, n | Gen. m, f, n | …).

Tipp: Einige Relativpronomina musst du mehrmals verwenden.

quae | quorum | quam | cuius | qua | quod | cui | quas | qui | quibus | quarum | quem | quos | quo

2 G1 **Fehlerteufel.** Nennt die Stellen, die falsch übersetzt wurden, und korrigiert die Übersetzung.

1 Gladiator, quem turba amat, clamoribus hominum gaudet. – Der Gladiator, der die Menge liebt, freut sich über die Jubelschreie der Menschen.
2 Quam pulchra sunt templa, quae in foro Romano sunt! – Wie schön ist der Tempel, der auf dem Forum Romanum steht!

3 G2 **Was gehört wohin?** Ordne die Verben richtig zu und übersetze.

amabat | amittis | habent | exspectabamus | eram | tollis | scribo | est | vulnerabam | defendimus | pugnabas | faciebant | temptat | veniebatis | poterant | adsum

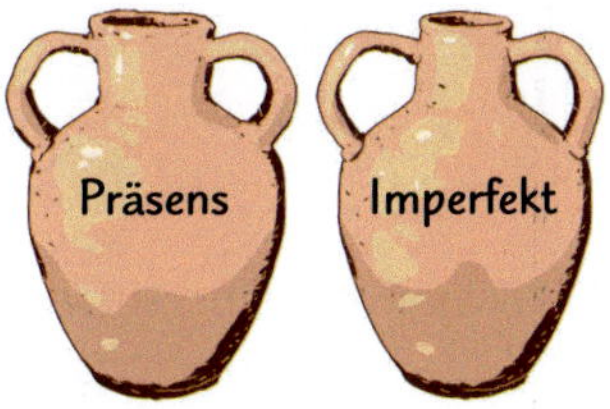

4 G2 **Triff deine Wahl!** Wähle das passende Prädikat und übersetze.

Iterum atque iterum magna spectacula Romae (erant/poterat). Cives spectacula gladiatorum (desiderabant/temptabamus). Magnus clamor in viis (erat/poteras).

5 G1 **Triff deine Wahl!** Nenne die richtige Übersetzung und begründe.

1 Delia et Cornelia, quae spectacula amant, gladiatores exspectant.
a Delia und Cornelia, die Schauspiele lieben, warten auf die Gladiatoren.
b Delia wartet mit Cornelia, die Schauspiele liebt, auf die Gladiatoren.

2 Tum Ferox cum Manlio, cuius pater gladiator clarus erat, pugnat.
a Dann kämpft Ferox mit Manlius, der der Vater eines berühmten Gladiators war.
b Dann kämpft Ferox mit Manlius, dessen Vater ein berühmter Gladiator war.

3 Ferox, quem Manlius timet, discedit.
a Ferox, den Manlius fürchtet, geht weg.
b Ferox, der Manlius fürchtet, geht weg.

6 G1 **Irrläufer.** Nenne jeweils das Wort, das kein Relativpronomen ist.

a quem | quam | quod | quid
b qui | quia | quibus | cui
c quoque | quo | quarum | qua
d cuius | quorum | quando | quos

7 G1 G2 **Bring's zu Ende!** Setzt passend ein und vervollständigt so die Sätze. Übersetzt dann.

Tipp: Es gibt mehrere Möglichkeiten.

clamabant | discedebant | erant | ibant | pugnabant | rapiebant | custodiebant

In Rom war immer viel los:
Semper oratores et mercatores et turba hominum in foro ___. Parentes cum liberis per vias ___. Mercatores magna voce ___: „Frumentum! Vinum!"
Iterum atque iterum fures cibos ___; deinde celeriter ___.
In templo Vestae semper flamma ardebat, quam sacerdotes ___. Saepe in arena (*Arena*) gladiatores ___.

G1 Relativsätze
G2 Das Imperfekt

LEKTION 9

1 G1 **Irrläufer.** Nenne jeweils das Verb, das keinen AcI einleitet.

a dicere | audire | videre | adire | clamare
b constat | gaudet | administrat | scit | necesse est

2 G1 **Bring's zu Ende!** Nennt die Subjektsakkusative und Infinitive. Ergänzt dann die Übersetzungen.

1 Liberi magnum clamorem in foro esse audiunt. – Die Kinder hören, dass...
2 Cornelia sentit homines laetos esse. – Cornelia fühlt, dass...
3 Flavius scit homines imperatorem exspectare. – Flavius weiß, dass...
4 Constat in templo magnam copiam auri esse. – Es steht fest, dass...

3 G2 **Formen-Profi.** Bilde aus den Bausteinen alle Formen von ire im Präsens und Imperfekt. Übersetze sie dann.

i-	*-ba-*	*-s*	*-mus*	*-t*	*-m*
e-	*-u-*	*-tis*	*-o*	*-nt*	*-re*

4 G1 G2 **Pendle dich durch den Satz.** Übersetze die Sätze mithilfe der Pendelmethode. ▶ M6: S. 119
(1) (2) (3) (4)

1 Hodie liberi cum avunculo forum intrant.
2 Nam orationem Aemilii audire cupiunt.
3 Sed pauca verba audire possunt.
4 Subito avunculus magna voce Claudium senatorem malum esse vocat.
5 Cornelia atque Marcus cum Flavio a foro domum eunt.

5 G1 **Wirklich ein AcI?** Nicht jeder Infinitiv gehört auch zu einem AcI. Unterscheide und übersetze.

1 Marcus Aemilium curiam intrare videt. – Tum Aemilius orationem habere incipit.
2 Puer Aemilium audire non potest. – Itaque avunculus puero senatorem pecuniam rapere dicit.
3 Marco oratorem spectare placet. – Sed constat puerum etiam audire cupere.

6 G1 G2 **Was für ein Trubel!** Nenne alle Prädikate und übersetze dann den Text.

Auch Delia und Davus sehen sich auf dem Forum um:
Multi cives Romani, qui prope templa sunt, de iniuria Claudii disputant. Dicunt senatores malos provincias non bene curare. Davus audit Asianos miseros esse. Subito Delia senatorem e curia (*Kurie*) currere videt. Rogat: „Quis est?“ Davus respondet: „Credo senatorem Claudium esse.“ Iam cives clamant: „Claudi, fur es!“ Delia ad Davum: „Constat“, inquit, „Claudium nunc beatum non esse.“

7 G2 ***ire*-Formen gesucht.** Nenne jeweils die Form von *ire* und übersetze sie.

a scis | venis | adis | audis
b ibi | si | in | is
c ex | eo | et | es

8 G1 G2 **Satzbau-Profi.** Übersetze die Sätze mithilfe der Konstruktionsmethode. ▶ M6: S. 120

1 Saepe audimus cunctos Romanos spectaculis gladiatorum gaudere.
2 Sed neque Marco neque Corneliae gladiatores vitam amittere placet.

G1 Der AcI
G2 *ire*

TESTE DICH SELBST!

Die antike Welt

1 Nenne die richtige Kombination von Göttern und Zuständigkeit (z. B. E5).

A Jupiter	**1** Ackerbau
B Vesta	**2** Krieg
C Mars	**3** Herdfeuer
D Saturn	**4** Wetter, Blitze

2 Erkläre die Fachbegriffe.

Gladiator | *ludi* | Wagenrennen

3 Nenne je ein Ereignis, das an den folgenden Orten stattfinden kann.

forum | Kapitol | Theater | *curia* | Kolosseum | *rostra* | Circus Maximus |

Vokabeln

4 Ergänze das passende Kompositum von *ire* und übersetze.

adeunt | eunt | redeunt | abeunt

Cornelia et Marcus per forum ___. Ibi templum vident. Quia curiosi (*neugierig*) sunt, templum ___. Postea a foro ___ et domum ___.

5 Nenne die sechs Wortpaare und gib jeweils die Bedeutungen an.

a Ähnliche Bedeutungen: multitudo | adire | tot | copia | tam multi | appropinquare
b Gegensätze: addere | defendere | rapere | beatus | temptare | miser

6 Teile die Vokabeln in drei Sachfelder ein.

parentes | pugnare | amare | gladius | sacrum | defendere | minister | interficere | coniunx | templum | curare

Familie Kampf Opfer

Grammatik

7 Wähle den Dativ aus. Übersetze dann.

1 Dei (homines/hominibus) adsunt.
2 Cives (tabernae/tabernam) appropinquant.
3 (Senatoris/Senatori) multa negotia sunt.

8 Wähle die passende Übersetzung des Relativpronomens. Übersetze dann.

1 Cives, qui ante curiam manent, orationem audire cupiunt. (den/die/der)
2 Senator, cuius verba cives audiunt, Aemilius est. (den/deren/dessen)
3 Vesta est dea, cuius sacerdotes mulieres sunt. (den/deren/dessen)

9 Nenne jeweils den AcI und übersetze.

1 Gladiatores gladio pugnare video.
2 Parentes liberos curare scio.
3 Imperatorem bellum incipere constat.

Der lateinische Text

Trajan, ein großer Kaiser
Onkel Flavius erzählt den Kindern mehr von Kaiser Trajan, den sie beim Opfer aus der Ferne gesehen haben.

„Traianus imperator magnus est, de cuius bellis certe multa iam audiebatis.“ Marcus: „Non audiebamus.“ Cornelia: „Cur dicis Traianum magnum esse?“ Flavius: „Traianus saepe victor erat. Imperium Romanum nunc magnum est. Ac magna copia auri nunc in templo Saturni est. Dei quoque imperatori adsunt. Ergo constat Traiano magnam gloriam esse.“

10 Nenne Textbelege dafür, dass Trajan nach Meinung des Onkels viel leistet.

11 Schreibe den ersten Satz ab und unterstreiche den Nebensatz. Übersetze dann.

12 Übersetze den Text.

GEMEINSAM ESSEN UND FEIERN

Plinius: „Bei mir schmeckt's am besten!"

Gaius Plinius Secundus (ca. 61–ca. 115 n. Chr.) war ein Senator, Redner und Anwalt. Einmal lud Plinius seinen Freund Septicius zu einer *cena* ein – aber der kam einfach nicht! Danach schrieb Plinius ihm einen Brief, in dem er aufzählt, was Septicius alles verpasst hat:

„Lieber Septicius!

He du!!! Du versprichst, dass du zum Essen kommst, und kommst dann nicht? Dabei habe ich so viel Geld ausgegeben! Es gab nämlich Folgendes: für jeden einen Kopfsalat, drei Schnecken, zwei Eier, Grießbrei mit Honigsoße, außerdem Oliven, Mangold (▶), Melonen, Zwiebeln und 1000 andere genauso leckere Dinge. Zur Unterhaltung hätten wir uns einen Komiker oder einen Musiker anhören können, oder wir hätten uns etwas vorlesen lassen können – oder alles zusammen. Da hast du wirklich etwas verpasst! Was hätten wir zusammen gelacht und Spaß gehabt! Sicher, bei anderen Leuten kannst du luxuriöser speisen, aber bestimmt keinen angenehmeren Abend verbringen.

Dein Plinius"

Abb.: Typisch römische Lebensmittel: Kohl, Salat, Zwiebeln und Bohnen; Trockenfeigen, Datteln und Nüsse; Äpfel, Getreide, Salz, Pfeffer, Langer Pfeffer, Knoblauch, Eier und Schnecken

A Vergleicht Plinius' Beschreibung mit dem, was ihr über eine römische *cena* wisst. Achtet dabei auf den Ablauf und auf die einzelnen Speisen. **▶ Hilfe**

B Plant eure eigene römische *cena*. Was würdet ihr servieren, und welche Unterhaltung sollte es geben? Stellt eine Liste zusammen und bebildert sie. Stellt eure Vorschläge dann im Plenum vor. **▶ Hilfe**

C Römisch kochen: Probiert es aus! Hier findest du ein Rezept für „Globuli" (▶).

Zutaten	Zubereitung
250 g Weizengrieß 375 g Magerquark etwas Olivenöl 3 EL Honig 1 Tasse Mohn, gehackte Mandeln oder gehackte Pistazien	Den Grieß und den Quark in einer Schüssel verkneten und ca. 1,5 Stunden ruhen lassen. Dann nochmals kneten und in walnussgroße Kugeln rollen. In einer Pfanne in Olivenöl goldbraun backen, dabei mehrmals wenden. Die Globuli auf einen Teller geben und mit Honig übergießen. Dann in Mandeln, Mohn oder Pistazien wälzen.

Gemeinsam feiern – damals und heute

Fest und Festessen gehören zusammen – auch bei religiösen Festen. So verteilte man etwa bei römischen Opferfeiern das Fleisch der Opfertiere größtenteils an die Teilnehmenden, wie ihr aus Lektion 7 wisst. Solche Feste waren besonders wichtig in Zeiten, in denen es nicht selbstverständlich war, dass jeder täglich satt wurde. Aber natürlich gehört noch mehr dazu.

D In der Mindmap unten seht ihr Elemente, die in einer römischen Opferfeier vorkamen. Finde dafür Belege in Lektion 7 – in Text und Bild!

E Vieles davon findet sich auch in heutigen Religionen. Nennt dafür möglichst viele Beispiele und tauscht euch darüber aus.

F Übertragt die Mindmap auf ein Plakat (ggf. auch digital) und erweitert sie mit eigenen Bildern. Diese könnt ihr zeichnen, ausschneiden oder im Internet sammeln.

G Stelle dir vor, du bist ein Besucher im alten Rom und wirst zu einer Opferfeier eingeladen: Möchtest du gern teilnehmen? Nimm Stellung und begründe.

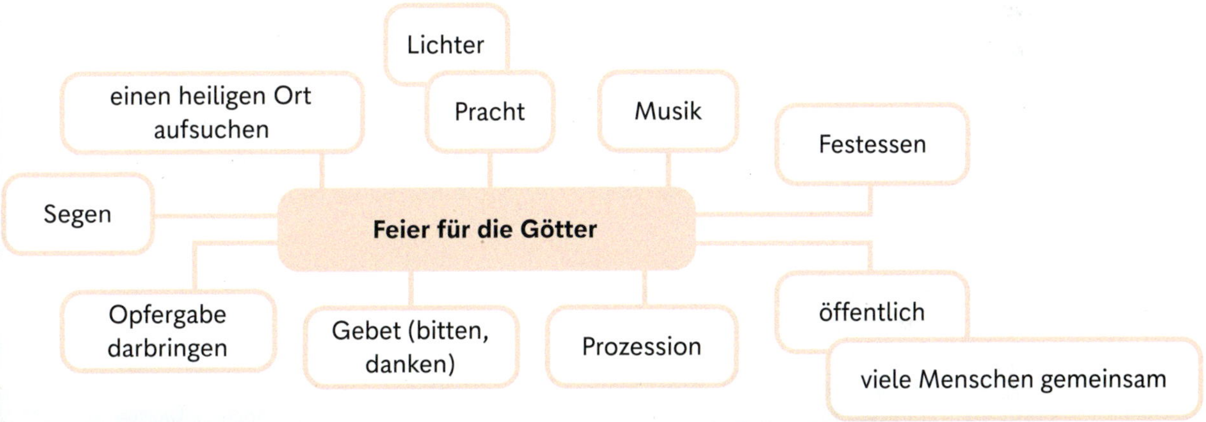

WIE DIR DIE ERLEICHTERTEN TEXTFASSUNGEN HELFEN

Zu jedem Lektionstext findest du hier eine erleichterte Textfassung.
Benutze sie, wenn du bei den lateinischen Texten Hilfe brauchst.

Folgendes ist hier gekennzeichnet:
- die Satzglieder Subjekt und Prädikat (bis Lektion 6, danach nur noch in schwierigen Fällen).
- 5 Einige Hilfen werden am Rand angegeben. An den Ziffern siehst du, zu welcher Zeile sie gehören. (Es ist immer nur die jeweils erste Zeile pro Abschnitt angegeben.)

Ab Lektion 2 zusätzlich:
- der jeweils **neue Stoff** in jeder Lektion.
- Die Abstände zwischen den Wörtern sind unterschiedlich. So erkennst du schnell, welche Wortgruppen zusammengehören.

In den späteren Lektionen kommen hinzu:
- ***Subjunktionen*** (= Wörter, die Nebensätze einleiten) und ***Konjunktionen***, die mehrere Bestandteile haben
- ┌───↓ ab Lektion 8: Bezüge von Relativpronomina
- └ … ┘ ab Lektion 9: AcI (Akkusativ mit Infinitiv)

Besuch bei Audax

Vor kurzem wurden auf dem Hof Ferkel geboren. Eines hat Marcus besonders ins Herz geschlossen und ihm sogar einen Namen gegeben: Audax („der Mutige"). Das Ferkel ist nämlich sehr zutraulich und lässt sich sogar streicheln. Nun wollen Marcus und Cornelia das kleine Ferkel besuchen. Auf dem Feld neben der Wiese treffen sie Delia, die sich auf dem Landgut umsieht.

A Lege eine Tabelle in deinem Heft an in der du notierst, was die *porci*, die *domina* und die *servi* alles machen. Das Bild auf S. 16 kann dir dabei helfen. ▶ **M4:** S. 116–117

I Mārcus rogat: „Dēlia, ubī est Audāx?"
Dēlia respondet: „Hīc est porcus!"
Mārcus: „Audāx iacet, Audāx sē nōn movet!"
Cornēlia: „Ita est. Porcus dormit.
Porcī saepe iacent et dormiunt.
Saepe porcī sē nōn movent."

1 rogāre fragen
2 respondēre antworten
3 iacēre daliegen
sē movēre sich bewegen
4 dormīre schlafen

II Dēlia rogat: „Ubī est domina?"
Cornēlia respondet: „Hīc nōn est, domī est.
Labōrat."
Dēlia: „Domina et dominus saepe labōrant.
Servī et servae etiam semper labōrāre dēbent."
Cornēlia: „Ita est. Sed līberī labōrāre nōn dēbent."
Mārcus: „Etiam Audāx labōrāre nōn dēbet,
sed semper gaudet."

7 domina *f* (Haus)herrin
8 domī zu Hause
9 labōrāre arbeiten
10 saepe oft
11 semper immer
12 sed aber

I **II** Der Nominativ; die 3. Person Singular und Plural
III *esse*

Am Himmel sind plötzlich dunkle Wolken zu sehen. Während die Sklaven schnell die Ernte zusammentragen, läuft Delia mit den Kindern los, um sie in Sicherheit zu bringen. Als das Gewitter schlimmer wird, suchen sie Schutz auf dem Boden.

III Nunc iacent. Tum Cornēlia rogat:
„Ubī est Mārcus?“
Dēlia: „Mārcus? Hīc nōn est. Cūr hīc nōn est?
Est perīculum!
Ubī est Mārcus?“
Cornēlia clāmat: „Ubī es???“
Dēlia: „Mārcus certē manet ... et timet ...“

15 iacēre daliegen
18 perīculum est es besteht Gefahr
21 manēre warten
timēre Angst haben

B Stelle Vermutungen an, was mit Marcus passiert sein könnte.

Es blitzt und donnert immer noch. Immerhin lässt der Regen nach und es sieht so aus, als wäre das Schlimmste überstanden. Doch das beruhigt die beiden nicht.

Cornēlia et serva manent et timent.
Nunc Mārcus venit – et porcus!
Cornēlia clāmat: „Veniunt Mārcus et porcus!“
Verba placent.

23 venīre kommen
25 verba die Worte
placent sie gefallen ihr (Delia)

LIES UND PARAPHRASIERE!

C Beschreibe, wie Cornelia und Delia Marcus in Empfang nehmen: Wie reagieren sie?

Mārcus clāmat: „Dēlia! Cornēlia! Hīc sum!
Etiam Audāx hīc est!
Hīc sumus!“
Dēlia: „Ita est. Hīc estis!“
Cornēlia et Dēlia gaudent, etiam Mārcus gaudet.
Tum Cornēlia rogat: „Cūr Audāx hīc est?“
Mārcus respondet: „Timet!
Etiam porcī timent, etiam Audāx!“

26 sum *Form von* esse
27 etiam auch
28 sumus *Form von* esse

D Marcus ist also wieder da. Fasse zusammen, was er berichtet.
Erkläre, was das über seinen Charakter aussagt. ▶ **M5:** S. 118

E ✎ Schreibe aus Sicht einer Figur auf der Abbildung (▶ S. 16), wie sie das Gewitter erlebt hat. Wie hat sie sich in dem Moment gefühlt, welche Gedanken gingen ihr durch den Kopf?

WENN DU ES LIEBER DIGITAL MAGST

Auf **LateinLex** findest du unter *tibi* die Lektionstexte in unterschiedlichen Schwierigkeitsgraden. Gehe auf **www.lateinlex.de** und gib für **Lesetext 1** den **Kurzlink** ein: **d2d1**

Niemand da?

Das Gewitter ist vorbei. Delia und den Geschwistern ist nichts passiert. Als sie jedoch nach Hause kommen, bemerken sie, dass das Unwetter große Schäden am Haus angerichtet hat. Ängstlich nähern sie sich. Niemand ist zu sehen oder zu hören.

A Delia und die Kinder fragen sich, ob jemand zu Hause ist.
Gib an, welche Personen Delia und die Kinder suchen, und belege dies am Text (Z. 1–12).

B Nenne in den Z. 1–12 alle Ausdrücke, die zeigen, dass Delia und die Kinder sich fürchten und Gefahr besteht. Erstelle dann ein Sachfeld zum Thema „Angst“.
▶ **M4:** S. 116–117

I Dēlia: „Hīc vīlla est. Domī sumus.“ Līberī et Dēlia vīll**am** intrant. Dēlia līber**ōs** monet: „Hīc perīculum est.“ Perīculum Mārc**um** terret; etiam Cornēlia perīcul**um** sentit. Mārcus flet et rogat: „Quid est? Ubī māter est?“ Etiam Cornēlia timet. Clāmat: „Māter, domī sumus! Ubī es?“ Dēlia cōgitat: „Cūr domina nōn respondet?“ Cornēlia rogat: „Ubī Arātus est?“ Līberī et Dēlia Arāt**um** nōn vident, serv**ōs** nōn vident, verb**a** nōn audiunt. Nunc etiam Dēlia timet.

1 sumus wir sind
2 līberī *m Pl.* (die) Kinder
6 flēre weinen
7 māter Mutter
9 cogitāre überlegen
respondēre antworten

Vorsichtig bewegen sich die drei durch alle Räume.

II Subitō līberī **clāmōrem** audiunt. **Mulier** clāmat: „Vae!“ Etiam Dēlia **mulierem** audit. Cōgitat: „Quis est **mulier**?“ **Mulier** domina Flāvia est. Līberī et serva Flāvi**am** audiunt. Tum Flāvi**am** vident. Prīmum gaudent, tum autem Flāvi**am** spectant: Flāvia nōn valet, sed dolet. Iacet, sē nōn movet, etiam flet. Nam Flāvia **dolōrēs** sentit.

13 clāmor *m* Geschrei
mulier *f* Frau
17 prīmum zuerst
autem aber
18 valēre gesund sein, gutgehen
dolēre Schmerzen haben
19 iacēre daliegen

C Erkläre, wieso die anfängliche Freude nachlässt, als Delia und die Kinder Flavia wiederfinden. Nenne mindestens drei lateinische Belege.

I Der Akkusativ
II Die konsonantische Deklination
III Fragesätze

Flavia berichtet ihren Kindern, wie sie vom plötzlichen Gewitter überrascht wurde und sofort alle Sklaven fortgeschickt hat, um Marcus und Cornelia zu suchen. Sie erzählt auch, dass während des Gewitters ein Teil des Hausdachs eingestürzt und ihr ein Balken auf ihre Schulter gefallen ist. Plötzlich verzieht sie ihr Gesicht.

III Mārcus timet et clāmat: „Māter, **quid** est**?**
Dolet-**ne** umerus**?**"
Flāvia: „Ita est. **Ubī** Dēlia est**?** Dēlia **mē** iuvāre dēbet."
Cornēlia: „Iam Dēlia hīc est. Iam **tē** iuvat!"
Flāvia rogat: „Etiam-**ne** herba hīc est**?**
Aqua-**ne** hīc est, Dēlia**?**
Dēbet-**ne** fīlius vīn**um** apportāre**?**"

21 māter Mutter
22 dolēre weh tun
umerus *m* Schulter
23 iuvāre *(+ Akk.)* helfen
27 Dēbet-ne Soll er ...?

LIES UND PARAPHRASIERE!

D Arbeite heraus, wer was tut, um Flavia zu helfen. Achte dabei besonders auf Personenbezeichnungen und Prädikate, die eine Handlung ausdrücken. ▶ **M4:** S. 116–117

Dēlia umer**um** spectat.
Domina serv**am** rogat: „Dēlia, **quid** est**?**
Dēbent-**ne** līberī aqu**am** apportāre**?**"
Dēlia respondet: „Prīmum vīn**um**, tum aqu**am** apportāre dēbent."
Līberī vīn**um** et aqu**am** apportant, tum Dēlia domin**am** iuvat.
Mulierēs et līberī gaudent.

28 spectāre betrachten
30 apportāre bringen

E Vergleiche Delias Behandlung von Flavia mit einer modernen ärztlichen Versorgung und ziehe dazu auch den Text *Sklaven und Sklavinnen und ihre Aufgaben* (▶ S. 20) heran. Welche Gemeinsamkeiten und Unterschiede fallen dir auf?

WENN DU ES LIEBER DIGITAL MAGST

Gehe auf **www.lateinlex.de** und gib für **Lesetext 2** den **Kurzlink** ein: **d2d2**

Auf dem Weg nach Rom

Zusammen mit Delia und zwei kräftigen Sklaven als Beschützern, haben die Kinder sich auf die lange und gefährliche Reise gemacht. Sie sind schon viele Tage unterwegs.

A Stellt Vermutungen an, welche Gedanken und Gefühle Cornelia und Marcus beschäftigen und was sie unterwegs erleben könnten.

B Überprüft am Text, inwiefern eure Überlegungen aus **A** für Marcus und Cornelia zutreffen, und belegt das am Text (Z. 1–11).

I Dēlia rogat: „Cūr tacē**tis**, līberī? Nōn gaudē**tis**."
Mārcus et Cornēlia: „Ita est. Nōn gaudē**mus**."
Dēlia: „Cūr tū nōn gaudē**s**, Cornēlia?"
Cornēlia: „Māter domī est,
etiam amīcae ibi sunt.
Patriam dēsīder**ō**. Et tū, Mārce?"
Mārcus: „Amīcōs quoque dēsīder**ō**.
Praetereā perīcula time**ō** – time**ō** scelerātōs et fūrēs.
Dēlia, timē**s**-ne perīcula?"
Dēlia: „Ego ***neque*** scelerātōs ***neque*** fūrēs time**ō**.
Hīc perīcula certē nōn sunt."

1 tacēre, -eō schweigen, still sein
gaudēre, -eō sich freuen
4 māter Mutter
6 patria *f* die Heimat
dēsīderāre, -ō vermissen, sich sehnen (nach etwas)
7 quoque *(nachgestellt)* auch
10 neque ... neque weder ... noch

Nach vielen Tagen kommen sie in Italien an. Es ist sehr heiß.

II Dēlia: „Ecce Ītalia!
Marc**ē** et Cornēlia, spectā**te** campōs! Gaudē**te**!"
Mārcus: „Sed sōl ārdet. Senti**s**-ne sōlem, Cornēlia?"
Cornēlia: „Sōlem senti**ō**. Habē**mus**-ne aquam, Dēlia?"
Dēliā: „Aquam nōn habē**mus**."
Cornēlia clāmat: „Servī, audī**te**!
Retinē**te** equōs! Retinē**te** vehiculum!
Sōl ārdet, itaque aquam dēsīderā**mus**."

12 ecce! Seht mal!
14 ārdēre, -eō brennen
15 sentīre, -iō fühlen
19 retinēre, -eō anhalten

I Die 1. und 2. Person Singular und Plural
II Der Imperativ
Der Vokativ
III Die konsonantische Konjugation

Zum Glück ist ein Brunnen in der Nähe. Die Sklaven halten den Wagen an. Nachdem sie etwas getrunken haben, sehen sich die Geschwister in der Umgebung um. Dabei macht Marcus eine Entdeckung.

III Mārcus: „Venī, Cornēlia! **Accēde** et spectā! Vidē, ibi est …“
Cornēlia **accēdit**, tum clāmat: „Vae!“
Dēlia quoque clāmōrem audit et **accēdit**.
Perīculum sentit, itaque līberōs retinet.
Subitō clāmat: „Celeriter **discēdite**, līberī!
Ibi vīpera est.
Vīperam **tangere** nōn dēbētis.
Petite vehiculum!“
Vehiculum celeriter **petunt**.
Tum equī vehiculum **trahunt**.
Dēlia: „Nunc Rōmam **petimus**. Ibi avunculus est.“

21 venīre, -iō kommen
accēdere, -ō her(an)kommen
spectāre, -ō schauen
23 Dēlia quoque auch Delia
27 nōn dēbēre, -eō nicht dürfen
28 petere, -ō aufsuchen, zu … laufen
30 trahere, -ō ziehen

C Stelle dir vor, dass anstelle von Marcus und Cornelia zwei Jugendliche von heute eine solche gefährliche Entdeckung machen. Übersetze in Jugendsprache.

1 „Accede et specta. Vide, ibi est …“ (Z. 21)
2 „Vae!“ (Z. 22)
3 „Celeriter discedite!“ (Z. 25)

LIES UND PARAPHRASIERE!

D Erkläre, warum sich Marcus und Cornelia nun freuen (*gaudeō*, Z. 35/37). Belege am Text.

Mārcus: „Hīc ***neque*** fūrēs ***neque*** scelerātī sunt,
sed vīpera hīc est.
Dēlia autem semper mē iuvat.
Itaque perīcula nōn timeō, sed gaudeō.“
Cornēlia: „Mē quoque iuvās, Dēlia!
Gaudeō, nam Rōmam **petimus**. Avunculus ibi est.“
Dēlia: „Habet-ne avunculus līberōs?“
Mārcus: „Līberōs nōn habet, ***neque*** fīlium ***neque*** fīliam.“

32 neque … neque weder … noch
34 iuvāre *(+ Akk.)* helfen
37 petere, -ō nach … fahren

E Stellt euch vor, Cornelia und Marcus hätten mit ihrer Mutter telefonieren können. Spielt nach, was sie ihrer Mutter von der langen Reise berichten würden.

WENN DU ES LIEBER DIGITAL MAGST

Gehe auf **www.lateinlex.de** und gib für **Lesetext 3** den **Kurzlink** ein: **d2d3**

Endlich in Rom!

Ein paar Tage später sind die Reisenden am Ziel. Während Davus sich um Wagen und Pferde kümmert, betreten die Kinder mit Delia und Faustus frühmorgens einen großen Marktplatz.

A Belege am Text (Z. 1–10), wer und was auf dem Marktplatz zu sehen ist: Sieh dir dazu auch die Abbildung an. ▶ **M4:** S. 116–117

B Stelle Vermutungen an, was die Personen hier jeweils tun.

I Līberī et Dēlia et Faustus clāmōrem audiunt.
Līberī **cum** servā et servō forum intrant:
Hīc sunt mercātōrēs, dominae, dominī, servī, equī!
Cornēlia vocat: „Vidēte! Domina **cum** servō accēdit.
Ecce! Servus diū **cum** mercātōre disputat."
Mercātor frūmentum vendit, servus frūmentum petit.
Nunc frūmentum emit.
Mārcus: „Ibi mercātōrēs equōs vendunt.
Dominī **cum** mercātōr**ibus** disputant.
Ecce! Equōs nōn emunt."

1 clāmor *m* Geschrei
2 cum (+ *Abl.*) (zusammen) mit
intrāre, -ō betreten
4 accēdere, -ō herankommen
5 diū lange
disputāre, -ō diskutieren
6 vendere, -ō verkaufen
petere, -ō haben wollen
7 emere, -ō kaufen

Plötzlich laufen Schulkinder mit ihren Wachstafeln an ihnen vorbei und setzen sich in eine Ecke auf dem Marktplatz.
Ihr Lehrer aber ist noch nicht zu sehen.

II Cornēlia: „**Puerī** et puellae ad-sunt.
Ubī autem **magister** est? Cūr abest?"
Mārcus: „Ibi **vir** accēdit. Ecce **librī**!
Certē **magister** est, nam **librōs** habet."
Tum **puerī** **cum** puellīs **magistrum** salūtant:
„Salvē, **magister**!"
Magister respondet: „Salvēte, līberī! Sed …
ubī Rūfus est? Cūr **puer** abest?"
Līberī timent, itaque tacent.
Tum **puer** celeriter accēdit.
Magister clāmat: „Tandem ades, Rūfe!"
Puerum **cum** clāmōre petit, etiam pellit. Rūfus flet.

11 puer *m* Junge
adesse, adsum da sein
12 autem aber
14 certē … est bestimmt ist er …
liber *m* Buch
19 itaque deshalb, daher
20 celeriter schnell
21 tandem endlich
22 petere, -ō angreifen
etiam sogar

C Belege am Text (Z. 11–22), woran Marcus den Lehrer erkennt.

I Der Ablativ (mit *cum*)
II Die Substantive auf *-er*
III *posse*

Cornelia und Marcus sehen sich erschrocken an. Ihr Hauslehrer Aratus war ganz anders!

III Mārcus: „**Magister** līberōs nōn bene docet. Līberī **magistrum** timent. Bene discere sīc nōn **possunt**.“

Cornēlia: „Sīc ***nec*** scrībere litterās ***nec*** legere sententiās placet. Arātus autem bene docēre **potest**. Ita bene discere **potes**, Mārce!“

Mārcus: „Ita est. Arātus ***neque*** clāmat ***neque*** pellit. Ita bene discere **possum**.“

23 docēre, -eō unterrichten
24 timēre, -eō Angst haben vor ...
discere, -ō lernen
sīc so
25–26 sīc nec ... nec ... placet so macht es weder Spaß (zu) ... noch (zu)
29 neque ... neque weder ... noch

D Informiere dich über die Pendelmethode. Übersetze Z. 23–24 auf diese Weise. Tauscht euch anschließend darüber aus, an welcher Stelle die Methode hilfreich war und wo es damit Schwierigkeiten gab. ▶ **M6:** S. 119

Tipp: Nutze die Übersetzungs-Checkliste, um deine Übersetzung zu überprüfen.
▶ **M7:** S. 121

E *Bene discere sic non possunt* (Z. 24). Bewerte diese Aussage, indem du besonders gute bzw. schlechte Lernbedingungen damals und heute erläuterst.

LIES UND PARAPHRASIERE!

F Plötzlich bleibt Cornelia stehen. Erkläre, warum (Z. 31). Gib dann wieder, was du über den *vir* erfährst (Z. 32–36).

Cornēlia: „Manēte! Audītis-ne clāmōrem?“

Mārcus: „Ibi mercātor **cum virō** disputat.“

Subitō mercātor vocat: „Fūr, fūr! Ibi est!“

Mārcus: „**Vir** fūr est!“

Dēlia: „Sed ubī nunc est? **Virum** vidēre nōn **possum**.“

Mārcus: „Ibi ... **Vir** vehiculum petit. Sed nunc ... ab-est.

31 manēre warten
36 petere, -ō aufsuchen, zu ... laufen

WENN DU ES LIEBER DIGITAL MAGST

Gehe auf **www.lateinlex.de** und gib für **Lesetext 4** den **Kurzlink** ein: **d2d4**

Wo wohnt der Onkel?

Marcus, Cornelia, Delia und Faustus suchen das Haus des Onkels, Gaius Flavius Crassus. Zum Glück kennt jemand den Namen und schickt sie in die Subura. Die Kinder sind erstaunt: Hier soll ihr Onkel wohnen? Ihre Mutter hat sie vor diesem Stadtviertel gewarnt …

A Beschreibe, was die Personen in Z. 1–8 denken und wie sie sich fühlen.

I Mārcus **laetus** nōn est, etiam Cornēlia **laeta** nōn est. Dēlia cōgitat: ‚Hīc sunt **paucī** dominī atque **paucae** dominae. Hīc certē **multī** scelerātī sunt …‘ Cornēlia **māgnās** īnsulās atque **parvās** tabernās videt. Videt etiam virōs **īrātōs**. Cornēlia rogat: „Num avunculus hīc habitat?“ Dēlia respondet: „Ita crēdō. Venīte!“ Tandem Dēlia vocat: „Adsumus! Hīc habitat!“

1 laetus, -a, -um fröhlich, froh
2 cogitāre denken, überlegen
pauci, -ae, -a wenige(s)
atque und auch
3 certē bestimmt, sicher(lich)
scelerātus *m* Verbrecher
5 vir *m* Mann
6 num? etwa?
avunculus *m* Onkel
7 crēdere, -ō glauben, meinen
8 adesse, adsum da sein

Vor ihnen steht ein großes Mietshaus. Im Erdgeschoss ist eine Gaststätte, aus der Lachen, aber auch Gebrüll zu hören sind. Faustus geht hinein, um sich nach dem Onkel zu erkundigen.

II Līberī cum Dēliā **ante** tabern**am** manent. Subitō **māgnum** clāmōrem audiunt: Virī **ē** tabern**ā** veniunt. **Īrātī** sunt et clāmant: „**In** Subūr**ā** saepe flammae sunt. Saepe īnsulae ārdent!“ – „Cūr dominī nōs nōn iuvant?“ – „Dominōs **malōs** habemus, nōn **bonōs**!“ Tum verba **mala** dīcunt. Mārcus cōgitat: ‚**In** Subūr**ā** **multa** perīcula sunt.‘ Tum Faustus cum virō **ad** līber**ōs** accēdit et vocat: „Vir viam **ad** Flāv**ium** avuncul**um** ostendere potest.“ Vir: „Salvēte! Ita est: Flāvius hīc īnsulam habet, sed hīc nōn habitat. Habitat **in** **māgnō** aedifici**ō**. Venīte!“

12 ante (+ *Akk.*) vor
13 manēre, -eō bleiben
14 dominus *hier*: ein/der Vermieter
15 iuvāre, -ō (+ *Akk.*) helfen, unterstützen
17 ostendere, -ō zeigen, erklären

B Formuliert treffende Übersetzungen für die Sätze *Subito magnum clamorem audiunt* (Z. 10) und *Tum verba mala dicunt* (Z. 16).

I Das Adjektiv
II Die Präpositionen

Was für ein Missverständnis! Doch nun finden die vier endlich das richtige Haus. Und – dort angekommen, stellt sich heraus, dass Davus schon da ist! Er nimmt sie in Empfang.

III Servus ***et*** līberōs ***et*** Dēliam ***et*** Faustum **in** aedifici**um** dūcit. Cornēlia vocat: „Tandem avunculum convenīmus!“ Deinde avunculus accēdit. Dīcit: „Salvēte! Nunc Rōmae estis. Nōnne **beātī** estis? Vōs **ē** Galli**ā** venītis, ergō Rōma certē placet.“

22 et ... et ... et ... sowohl ... als auch ... als auch ...
23 tandem endlich
convenīre, -iō *(jemanden)* treffen
24 deinde dann, daraufhin
26 placet er/sie/es gefällt euch

LIES UND PARAPHRASIERE!

C ⊕ Marcus antwortet seinem Onkel auf die Frage *Nonne beati estis* (Z. 25). Erkläre, wie Marcus sich fühlt, und beschreibe die Reaktion des Onkels.

Mārcus: „**Beātus** nōn sum. Patriam dēsīderō. Nōnne **multa** perīcula Rōmae sunt?“ Avunculus: „Hahae! Num perīcula timēs? Puer perīcula timēre nōn dēbet!“ Ad Dēliam dīcit: „Cum līberīs **in** aedifici**ō** manēre nōn possum. **In** for**ō** amīcum, **māgnum** virum, conveniō. Manēte hīc!“

27 patria *f* die Heimat, mein Zuhause
dēsīderāre, -ō vermissen, sich sehnen (nach etwas)
28 nōnne? nicht?
29 num? etwa?
30 nōn dēbēre, -eō nicht dürfen
32 cum *(+ Abl.)* (zusammen) mit
manēre, -eō bleiben

D Notiere in Stichworten, was du über den Onkel erfährst. ▶ **M5:** S. 118
Verfasse dann einen Brief von Marcus an einen Freund, in dem er ihm seinen Onkel beschreibt.

WENN DU ES LIEBER DIGITAL MAGST

Gehe auf **www.lateinlex.de** und gib für **Lesetext 5** den **Kurzlink** ein: **d2d5**

Geheimnisse in den Thermen

Flavius wird heute in den Thermen Didius treffen. Didius arbeitet in der Stadtverwaltung und hat Flavius aufgefordert, die oberen Etagen seines Mietshauses abzureißen. So verlangt es das Gesetz. Doch Flavius denkt, dass er Didius umstimmen kann. Zusammen mit Marcus betritt Flavius nun das apodyterium, den großen Umkleideraum der Thermen.

A Im *apodyterium* sieht Marcus viele Sklaven. Überlege, welche Aufgaben die Sklaven im Umkleideraum haben könnten. Überprüfe deine Vermutungen danach anhand des Textes.

I Flāvius: „Tunicam dēpōne, Mārce! Ecce: Servī tunicās dominōrum et puerōrum custōdiunt, ***quia*** hīc saepe fūrēs sunt. Numerus fūrum māgnus est!“ Iam amīcus avunculī intrat: „Salvē, Flāvī!“ Flāvius vōcat: „Salvē, Dīdī! Hīc est Mārcus,“ inquit, „fīlius Flāviae sorōris.“ Tum Flāvius ad Mārcum: „Nunc cum amīcō agere dēbeō. Discēde et spectā thermās, Mārce! Hīc pecūnia est.“

1 dēpōnere, -ō ablegen
ecce! Sieh mal!
3 quia weil
saepe oft
5 avunculus, -ī *m* der Onkel
7 soror, sorōris *f* (meine) Schwester
8 cum *(+ Abl.)* mit
agere, -ō verhandeln
9 discēdere, -ō weggehen

B Überprüfe deine Übersetzung der Sätze *Servi … magnus est* (Z. 1–4) mit der Übersetzungscheckliste: ▶ **M7:** S. 121

C Nenne die Personen, die Marcus in den Thermen beobachten kann. Gib an, was sie dort tun (Z. 11–19).

Das lässt sich Marcus nicht zweimal sagen. Er betritt die Thermen und läuft von Raum zu Raum.

II Multōs **hominēs** videt: Hīc virī in aquā sunt et **sermōnem** habent. Ibi duō **iuvenēs** celeriter currunt. **Multitūdō hominum iuvenēs** spectat et vōcat: „Currite! Currite!“ Tandem victor clāmat: „Io! Io!“ Subitō Mārcus māgnam **vōcem** virī audit: Mercātor est, cibos vendit. Mārcus ad mercātōrem accēdit et cibum petit. Laetus est.

12 sermōnem habēre ein Gespräch führen, sich unterhalten
13 celeriter schnell
14 multitūdō hominum *f* Menschenmenge
15 tandem schließlich
16 vōx, vōcis *f* Stimme
17 cibus, -ī *m* Speise, Essen
18 petere, -ō verlangen

I Der Genitiv
II Die konsonantische Deklination (der Stamm)
III Der Ablativ des Mittels

Marcus betritt nun das tepidarium, einen beheizten Raum mit lauwarmem Wasser. Dort entdeckt er seinen Onkel und Didius, die sich leise unterhalten.

III Virī puerum prīmō nōn vident. Mārcus verba Dīdiī audit: „Necesse non iam est **māgnitūdinem** īnsul**ae** minuere. Sed pecūniam petō!“ Avunculus parv**ā** **vōce** dīcit: „Hīc pecūnia est. Satis-ne est?“ Dīdius pauc**īs** verb**īs** respondet: „Satis est.“ Deinde avunculus: „Grātiās agō!“ Mārcus cōgitat: ‚Avunculus Dīdium pecūni**ā** corrumpit. Vae! Contrā **lēgem** est.‘ Laetus nōn iam est. Subitō avunculus Mārcum videt. Māgn**ā** **vōce** dīcit: „Mārce! Quid hīc agis? Occupātī sumus!“

20 prīmō zuerst
verba die Worte
21 necesse est es ist nötig zu ...
nōn iam nicht mehr
māgnitūdinem minuere die Höhe verringern
22 petere, -ō verlangen
parvus *(hier)* leise
24 satis genug
pauci, -ae, -a wenige(s)
25 deinde dann, daraufhin
29 māgnus *(hier)* laut
agere, -ō machen, tun

D Belege am lateinischen Text, woran Markus erkennt, dass sein Onkel gegen das Gesetz *(contra legem)* handelt und dass er dies heimlich tut.

E Marcus durchlebt in den Thermen ein Wechselbad der Gefühle (*Laetus est*, Z. 19; *Laetus non iam est*, Z. 27). Erkläre mit Bezug zum Text seine unterschiedlichen Emotionen. ▶ **M5:** S. 118

LIES UND PARAPHRASIERE!

Zu Hause erzählt Marcus Cornelia, was er im tepidarium gehört hat. Beide erinnern sich an das Gespräch der Männer über „schlechte Vermieter“, das sie gestern mitbekommen haben.

F ⊕ Erkläre, worin sich in Cornelias Augen gute und schlechte Vermieter *(domini boni et domini mali)* unterscheiden.

Mārcus: „Quid cōgitās: Num avunculus dominus malus est?“ Cornēlia: „Ita crēdō. **Hominēs** in Subūrā beatī nōn sunt, ***quia*** īnsulae saepe ārdent. Dominī bonī perīcula minuere dēbent. Ergō necesse est **māgnitūdinem** īnsul**ārum** minuere.“ Mārcus: „Avunculus autem **māgnitūdinem** īnsul**ae** nōn minuit. Vae! Dominus bonus nōn est.“

30 cogitāre, -ō denken
num? etwa?
31 dominus *hier*: ein/der Vermieter
32 beātus, -a, -um glücklich
33 quia weil
33 nōn est er (der Onkel) ist kein ...

G Beurteilt Cornelias Aussagen: Ist der Onkel ein *dominus malus*?

WENN DU ES LIEBER DIGITAL MAGST

Gehe auf **www.lateinlex.de** und gib für **Lesetext 6** den **Kurzlink** ein: **d2d6**

Ein Opfer für den höchsten Gott

Heute findet das alljährliche Fest zur Gründung des Jupitertempels statt. Dieser berühmte Tempel liegt auf dem Kapitol (mons Capitolinus), einem der sieben Hügel Roms. Zu diesem besonderen Anlass begleiten Cornelia und ihre Sklavin Delia den Onkel.

A Lies Z. 1–11 und notiere alle Personen, die auf dem Kapitol zusammenkommen.
▶ **M4:** S. 116–117

I Flāvius, Cornēlia, Dēlia mont**ī** appropinquant. Multitūdō hominum iam adest. Flāvius Cornēli**ae** māgnum templum ostendit et dīcit: „Vidē, Cornēlia! Ibī imperātor est. Etiam sacerdōtēs atque ministrī ibī sunt. Adsunt imperātōr**ī**.“ Subitō Cornēlia taurum videt, gaudet, vocat: „Quam pulcher taurus est!“ Flāvius puell**ae** respondet: „Ita est.“ Tum minister homin**ibus** māgnā vōce imperat: „Tacēte, hominēs! **Vōbīs** imperō: Tacēte!“

1 mōns, montis *m* der Hügel
2 multitūdō, multitūdinis *f* Menge
3 ostendere, -ō auf … zeigen
5 sacerdōs, sacerdōtis *m* Priester
6 adesse, adsum helfen
8 quam wie
pulcher, pulchra, pulchrum schön
10 māgnus *(hier)* laut
11 tacēre, -eō schweigen, still sein
vōbīs euch

Da heute ein wichtiger Feiertag in Rom ist, drängen immer mehr Leute zum Kapitol. Cornelia versucht, das Geschehen zu verfolgen. Leider kann sie schon bald nichts mehr sehen, weil die Menschenmenge ihr die Sicht versperrt.

II Flāvius: „Imperātor nunc sacra **facit**. Bene audī, Cornēlia!“ Puella tacet ac manet. Imperātor sacra **facere** **incipit**. Ōrat: Prīmum deōs vocat. Deinde de**īs** grātiās agit. Nam deī homin**ibus** saepe adsunt. Verba imperātōris animōs hominum **capiunt**. Tum imperātor tacet. „Dēlia“, inquit Cornēlia, „quid nunc **faciunt**? Sacra spectāre **cupiō**, sed nihil videō.“ Dēlia puell**ae** respondet: „Ministrī taurum ad imperatōrem dūcunt.“ Avunculus: „Tacēte tandem! Nunc taurum **interficiunt**.“ Postrēmō sacrum flamm**īs** dant.

12 sacra facere, -iō opfern
13 manēre, -eō warten
14 incipere, -iō beginnen zu …
ōrāre, -ō beten
15 deinde dann, daraufhin
17 animōs hominum capere die Herzen der Menschen ergreifen; die Menschen ergreifen
20 sacra, -ōrum *n Pl.* die Opferhandlung
23 tandem endlich
24 postrēmō schließlich
flammīs dare den Flammen übergeben, ins Feuer legen

B Beschreibe den Ablauf des Opfers, wie in Z. 12–24, indem du fünf Schritte herausarbeitest. Wörter wie *primum, deinde, tum, nunc* helfen dir.

I Der Dativ
II Die Konjugation mit kurzem *-i-*
III Der Dativ des Besitzers

Sie betrachten schweigend das Ende der Opferhandlung und machen sich dann auf den Heimweg. Um sie herum sind viele Familien, die sich angeregt unterhalten. Da fällt Delia auf, wie ruhig Cornelia geworden ist. Sie fragt, was das Mädchen bedrückt.

III Cornēlia: „Dēsīderō parentēs: ***et*** mātrem ***et*** patrem. Timor **mihī est** ...“ Subitō tacet et flēre **incipit**. Dēlia umerum puellae tangit et rogat: „Cūr flēs? Cūr **tibi** timor **est**?“ Cornēlia: „Pater iam diū abest. Ubī est? Valet-ne? Māgna pecūnia **patrī est**. Fortāsse scelerātī patrem **interficiunt** et pecūniam **rapiunt**. Vae! Nēmō patrem servat.“

25 dēsīderāre, -ō vermissen
parentēs, -um *m Pl.* (die) Eltern
26 mihi est ich habe
flēre, -eō weinen
27 umerus, -ī *m* Schulter
tangere, -ō berühren
29 diū lange
30 valet es geht ihm gut
31 fortāsse vielleicht
scelerātus, -ī *m* Verbrecher

C Erkläre, weshalb Cornelia in Tränen ausbricht. Belege am Text.

LIES UND PARAPHRASIERE!

D Sowohl Delia als auch der Onkel wollen Cornelia die Angst nehmen. Arbeite heraus, welche Argumente bzw. Vorschläge sie vorbringen. Belege deine Aussagen am lateinischen Text.

Dēlia: „Sed servī patrem servāre possunt, Cornēlia.“ Tum Flāvius: „Audī! **Cupis**ne domī deōs vocāre? Deī saepe homin**ibus** adsunt, prīmum autem nōs deōs vocāre dēbēmus.“ Dēlia: „Bonum animum habē, Cornēlia! Certē deī patrī adsunt. Timēre ergō necesse nōn est.“

33 posse, possum können
34 cupere, -iō wollen
domī zu Hause
36 nōs wir
37 bonum animum habēre zuversichtlich sein
38 ergō also
necesse est es ist notwendig

E Beurteilt, wer Cornelia wohl mehr geholfen hat: der Onkel oder Delia?

WENN DU ES LIEBER DIGITAL MAGST

Gehe auf **www.lateinlex.de** und gib für **Lesetext 7** den **Kurzlink** ein: **d2d7**

Im Kolosseum

Cornelia und Marcus haben sich mittlerweile in Rom gut eingelebt. Heute steht etwas Besonderes auf dem Programm: ein Gladiatorenkampf im Kolosseum! Mit ihrem Onkel betreten sie das Amphitheater und sehen sich neugierig um.

A Die Begeisterung über die Gladiatorenkämpfe ist groß. Belege das mit Schlüsselbegriffen aus dem folgenden Absatz.

I Mārcus:
„Tandem sumus in amphitheātrō,
quod tam clārum est.
Cūr clāmor, **quem** audīmus, tantus est?“
Flāvius: „***Quia*** multī hominēs adsunt,
quī spectāculum clārum amant et
quōrum animī ārdent.“
Cornēlia rogat: „Quandō gladiātōrēs veniunt,
quōs turba exspectat? Quandō pugnāre incipiunt?“
Flāvius respondet: „Iam duō virī, **quibus** gladiī sunt,
arēnam intrant: Ferōx atque Mānlius gladiātōrēs.“

2 tandem endlich
3 tam so
4 tantus, -a, -um so groß
5 quia weil
adesse, adsum da sein
7 animī ardent die Herzen glühen; die Gemüter sind erregt
9 turba, -ae *f* die (Menschen-)Menge
9 incipere, -iō anfangen zu ...
10 quibus ... sunt die ... haben *(Dat. des Besitzers)*
11 arēna, -ae *f* die Arena

Bevor der Kampf beginnt, spricht Flavius über die Vergangenheit der Gladiatorenspiele:

II „Tum gladiātōrēs ***vel*** servī ***vel*** scelerātī **erant**:
Iterum atque iterum pecūniam rapi-**ēba**-nt
vel hominēs interfici-**ēba**-nt.“
Mārcus: „Dē Spartacō gladiatōre
saepe audi-**ēba**-m!
Nōnne servus erat,
quī cum multīs servīs Rōmam temptā-**ba**-t?“
Flāvius: „Ita. Servus malus **erat**,
dē **cuius** bellō certē multa audi-**ēba**-s.“
Mārcus: „Audi-**ēba**-m.“
„Hodiē“, inquit Flāvius, „***nōn modo*** servī vel scelerātī
gladiātōrēs sunt, ***sed etiam*** cīvēs līberī,
quī ***vel*** glōriam ***vel*** pecūniam petunt.“

12 tum damals
vel ... vel entweder ... oder
13 iterum atque iterum immer wieder
rapere, -iō rauben
14 interficere, -iō töten
15/16 dē *(+ Abl.)* ... audīre von (etwas/jemandem) hören
15 Spartacus ▶ S. 195
17 nōnne ... erat? War er nicht ...?
18 cum *(+ Abl.)* (zusammen) mit
20 bellum, -ī *n* Krieg
multa viel
22 nōn modo ..., sed etiam ... nicht nur ... sondern auch ...
23 cīvis, cīvis *m/f* Bürger(in)
līber, -a, -um frei
24 petere, -ō haben wollen

B Bewerte mit den Ergebnissen deiner Recherche (▶ S. 72) die Aussagen des Onkels über Spartacus.

C Erläutere die Satzstruktur in Z. 22–24, indem du herausarbeitest, wo sich Haupt- und Nebensätze befinden. Nutze dazu die Konstruktionsmethode. ▶ **M6:** S. 120

I Der Relativsatz
II Das Imperfekt

Endlich beginnen die beiden Gladiatoren zu kämpfen. Die Spannung ist groß, die Menge tobt. Auch die Geschwister schauen den Gladiatoren gebannt zu, die nun ganz in ihrer Nähe kämpfen. Auf einmal hält Marcus aber den Atem an ...

III Ferōx gladiātor, **cuius** oculī īratī sunt, Mānliō gladiātōrī celeriter appropinquat. Mārcus ad sorōrem: „Ecce! Mānlius, **quem** prope vidēmus, paene puer est. Timet. Vae, gladium amittit!“ Cornēlia clāmat: „Age, Mānli! Tolle gladium!“ Deinde Mānlius gladiō, **quem** tollit, Ferōcem petit et sē dēfendere temptat. Mārcus: „Vae! Nōn bene sē dēfendit. Nunc Ferōx Mānlium iterum glādiō petit et ... vulnerat!“ Cornēlia: „Mānlius dōlet, sanguinem videō! Num vītam amittit? Vae, paene puer est.“

25 irātus, -a, -um zornig
27 prope in der Nähe
28 paene beinahe noch
amittere, -ō verlieren
29 age! Mach (schon)!; Los!
tollere, -ō hochheben
30 deinde dann, daraufhin
31 Ferōcem *(Akk.)* Ferox
petere, -ō angreifen.
sē dēfendere, -ō sich verteidigen
34 dolēre, -eō Schmerzen haben

Plötzlich ist es ganz still in der Arena. Manlius hebt mit letzter Kraft seine Hand: Er gibt auf! Sofort setzt lautes Gebrüll ein. Dann gibt der Leiter der Spiele das Gnadenzeichen.

LIES UND PARAPHRASIERE!

D Beschreibe mit eigenen Worten, was mit Manlius geschieht.

E Erkläre, was Cornelia, Marcus und der Onkel von Gladiatorenkämpfen halten, und belege dies am lateinischen Text. Bewerte ihre Auffassungen.

Duō virī accēdunt, Mānlium tollunt, discēdunt. Flāvius: „Vidēte, līberī! Victor, **quem** turba amat, māgnā pecūniā gaudet. Turba autem spectāculō pulchrō gaudet.“ Cornēlia: „Cūr hominibus, **quibuscum** hīc sumus, spectāculum placet? Spectāculō nōn iam gaudeō.“ Mārcus: „Dē Mānliō timeō. Vītamne amittit? Quid crēdis, avuncule?“ Flāvius: „Dē Mānliō cogitāre necesse nōn est.“

36 accēdere, -ō herankommen
discēdere, -ō weggehen
38 victor, victōris *m* Sieger
39 gaudēre *(+Abl.)* sich freuen über
41 placēre *(jemandem)* gefallen
42 timēre dē *(+ Abl.)* um *(jemanden)* fürchten
-ne *(kennzeichnet Fragen, bleibt unübersetzt)*
43 crēdere, -ō glauben, meinen
44 necesse est es ist notwendig zu ...

WENN DU ES LIEBER DIGITAL MAGST

Gehe auf **www.lateinlex.de** und gib für **Lesetext 8** den **Kurzlink** ein: **d2d8**

Ein spannender Gerichtstermin

Flavius und die Kinder stehen vor der Kurie (curia). Hier findet heute der Prozess der Asianer (Asiani) gegen den Senator Claudius statt. Der Rechtsanwalt der Asianer ist Aemilius. Aemilius spricht gerade, aber weil es sehr voll und laut ist, ist er nur schwer zu verstehen:

A Nenne lateinische Wörter, an denen die schwierige Lage in der Provinz deutlich wird.

I „Claudius prōvinciam nōn bene administrā-ba-t, nam cīvibus iniūriam faci-ēba-t. Est senātor malus.“ Mārcus: „Quid Aemīlius dīcit?“ Flāvius: „Aemīlius dīcit ⌊**Claudium** senātōr**em** mal**um esse**⌋. Tacē, Mārce! Ōrātiōnem Aemīliī audīre cupiō.“ Tum Aemīlius clāmat: „Asia prōvincia beāta erat, nunc autem prōvincia misera est!“ Cornēlia: „Quid Aemīlius clāmat, avuncule?“ Flāvius: „Aemīlius clāmat ⌊**Asiam** nunc prōvinci**am** miser**am esse**⌋.“ Deinde addit: „Cunctī Rōmānī sciunt ⌊**Asiānōs** nunc paene nihil **habēre**⌋. Cōnstat ⌊**Claudium** nunc māgnam pecūniam **habēre**⌋.“

1 prōvincia, -ae *f* Provinz
administrāre, -ō verwalten
2 cīvis, cīvis *m/f* Bürger(in)
iniūriam facere, -iō Unrecht tun
6 tacēre, -eō schweigen, still sein
ōrātiō, ōrātiōnis *f* Rede
7 beātus, -a, -um glücklich
8 miser, -a, -um arm, unglücklich
12 deinde dann, daraufhin
addere, -ō hinzufügen
scīre, sciō wissen
13 paene fast, beinahe
nihil nichts
14 cōnstat *(+ AcI)* es steht fest
māgna pecūnia viel Geld

B Nenne Textbelege dafür, dass Claudius als Statthalter etwas falsch gemacht hat.

Die Zuhörer vor der Kurie ärgern sich laut über Claudius, Aemilius ist kaum mehr zu verstehen. Marcus will wissen, warum Claudius in Asien war und wie es zum Prozess kam.

II Flāvius: „Senātōrēs“, inquit, „saepe in prōvinciās **eunt** et prōvinciās administrant. Senātōribus multum licet, sed nōn licet contrā lēgem agere neque hominibus iniūriam facere. Posteā in Ītaliam **redeunt**. ***Si*** autem senātor ut Claudius iniūriam facit, hominēs contrā iniūriam sē dēfendere possunt. Asiānī iterum atque iterum Aemīlium **adī-ba-nt**, quī cunctōs Asiānōs nunc dēfendit.“ Tum addit: „Tantus clāmor est! Ōrātiōnem Aemīliī nōn iam audīre possum. Venīte! Ā cūriā nunc **abīre** et per forum domum **redīre** cupiō.“

15 saepe oft
eunt Form von īre, eō (gehen)
17 multum licet es ist viel erlaubt
nōn licet *(+ Infinitiv)* es ist nicht erlaubt zu ...
18 contrā lēgem agere gegen das Gesetz handeln
20 sī falls, wenn
senātor ut ein Senator wie
21 sē dēfendere, -ō sich verteidigen, sich wehren
22 adīre, adeō sich wenden (an)
23 dēfendere (vor Gericht) verteidigen
25 nōn iam nicht mehr
26 curia, -ae *f* die Kurie
27 per forum über das Forum

I Der AcI
II *ire*

Auf dem Heimweg zeigt Flavius den Kindern das Forum Romanum genauer. Die Kinder staunen darüber, was hier alles zu sehen ist.

III Mārcus: „Tot hominēs adsunt: cīvēs cum coniugibus,
cīvēs sine coniugibus, līberī, servae, servī!
Quid hominēs in forō agunt?“
Flāvius: „Rōmānī negōtia cūrant, amīcōs conveniunt,
in templīs sacra faciunt.“
Cornēlia: „Tot templa videō! Nōnne templa clāra sunt?“
Flāvius: „Ita est. Cōnstat **templa** in forō Rōmānō clāra **esse**!
Ibi est templum Saturnī, in quō māgna cōpia aurī est.
Aurum cīvibus Rōmānīs est.“

28 tot so viele
29 sine *(+ Abl.)* ohne
30 homō, hominis *m* Mensch
agere, -ō machen, tun
31 negōtia cūrant sie kümmern sich um (ihre) Geschäfte
convenīre, -iō treffen
32 sacra facere opfern
33 nōnne? nicht? doch wohl?
34 cōnstat *(+ AcI)* es steht fest
35 copia aurī eine Menge Gold
est er/sie/es gehört *(jemandem)*

C Informiere dich über den in Z. 35 genannten Tempel, z. B. mithilfe des Internets.

LIES UND PARAPHRASIERE!

Cornelia zeigt auf einen weiteren Tempel und möchte wissen, für welche Gottheit er erbaut wurde. Flavius antwortet mit einem Rätsel – die Kinder sollen die Gottheit selbst erraten.

D Lies Flavius‘ nachfolgende Beschreibung des Tempels und hilf Marcus und Cornelia beim Lösen des Rätsels. Beantworte die Frage des Flavius auf Latein.

„Templum, quod prope vidētis, nōn deō, sed deae est.
In templō flamma est, quam sacerdōtēs semper servāre dēbent.
Sacerdōtēs mulierēs sunt,
quae templum atque flammam cūrant
et vītam sine coniuge agunt. Scītisne deam?“
Liberī: „Scīmus! Est ...“

36 prope in der Nähe
est er/sie/es gehört *(jemandem)*
37 sacerdōs, sacerdōtis *f* die Priesterin
semper immer
servāre, -ō (be)schützen
40 vitam agere, -ō leben
scīre, sciō kennen

E *Aenigmata varia* – verschiedene Rätsel. Erfinde eigene Rätsel – wie das von Flavius – und lasse sie von deiner Lerngruppe lösen. Formuliere ein Rätsel auf Deutsch...

a ...zu einem Gebäude auf dem Forum Romanum mithilfe des Internets oder
b ...zu einem berühmten Gebäude in deiner Gegend oder Stadt.

WENN DU ES LIEBER DIGITAL MAGST

Gehe auf **www.lateinlex.de** und gib für **Lesetext 9** den **Kurzlink** ein: **d2d9**

M1 Vokabeln lernen

Ob Englisch, Französisch oder Latein - für alle Fremdsprachen ist das Vokabellernen besonders wichtig. Dafür gibt es verschiedene **Lernmethoden**. Um die für dich passende zu finden, probiere einfach mehrere aus oder kombiniere verschiedene Methoden miteinander.

Es gibt aber auch allgemeine Tipps, die dir in jedem Fall beim Vokabellernen helfen werden. Die folgenden Aufgaben bieten dir nützliche Anregungen.

Lernmethoden sind „Werkzeuge", die dir dabei helfen, effektiver zu lernen, z. B. Lernen mit Bildern oder Lernkarteien. Anregungen bietet auch der „Werkzeugkoffer" (▶ S. 198). Probiere aus, welche Lernmethoden für dich passend sind.

Gestaltung des Lernplatzes

1 Betrachtet Abbildung 1.

a Tauscht euch darüber aus, wie die einzelnen Gegenstände sich auf das Lernen auswirken. Geht dabei auch auf eigene Erfahrungen ein.
b Entwickelt gemeinsam Vorschläge, wie die Abbildung verändert werden muss, um eine Umgebung zu zeigen, in der man gut lernen kann. Stellt eure Vorschläge dann der Lerngruppe vor.

Abb. 1

Effektives Vokabellernen

Beim Vokabellernen ist das **Wiederholen** sehr wichtig. Besonders frisch gelernte Vokabeln behalten wir ansonsten nicht lange im Kopf. Nach den ersten Stunden haben wir schon etwa die Hälfte vergessen.

Je mehr deiner **Sinne** beim Lernen beteiligt sind, umso besser klappt das Lernen und Behalten von Vokabeln. Abbildung 2 veranschaulicht, wie du Gelerntes länger behältst.

Stell dir einen Trampelpfad auf einer Wiese vor: Nur wenn man ihn immer wieder geht, wächst kein Gras nach und es kann auf Dauer ein richtiger Weg entstehen. So „bahnen" sich auch die Vokabeln ihren Weg im Gedächtnis.

2 Erkläre anhand von Abbildung 2, was sich verändert, wenn du unterschiedliche Sinne beim Lernen miteinbeziehst.

3 Max lernt Vokabeln, indem er sie im Vokabelverzeichnis des Buches mehrfach liest. Trotzdem hat er in Tests viele Vokabelfehler. Begründe mithilfe von Abbildung 2, warum seine bisherige Lernmethode nicht optimal ist. Gib ihm einen Tipp, wie er in Zukunft erfolgreicher lernen kann.

4 Sammelt zu zweit kreative Ideen für Vokabelübungen. Achtet darauf, möglichst viele Sinne anzusprechen. Tragt eure Vorschläge dann mit der Lerngruppe zu einem gemeinsamen Lernplakat zusammen, das ihr im Klassenraum aufhängt.

Tipp: Probiere in den kommenden Wochen möglichst viele der von euch gesammelten Vokabelübungen aus und berichte in der Lerngruppe über deine Erfahrungen.

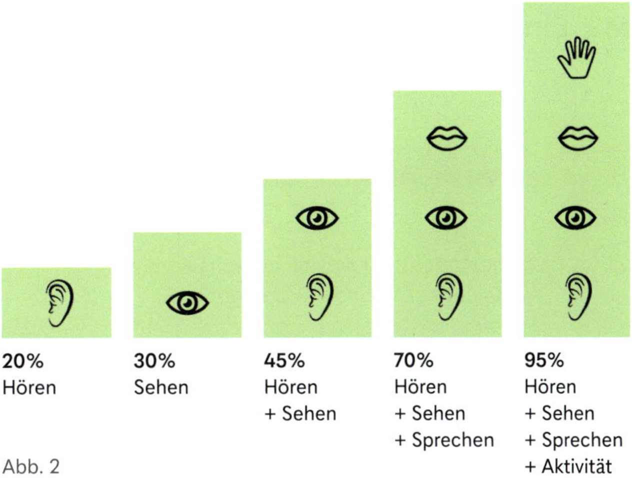

Abb. 2

CHECKLISTE **Erfolgreiches Vokabellernen**

Gestaltung des Lernplatzes
- Ich habe zu Hause einen festen Ort, an dem ich in Ruhe ohne störende Geräusche lernen kann.
- Alles, was ich nicht zum Lernen brauche (z. B. Smartphone), räume ich weg, damit ich nicht abgelenkt werde.
- An meinem Lernplatz habe ich alle Dinge, die ich für das Lernen brauche (Tisch, Stuhl, Buch, Heft, Klebezettel, Stift, ...).
- Ich plane mein Lernen im Voraus.

Tipp: Ich trage z. B. in meinem Kalender feste Lernzeiten ein.

Effektives Vokabellernen
- Ich teile mir das Vokabellernen in Häppchen auf und lerne an einem Tag nicht mehr als 10–15 neue Vokabeln.
- Ich versuche, neue Vokabeln mit etwas, was ich schon kenne, zu verknüpfen.

Tipp: Dabei helfen z. B. Eselsbrücken, Zeichnungen, Mindmaps, Sachfelder, ...

- Ich achte darauf, beim Lernen von Vokabeln mehrere Sinne einzusetzen.
- Ich wiederhole „alte“ Vokabeln regelmäßig.

5 **a** Sieh dir die Checkliste an. Besprecht dann zu zweit, welche Punkte ihr schon umsetzt. Überlegt euch dann zwei Punkte, die ihr verbessern möchtet, und schreibt euch dazu Vorsätze auf. Die Vorsätze sollen möglichst konkret sein.

Beispiel: Christina fängt meistens zu spät mit dem Lernen für Klassenarbeiten in Latein an. Sie nimmt sich vor, ab jetzt jeden Dienstag und jeden Donnerstag nach dem Mittagessen fünf Minuten alte Vokabeln zu wiederholen und zehn Minuten neue Vokabeln zu lernen.

b Überprüft nach zwei Wochen (oder an einem Datum, das eure Lehrkraft nennt), ob ihr eure Vorsätze umgesetzt habt und ob ihr Verbesserungen bemerkt habt.

M2 Eine Klassenarbeit vorbereiten

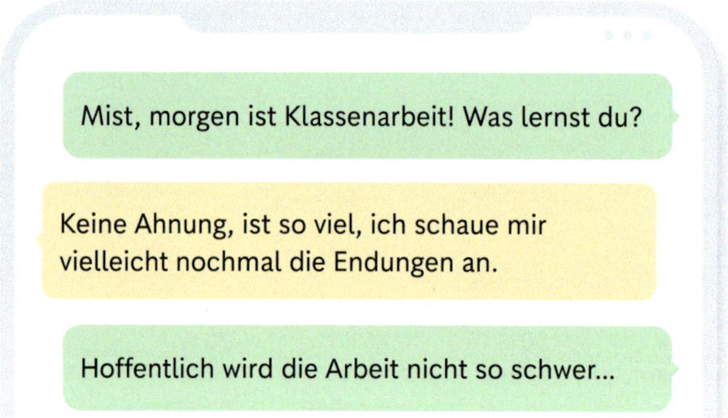

So wie den beiden im Chat links soll es dir nicht ergehen...

Die folgenden Tipps können dir die Vorbereitung auf eine Klassenarbeit erleichtern. Wenn du sie befolgst, ist die Chance groß, dass du ein gutes Ergebnis erzielst.

Viel Erfolg!

☑ **Beginne rechtzeitig mit der Vorbereitung**
Auch wenn bis zur Klassenarbeit noch viel Zeit ist, fange frühzeitig an, dich darauf vorzubereiten. Du prägst dir den Lernstoff dann nämlich viel besser ein und gerätst am Tag vor der Klassenarbeit nicht in Zeitnot.

Beginnst du frühzeitig mit der Vorbereitung, so kannst du den Lernstoff besser aufteilen. Dadurch hast du an den einzelnen Tagen mehr Freizeit.

☑ **Mache einen Lernplan**
Setze dir bis zur Klassenarbeit für jeden Tag kleine Ziele. Plane dafür eine tägliche Lernzeit, aber auch feste Pausen ein. Verschaffe dir zunächst einen Überblick über den Lernstoff. Orientiere dich dabei an dem, was deine Lehrkraft vorgegeben hat. Vielleicht hast du eine Checkliste erhalten?

Weniger ist mehr! Wenn du an einzelnen Tagen nur wenig Zeit hast, reicht es auch, nur 10 Minuten Vokabeln zu wiederholen.

☑ **Erstelle Lernzettel**
Gehe zuerst die Unterrichtsinhalte der letzten Wochen durch und filtere das Wichtigste heraus. Fasse dann das, was du lernen musst, auf Lernzetteln zusammen. Hebe Wichtiges farbig hervor. Durch das Aufschreiben prägt sich der Lernstoff besser ein. Baue die Lernzettel so auf, dass du gut damit lernen kannst, z. B. als Tabelle oder Mindmap.

☑ **Vokabeln haben oberste Priorität**
Gute Vokabelkenntnisse sind das Wichtigste für erfolgreiches Übersetzen. Wiederhole die Vokabeln möglichst oft und nutze Lernmethoden, die dir Spaß machen. ▶ **M1:** S. 112–113

☑ **Übersetze bekannte Texte noch einmal**
Wenn du Vokabeln in einem Zusammenhang wiederholst, prägen sich die Vokabeln besser ein. Außerdem übst du so die Grammatik, da du beim Übersetzen immer auf Endungen und Konstruktionen achten musst.

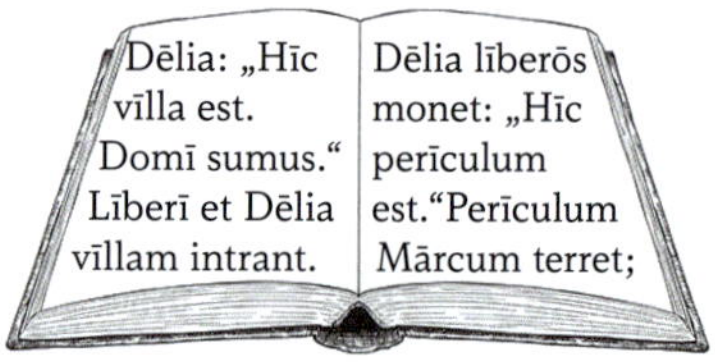

☑ **Gemeinsam lernen macht mehr Spaß**
Triff dich mit Freundinnen und Freunden zum gemeinsamen Lernen. Das macht mehr Spaß. Indem ihr über den Lernstoff sprecht, prägt er sich bereits ein. Ihr könnt euch gegenseitig Vokabeln abfragen, euch Aufgaben stellen oder offene Fragen klären.

M3 Operatoren richtig nutzen

Lies die Aufgabenstellung immer genau, damit du die Aufgabe richtig bearbeitest und nicht zu viel oder zu wenig machst.

Operatoren in **Arbeitsaufträgen** sagen dir, was bei einer **Aufgabe** zu tun ist. Hier findest du eine Übersicht über die häufigsten Operatoren in diesem Buch.

	Operator	Aufgabe	Lösungsansatz
I	**beschreiben**	Beschreibe das Bild. 	*Auf dem Bild sind Marcus und Cornelia zu sehen. Cornelia sitzt da und sieht fröhlich aus, Marcus liegt im Gras und schläft. ...*
	bestimmen	Bestimme die Formen. filii | gaudet	*filii: Nominativ Plural maskulinum* *gaudet: 3. Person Singular*
	nennen / angeben	Nenne das Gegensatzpaar. hell | groß | hübsch | dunkel	*hell – dunkel*
	zuordnen	Ordne die Wörter passend zu. rennen | Blume | grün | schnell **Natur – Bewegung**	***Natur:*** *Blume, grün* ***Bewegung:*** *rennen, schnell*
	belegen	Erkläre, wie es Flavia geht, und belege das am Text (Lektion 2).	*Flavia hat Schmerzen (dolet, Z. 15) und weint (flet, Z. 15).*
II	**erklären**	Erkläre den Begriff *familia*.	*Zu einer römischen familia gehörten alle Menschen, die in einem Haushalt lebten ...*
	erschließen	Erschließe die Bedeutung der Vokabel aus der Abbildung.  oculus	*oculus = Auge*
	herausarbeiten	Arbeite heraus, wer was tut, um Flavia zu helfen. (Lektion 2, S. 23)	*Marcus und Cornelia holen Wein und Wasser, Delia ....*
	Vermutungen anstellen	Stelle Vermutungen an, was mit Marcus passiert sein könnte. (Lektion 1, S. 16)	*Ich weiß: Es gab ein Gewitter. Ich vermute: Marcus ist weggelaufen, um Schutz zu suchen.*
III	**begründen**	Nenne die Vokabel, die nicht zu den anderen passt. Begründe. liberi | semper | domina | serva	*„Semper“ passt nicht in die Reihe, weil ...*
	paraphrasieren (= mit eigenen Worten wiedergeben)	Lies und paraphrasiere! (z. B. Lektion 1, S. 17)	*Marcus ruft nach Delia. Er teilt ihr mit, dass er und Audax ...*
	vergleichen	Vergleiche die römische *familia* mit einer heutigen Familie.	*Eine Gemeinsamkeit ist ... Ein Unterschied zwischen beiden ist ...*

M4 Schritt für Schritt zum lateinischen Text

Hier erfährst du, wie du am besten an einen lateinischen Text herangehst. Du kannst dir nämlich viel über den Inhalt erschließen, bevor du überhaupt mit dem Übersetzen anfängst. Zahlreiche nützliche Hinweise im Text und um den Text herum helfen dir dabei.

1 Nenne alle Arten solcher nützlichen Hinweise auf Textinhalte, die dir einfallen.

2 Überprüfe, welche dieser Hinweise du schon jetzt ganz von selbst anwendest und welche du nur selten oder nie nutzt. Tausche dich hierzu auch mit deiner Lerngruppe aus.

Sieh dir als Beispiel nun den ersten Teil der Lektion 6 an:

1 Die Umgebung des Textes untersuchen

Zuerst wertest du alle Informationen aus der Umgebung des Textes aus: Anhand der **Überschrift**, des deutschen **Einleitungstextes** und der **Abbildung** kannst du bereits Vermutungen zum Inhalt des Textes anstellen. Hilfreich sind außerdem die **Aufgaben** vor den Übersetzungstexten.

Welche Erwartungen weckt die Überschrift?

Welche Orte und Personen kommen vor? Was haben sie miteinander zu tun?

Womit wird der lateinische Text wohl beginnen?

Auch der erste Arbeitsauftrag (A) gibt Hinweise darauf.

Geheimnisse in den Thermen

Flavius wird heute in den Thermen Didius treffen. Didius arbeitet in der Stadtverwaltung und hat Flavius aufgefordert, die oberen Etagen seines Mietshauses abzureißen. So verlangt es das Gesetz. Doch Flavius denkt, dass er Didius umstimmen kann. Zusammen mit Marcus betritt Flavius nun das *apodyterium*, den großen Umkleideraum der Thermen.

A Im *apodyterium* sieht Marcus viele Sklaven. Überlege, welche Aufgaben die Sklaven im Umkleideraum haben könnten. Überprüfe deine Vermutungen danach anhand des Textes.

I Flāvius: „Tunicam dēpōne, Mārce! Ecce: Servī tunicās dominōrum et puerōrum custōdiunt, quia hīc saepe fūrēs sunt. Numerus fūrum māgnus est!“ Iam amīcus avunculī intrat: „Salvē, Flāvī!“ Flāvius vōcat: „Salvē, Dīdī! Hīc est Mārcus,“ inquit, „fīlius Flāviae sorōris.“ Tum Flāvius ad Mārcum: „Nunc cum amīcō agere dēbeō. Discēde et spectā thermās, Mārce! Hīc pecūnia est.“

B Überprüfe deine Übersetzung der Sätze *Servi ... magnus est* (Z. 1–3) mit der Übersetzungscheckliste: ▶ M7: S. 121

Welche Informationen liefert die Abbildung?

2 Textinhalte erschließen

Gehe nun den lateinischen Text durch und notiere Personen und Orte. Im folgenden Textabschnitt sind sie bereits markiert.

Wenn du auf **unbekannte Namen** stößt, kannst du im **Eigennamenverzeichnis** (S. 193) nachschlagen.

3 Stelle alle Personen zusammen, die im folgenden Textabschnitt vorkommen. Beachte dabei, dass Personen nicht immer mit ihrem Eigennamen bezeichnet werden.

I Flāvius: „Tunicam dēpōne, Mārce! Ecce: Servī tunicās dominōrum et puerōrum custōdiunt, quia hīc saepe fūrēs sunt. Numerus fūrum māgnus est!“ Iam amīcus avunculī intrat: „Salvē, Flāvī!“ Flāvius vōcat: „Salvē, Dīdī! Hīc est Mārcus,“ inquit, „fīlius Flāviae sorōris.“ Tum Flāvius ad Mārcum: „Nunc cum amīcō agere dēbeō. Discēde et spectā thermās, Mārce! Hīc pecūnia est.“

Welche Personen werden erwähnt? In welchem Verhältnis stehen sie zueinander?

Welche Orte werden genannt?

3 Den Aufbau des Textes erkennen

Du kannst die inhaltliche Gliederung eines Textes meist schon an den gedruckten **Absätzen** erkennen. Anführungszeichen weisen auf direkte Reden hin. So kannst du leicht feststellen, wer die Sprecherinnen und/oder Sprecher sind.

Unterscheide immer zwischen Personen außerhalb und Personen innerhalb der direkten Reden. Nur die Personen außerhalb sind für die Gliederung wichtig.

Wie ist der Text gegliedert?

Welche Personen sprechen?

I Flāvius: „Tunicam dēpōne, Mārce! Ecce: Servī tunicās dominōrum et puerōrum custōdiunt, quia hīc saepe fūrēs sunt. Numerus fūrum māgnus est!“

Iam amīcus avunculī intrat: „Salvē, Flāvī!“ Flāvius vōcat: „Salvē, Dīdī! Hīc est Mārcus,“ inquit, „fīlius Flāviae sorōris.“ Tum Flāvius ad Mārcum: „Nunc cum amīcō agere dēbeō. Discēde et spectā thermās, Mārce! Hīc pecūnia est.“

4 Fasse den Aufbau des Textes zusammen, indem du der Reihe nach angibst, welche Personen sprechen. Notiere möglichst auch, zu wem sie sprechen.

4 Kontrolle nach der Übersetzung

Überprüfe zum Schluss anhand deiner Übersetzung, ob sich deine Erwartungen und Vermutungen aus Schritt 1 bestätigt haben.

M5 Lateinische Texte auswerten

Das Ziel des Übersetzens ist stets, einen lateinischen Text zu verstehen. Doch das Verstehen folgt nicht automatisch auf das Übersetzen. Auf dieser Seite erfährst du, wie du sicherstellst, dass du einen lateinischen Text wirklich verstanden hast, und wie du ihn inhaltlich auswertest. Manchmal gleicht dies der Spurensuche eines Detektivs.

Die „sieben W“

Du kannst dein Textverständnis überprüfen, indem du die **„sieben W“** beantwortest. Nur wenn du einen Text wirklich verstanden hast, dann kannst du sie alle beantworten:

1 Probiere das gleich einmal aus: Lies den Anfang von Lesetext 6 (S. 54) noch einmal und beantworte möglichst viele der sieben Fragen:

1. **Wer** sind die handelnden Personen?
2. **Wo** befinden sie sich?
3. **Wann** spielt die Geschichte?
4. **Was** tun die Personen?
5. **Wie** tun sie es?
6. **Warum** (aus welchem Grund) tun sie es?
7. **Wozu** (zu welchem Zweck) tun sie es?

Nicht alle Fragen lassen sich leicht beantworten. Die Fragen 1, 2, 3 und 4 kann man meist sofort beantworten. Für Frage 5 muss man manchmal etwas nachdenken. Die Fragen 6 und 7 sind schon schwieriger. Für sie musst du Spuren lesen: Spuren, die sich oft in früheren Abschnitten verbergen oder die erst später klar erkennbar werden. Probiere auch das aus:

2 Am Ende des ersten Absatzes sagt der Onkel zu Marcus: *„Discede et specta thermas, Marce! Hic pecunia est.“* (Z. 7–8) Erkläre, warum der Onkel Marcus hierzu auffordert und was er damit erreichen will.

Abschnitt III des Textes (S. 49) hilft dir bei der Antwort.

M6 Übersetzungsmethoden

Um einen lateinischen Satz zu verstehen und richtig zu übersetzen, gibt es verschiedene Möglichkeiten. Nicht jede Methode passt für jeden Satz. Lateinische Sätze sind nämlich nicht immer nach dem gleichen Muster aufgebaut.

Die Pendelmethode

Bei dieser Übersetzungsmethode „pendelst“ du in drei Schritten durch den Satz. Sieh dir dazu einen Satz aus dem Lektionstext der Lektion 4 an:

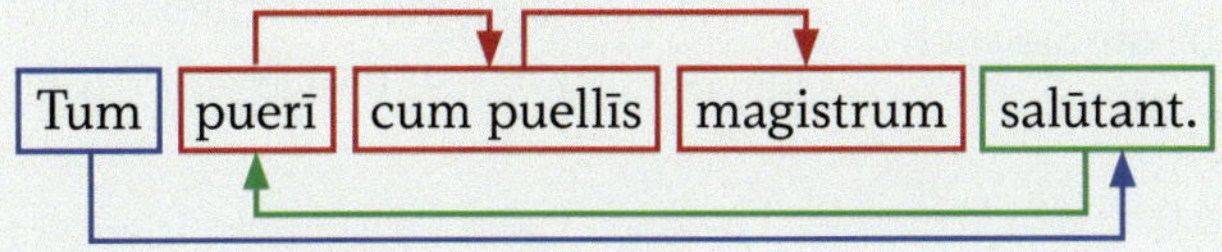

Gehe folgendermaßen vor:
- Zunächst beginnst du mit dem **ersten Satzglied**: *tum* – dann
- Nun pendelst du zum **Prädikat**. Im Deutschen brauchst du das Prädikat nämlich an zweiter Stelle im Satz: *salutant* – sie grüßen
- Dann pendelst du wieder **zurück zum Satzanfang**: Übersetze die restlichen Satzglieder. Ordne die Satzglieder dann so, dass sie im Deutschen in der richtigen Reihenfolge stehen.

Satzglieder sind Bestandteile eines Satzes. Durch Fragen kannst du deren Funktion ermitteln, z. B. Wer? Was? Wen? Denke daran, dass ein Satzglied auch aus **mehreren Wörtern** bestehen kann!

Dann grüßen die Jungen mit den Mädchen den Lehrer.

Denke daran, dass das **Subjekt** auch im **Prädikat** stecken kann.

Und jetzt bist du dran:

1 Schreibe folgenden Satz in dein Heft. Wende für die Übersetzung die Pendelmethode an. Wähle unterschiedliche Farben für die drei Schritte.

Liberi cum serva et servo accedunt.

2 Nils hat beim folgenden Satz die Pendelmethode angewendet. Überprüfe, ob seine Pfeildarstellung und Übersetzung richtig sind. Korrigiere, wenn nötig.

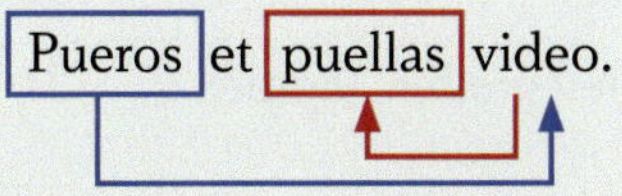

Die Jungen sehen auch die Mädchen.

Die Konstruktionsmethode

Neben der Pendelmethode kannst du lateinische Sätze auch mithilfe der Konstruktionsmethode übersetzen. Diese Methode funktioniert immer, denn lateinische Sätze sind aus einzelnen **Bausteinen**, den Satzgliedern, zusammengesetzt, aus denen du die deutsche Übersetzung **konstruieren** („bauen“) kannst:

| Tum | Flāvius | Cornēliae puellae | māgnum templum | ostendit. |

Dieser Satz besteht aus fünf Bausteinen (Satzgliedern).
Gehe folgendermaßen vor:

Lies dir immer erst den **gesamten** Satz durch und beginne nicht gleich mit dem ersten Wort.

1. Beginne mit dem **Prädikat**, denn es gibt dir die wichtigste Information über den Inhalt des Satzes:
   ostendit – er/sie/es zeigt

2. Dann fragst du nach dem **Subjekt** des Satzes: „Wer oder was?“ Du suchst also einen Nominativ: *Flavius*.

   Achtung: In manchen Fällen kann das Subjekt auch im Prädikat stecken!

Das **Prädikat** gibt dir auch Auskunft über das **Subjekt** des Satzes. Da das Prädikat in der 3. Person Singular steht, muss auch das Subjekt im Singular stehen.

3. Anschließend gehst du Schritt für Schritt die **anderen Bausteine** des Textes durch und bestimmst deren Funktion:
   - Frage: Was (zeigt Flavius)?
     → Du suchst einen **Akkusativ**: *magnum templum* – den großen Tempel.
   - Frage: Wem?
     → Du suchst einen **Dativ**: *Corneliae puellae* – dem Mädchen Cornelia.
   - Übrig bleibt *tum* als adverbiale Bestimmung der Zeit: Wann?
     → *tum* – dann
   - Weitere mögliche Bausteine, die nicht im Beispielsatz vorkommen, sind:
     - Genitivattribute (Frage: Wessen?),
     - Weitere Adverbialien (Fragen: Wo? Wohin? Warum? Wie?)

Adverbialien sind oft Ausdrücke mit Präpositionen (z. B. *cum amico; ad templum*).

4. Mit der Konstruktionsmethode steht bereits das Grundgerüst des deutschen Satzes. Am Ende reihst du die Bausteine so zusammen, dass sie im Deutschen in der richtigen Reihenfolge stehen und einen sinnvollen Satz ergeben.

Dann zeigt Flavius dem Mädchen Cornelia einen großen Tempel.

M7 Übersetzungscheckliste

Einen lateinischen Text zu übersetzen und dabei auf alles zu achten, ist manchmal gar nicht so einfach. Die folgende Checkliste kann als roter Faden dienen und dir dabei helfen, den Überblick beim Übersetzen zu behalten.

Die Übersetzung vorbereiten

Bevor du mit dem Übersetzen beginnst, solltest du:

1. Die **Überschrift** und den deutschen **Einleitungstext** sorgfältig lesen.
2. Den lateinischen Text **vollständig lesen**. Notiere dabei auffällige **Namen, Konstruktionen** oder **Schlagwörter**. Wenn der Text als ausgedrucktes Blatt oder digital vorliegt, kannst du diese auch (farblich) **markieren**.
3. **Vokabelangaben berücksichtigen** und ggf. unbekannte Vokabeln nachschlagen.
4. *Optional:* Ergebnisse der Erschließung als Hilfe neben den lateinischen Text legen.

Indem du Satzglieder und Konstruktionen jeweils mit derselben Farbe markierst, erhältst du einen visuellen Überblick über den lateinischen Text.

Den lateinischen Text übersetzen

Beim Übersetzen solltest du Satz für Satz vorgehen:

5. Erst den **Hauptsatz** von den (wenn vorhanden) **Nebensätzen** unterscheiden und mit dem Hauptsatz beginnen.
6. Wenn du nach der Konstruktionsmethode vorgehst: Erst das **Prädikat** übersetzen.
   → Achte dabei auf **Person, Numerus** und **Tempus**.
7. Dann das **Subjekt** (Wer?) übersetzen.
8. Dann die **übrigen Satzglieder** übersetzen (z. B. mithilfe von W-Fragen).
   → Achte dabei auf die **Kasusendungen**.
9. **„Kleine Wörter“** nicht vergessen.
10. Bei **Adjektiven** auf die **KNG**-Kongruenz mit dem Substantiv achten.

Beim schrittweisen Übersetzen helfen dir die Pendel- und Konstruktionsmethode (▶ **M6:** S. 119–120).

Das Tempus wird erst ab Lektion 8 wichtig.

Meine Übersetzung überprüfen

Nach dem Übersetzen solltest du Satz für Satz prüfen:

11. Habe ich jedes Wort übersetzt?
12. Ergibt meine deutsche Übersetzung einen sinnvollen Text? Gibt es weitere Wortbedeutungen, die besser passen?
13. *Optional:* Stimmt meine Übersetzung mit den Erschließungsergebnissen überein? ▶ **M4:** S. 116–117

Durch **Abhaken** der einzelnen Wörter im lateinischen Text kannst du überprüfen, dass du kein Wort vergessen hast. Das solltest du bei **Klassenarbeiten immer** tun.

M8 Deutsche Sachtexte erschließen

Um einen deutschen Sachtext zu erschließen, können dir folgende Lesetechniken helfen. Die Schritte 1–4 bauen dabei aufeinander auf: Du kannst einzelne Lesetechniken auswählen, solltest aber die Reihenfolge einhalten.

Schritt 1: **Vor dem Lesen** Ich aktiviere mein Vorwissen zum Thema und orientiere mich im Text.	- Notiere, was du schon über das Thema weißt. - Formuliere drei Fragen zum Thema. - Stelle Vermutungen darüber an, wovon der Text handelt.	Orientiere dich, indem du den Titel, Zwischenüberschriften oder Bilder betrachtest.
Schritt 2: **Beim ersten Lesen** Ich sehe mir den ganzen Text an und lese ihn einmal durch.	- Beschreibe, was dir in den einzelnen Abschnitten auffällt. - Notiere Wörter, die zur Überschrift oder zum Thema des Textes passen. - Fasse zusammen, was du nach dem ersten Lesen bereits verstanden hast. - Notiere Wörter, die du nicht kennst, und schlage sie nach.	Achte dabei z. B. auf **Markierungen,** wiederkehrende Wörter oder Fremdwörter.
Schritt 3: **Beim genauen Lesen** Ich lese den Text genau: Satz für Satz und Abschnitt für Abschnitt.	- Notiere zu jedem Abschnitt ein bis zwei Stichworte, die dir wichtig erscheinen. - Überprüfe, ob deine Fragen aus Schritt 1 nun beantwortet werden können, und notiere die Antworten. - Beantworte möglichst viele W-Fragen: Wer? Was? Wann? Wo? Warum? Wie?	
Schritt 4: **Nach dem Lesen** Ich arbeite mit dem Inhalt des Textes.	- Erläutere und begründe, welche Informationen im Text besonders wichtig sind. - Stelle deine Ergebnisse mithilfe deiner Stichworte (siehe Schritt 3) in der Lerngruppe vor. - Visualisiere die Inhalte. - Recherchiere die Antworten zu deinen noch unbeantworteten Fragen aus Schritt 1. - Formuliere fünf Multiple-Choice-Fragen als Quiz für die Lerngruppe.	Zur Visualisierung eigenen sich Mindmaps, Skizzen, Collagen oder Schaubilder. Wähle zwei bis drei Punkte aus der Aufzählung links aus.

Anhand eines Sachtextes wird nun für jeden Schritt eine Technik beispielhaft aufgezeigt.

Wohnen in einem römischen Atriumhaus

Wohlhabende Römer lebten gern in sogenannten Atriumhäusern. Das Zentrum eines solchen Hauses war der Innenhof (*atrium*), der als Empfangsraum diente. Durch sein offenes Dach fiel Licht, ein Wasserbecken (*compluvium*) fing den Regen auf und kühlte den Raum.

Um das Atrium herum waren die anderen Räume angeordnet: Schlaf- (*cubicula*), Arbeits- (*tablinum*) und Speiseräume, Küche (*culina*), Bad, Bibliothek und Kammern für die Sklaven. Außerdem schloss sich ein Garten mit einem Säulengang (*peristylium*) an.

Die Böden waren oft aufwändig mit Mosaiken gestaltet und die Wände mit bunten Wandmalereien verziert.

Besonders reich war oft der Speiseraum (*triclinium*) ausgestattet: Er hatte drei Liegen, auf denen je drei Personen ihre Mahlzeiten im Liegen einnahmen, denn die Römer speisten gern mit Gästen.

Zur Beleuchtung dienten Fackeln oder Öllampen, die einen Raum aber nur spärlich erhellen konnten.

Schritt 3a: Beim genauen Lesen

Atrium/Atriumhaus; wohlhabende Römer

Räume

Gestaltung der Räume

Speiseraum

Beleuchtung

Schritt 1: Vor dem Lesen:
Drei Fragen formulieren: *1. Welche Räume gab es? 2. Gab es Badezimmer mit Toiletten? 3. Welche Personen haben in einem Atriumhaus gelebt?*

Schritt 2: Beim ersten Lesen:
Wiederkehrende Wörter, Wörter, die zur Überschrift passen, Fremdwörter und Personen notieren. Wenn dir der Text als Arbeitsblatt oder digital zur Verfügung steht, kannst du die Wörter auch im Text markieren.

Schritt 3: Beim genauen Lesen:

Schritt 3a:
Zu jedem Abschnitt Stichwörter notieren, die wichtig erscheinen (siehe oben, rechts neben dem Sachtext)

Schritt 3b:
Fragen aus Schritt 1 beantworten:
1. *Es gab folgende Räume: Atrium, Schlaf-, Arbeits- und Speiseraum, Küche, Bad, Bibliothek, Kammern, Garten mit Säulengang.*
2. *Der Text beantwortet nicht, ob es Badezimmer mit Toiletten in einem Atriumhaus gab.*
3. *In einem Atriumhaus lebten wohlhabende Familien mit ihren Sklaven und Sklavinnen.*

Schritt 4: Nach dem Lesen:
- *Meine Frage zu den Badezimmern ist noch unbeantwortet. Ich recherchiere zu den unbeantworteten Fragen.*
- ...

M9 Recherchieren und präsentieren

Wenn du dich z. B. für ein Referat intensiver mit einem Thema beschäftigen willst, ist es wichtig, dass du Informationen beschaffen und mit ihnen umgehen kannst.

In Lektion 4 sollst du ein Schaubild zu den Stufen der römischen Schulbildung gestalten. Dazu benötigst du passende Informationen.

Vorbereitung

Bereite dich auf deine Recherche vor, indem du dein Thema gliederst und deine Ideen sammelst, z. B. in Form einer **Mindmap** (siehe Abb. 1). Notiere auch Fragen, die du dir selbst stellst oder die dein Publikum stellen könnte.

Abb. 1

1 Sammelt Ideen zum Thema „Freizeitaktivitäten der Römer“. Erstellt gemeinsam eine Mindmap.

Informationen beschaffen

Nutze immer **mehrere Informationsquellen** aus unterschiedlichen Medien: z. B. Sachbücher, Lexika, Landkarten, Zeitschriften, Internet.
Vergleiche die gesammelten Informationen miteinander. Sortiere dann Unwichtiges aus und fasse deine Ergebnisse mit **eigenen Worten** zusammen.
Wenn du Formulierungen verwenden willst, die von anderen stammen, dann kennzeichne diese als **Zitat**. Gib immer an, woher du deine Informationen erhalten hast.

Bücher findest du in der Schul- oder Stadtbibliothek. Bei öffentlichen Bibliotheken kannst du im Online-Katalog nach Stichworten suchen.

Übernimmst du den Originaltext aus einer anderen Quelle **Wort für Wort**, setzt du diesen in **Anführungszeichen**. So kennzeichnest du, dass der Text nicht von dir stammt.

2 Wähle zwei Medien aus und sammle daraus Informationen zum Thema „Freizeitaktivitäten der Römer“. Vergleicht dann zu zweit eure jeweiligen Informationen. Ergänzt und/oder korrigiert eure Mindmap aus Aufgabe 1.

Folgende Fragen helfen dir, seriöse von unseriösen Informationen zu unterscheiden:
- **Handelt es sich um eine zuverlässige Informationsquelle?** Veröffentlichungen, hinter denen eine Redaktion steht (z. B. Bücher, Zeitungsbeiträge, wissenschaftliche Artikel), sind meist zuverlässiger als private Internetseiten, Blogs und Forenbeiträge.
- **Ist eine Quelle angegeben?** Seriöse Autorinnen und Autoren geben in der Regel ihre Quellen, also ihre Fundstellen an. Sie machen dadurch deutlich, woher sie bestimmte Informationen haben, sodass diese für andere überprüfbar sind.
- **Decken sich die Rechercheergebnisse auch mit anderen Quellen?** Es reicht nicht, sich nur auf eine Informationsquelle zu stützen. Gerade bei Internetrecherchen sollte man immer prüfen, ob sich die Informationen durch weitere Quellen bestätigen lassen.

Gestaltung der Präsentation

Fasse deine Rechercheergebnisse in **Unterthemen** zusammen und überlege dir für diese eine sinnvolle Reihenfolge. Daraus kannst du nun eine **Gliederung** für deine Präsentation entwickeln. Überlege dabei, was die Lerngruppe unbedingt über das Thema wissen muss, was spannend und was eher langweilig ist. Plane einen **Einstieg** in das Thema, der die Aufmerksamkeit der Zuhörer weckt. Dies kann z. B. ein Bild, ein kurzes Video oder ein Zitat sein. Im **Hauptteil** informierst du über das Thema.
Am **Ende** schließt du deine Präsentation ab, indem du nochmals auf die Einführung Bezug nimmst oder wesentliche Erkenntnisse zusammenfasst.

Wenn du mehrere Sinne ansprichst, steigen die Chancen, dass die Inhalte besser im Gedächtnis bleiben. Nutze daher Medien wie Bilder, Videos oder Podcasts. Denke aber daran, diese in Maßen einzusetzen.

3 Überlege dir einen spannenden Einstieg in das Thema „Freizeitaktivitäten der Römer“. Trage diesen dann in einer Kleingruppe vor. Gebt euch gegenseitig eine Rückmeldung zu eurer Präsentationsidee.

Mit einem Präsentationsprogramm kannst du deine Gliederung in **Präsentationsfolien** umsetzen. Darauf solltest du achten:

- ☑ Gestalte die Präsentationsfolien möglichst einheitlich.
- ☑ Vermeide zu viel Text und formuliere stattdessen kurze Stichpunkte.
- ☑ Sorge für ausreichend Kontrast und gute Lesbarkeit (mindestens Schriftgröße 20).
- ☑ Setze nicht mehr als 8 Zeilen auf eine Präsentationsfolie.
- ☑ Vermeide zu auffällige Gestaltungen und Effekte.

Die Präsentationsfolien sollen deinen Vortrag nur ergänzen: Entweder fassen sie deine mündlichen Aussagen knapp zusammen oder enthalten Zusatzmaterial, z. B. Bilder oder Grafiken. Lies keinesfalls von der Folie ab.

Vortragen der Präsentation

Die folgenden Tipps können dir helfen, einen guten Kontakt zur Lerngruppe herzustellen:
- **Vermeide den Satz „Ich halte heute ein Referat über …“.** Bemühe dich stattdessen um einen interessanten Einstieg.
- **Beziehe die Lerngruppe mit Fragen in deinen Vortrag ein.** Lasse sie z. B. heutige Freizeitaktivitäten nennen.
- **Sprich laut, deutlich und mit Betonung.** So werden die Inhalte leichter verständlich.
- Halte **Blickkontakt** zu deiner Lerngruppe.

CHECKLISTE **Vor Beginn deiner Präsentation**

- ☑ Habe ich mir Karteikarten mit den **wichtigsten Stichpunkten** angefertigt?
- ☑ Habe ich ein **Handout**, also Infomaterial für die Zuhörenden dabei?
- ☑ Enthält meine Präsentation **Bilder**? Stehen meine Präsentationsfolien für den Vortrag bereit (z. B. auf einem Memorystick)?
- ☑ Habe ich mich auf eventuelle **Publikumsfragen** vorbereitet?

LERNVOKABELN

Start

Salvē!		**Hallo! Guten Tag!** *(Begrüßen **einer** Person)*
Salvēte!		**Hallo! Guten Tag!** *(Begrüßen **mehrerer** Personen)*
– Salvē, Cornēlia! – Salvēte, Cornēlia et Flāvia!		– Hallo, Cornelia! – Hallo, Cornelia und Flavia!
sum		**ich bin**
es		**du bist**
quis?	*Fragewort*	**wer?**
Quis es?		Wer bist du?
serva **servus**	*f* *m*	**eine/die Sklavin** **ein/der Sklave**
Dēlia: „Serva sum."		Delia sagt: „Ich bin eine Sklavin."
fīlia **fīlius**	*f* *m*	**eine/die Tochter** **ein/der Sohn**
Cornēlia fīlia est, Mārcus fīlius est.		Cornelia ist die Tochter, Marcus ist der Sohn.
est		**er, sie, es ist**
ubī?	*Fragewort*	**wo?**
Ubī Mārcus est?		Wo ist Marcus?
hīc	*Adv.*	**hier**
Ubī Mārcus est? Hīc est!		Wo ist Marcus? Hier ist er!
nōn		**nicht**
sunt		**sie sind**
et	*Konjunktion*	**und**
estis		**ihr seid**
ita		**so**
Ita est.		So ist es./Ja.
sumus		**wir sind**

Aussprache: Lateinische Wörter **betont** man auf der **vorletzten Silbe**, wenn sie **lang** ist, z. B. *Salvēte*. Wenn die vorletzte Silbe **kurz** ist, betont man die **drittletzte Silbe**, z. B. *Dēlia, domina*.

Salve/Salvete: Im Lateinischen unterscheidet man, ob eine Person oder mehrere Personen begrüßt werden. Im Deutschen ist dieser Unterschied normalerweise nicht erkennbar.

serva/servus: Wenn man jemandem etwas **serviert**, bedient man die Person.

f = femininum (weiblich)
m = maskulinum (männlich)

filia/filius: Eine **Filiale** ist ein „Tochtergeschäft" einer übergeordneten größeren Firma.

Ein **Adverb** (= Adv.) beschreibt nähere Umstände zu einer Handlung (z. B. Zeit, Ort). Oft bezieht es sich auf Verben.

Eine Konjunktion ist ein „Bindewort", das Wörter, Satzteile oder Sätze miteinander verbindet.

Ita est/Ita: In der lateinischen Sprache gab es kein Wort für „Ja". Stattdessen sagte man „So ist es.".

Abkürzungen: Die Angaben in der **Mittelspalte** werden beim **ersten Vorkommen** in den blauen Kästen erklärt. Alle Abkürzungen kannst du auf **S. 199** nachschlagen.

Lektion 1

I	**rogāre** ↕ **respondēre**		**fragen** ↕ **antworten**
	Mārcus rogat, Cornēlia respondet.		Marcus fragt, Cornelia antwortet.
	porcus	*m*	**ein/das Schwein**
	iacēre		**liegen, daliegen**
	sē		**sich**
	movēre		**bewegen**
	Audāx porcus sē nōn movet.		Das Schwein Audax bewegt sich nicht.
	dormīre		**schlafen**
	saepe	*Adv.*	**oft**
II	**domina** **dominus**	*f* *m*	**eine/die (Haus)herrin** **ein/der (Haus)herr**
	domī	*Adv.*	**zu Hause**
	Dominus et domina domī sunt.		Der Hausherr und die Hausherrin sind zu Hause.
	labōrāre		**arbeiten, sich anstrengen**
	Servus labōrat.		Der Sklave arbeitet.
	etiam	*Konjunktion*	1. **auch** 2. **sogar**
	semper	*Adv.*	**immer**
	dēbēre		**müssen**
	Servī labōrāre dēbent.		Sklaven müssen arbeiten.
	nōn dēbēre		1. **nicht müssen** 2. **nicht dürfen**
	Mārcus labōrāre nōn dēbet.		Marcus muss nicht arbeiten/darf nicht arbeiten.

rogare ↔ respondere:

porcus:

movere:
(to) move = bewegen

dormire:

laborare: Ein **Labor** ist ein Raum, in dem gearbeitet wird.

non debere: Welche Übersetzung du wählst, hängt vom Zusammenhang ab.

sed	*Konjunktion*	1. **aber** 2. **sondern**
līberī	*m Pl.*	**(die) Kinder**
gaudēre		**sich freuen**
Līberī gaudent.		Die Kinder freuen sich.
III **nunc**	*Adv.*	**jetzt, nun**
tum	*Adv.*	1. **da, dann** 2. **damals**
Audāx dormit, tum sē movet.		Audax schläft, dann bewegt er sich.
cūr?	*Fragewort*	**warum?**
Cūr Mārcus gaudet?		Warum freut sich Marcus?
perīculum	*n*	**eine/die Gefahr**
clāmāre		**laut rufen, schreien**
certē	*Adv.*	**bestimmt, sicher(lich)**
Audāx iacet. Certē dormit.		Audax liegt da. Bestimmt schläft er.
manēre		1. **bleiben** 2. **warten (auf), erwarten**
timēre		1. **sich fürchten** 2. **(vor etwas) Angst haben**
venīre		**kommen**
verbum	*n*	**ein/das Wort**
placēre		**gefallen**
Cornēlia: „Mārcus nōn timet!“ Dēlia gaudet. Verba placent.		Cornelia ruft: „Marcus hat keine Angst!“ Delia freut sich. Die Worte gefallen ihr.
esse		**sein**
– Audāx hīc est. – Perīculum est.		– Audax ist hier. – Es ist Gefahr. *besser:* Es besteht Gefahr.

Pl. = **Plural** (Mehrzahl). Manche Substantive lernst du im Plural, weil es sie im Singular (Einzahl) nicht gibt.

n = neutrum (sächlich)

timere: 

verbum: Das deutsche Substantiv „Wort“ hat zwei Formen im Plural: „Wörter“ meint mehrere einzelne Wörter. „Worte“ meint das, was Wörter zusammen ergeben, z. B. einen Text.

Verba placent: Damit der Satz im Deutschen korrekt ist, musst du das Wort „ihr“ ergänzen.

esse: ist der Infinitiv (also die Grundform des Verbs) zu den Formen *sum, es, est, sumus, estis, sunt.*

Lektion 2

I	**vīlla**	*f*	**ein/das (Land)haus**
	intrāre		**eintreten, betreten**
	Līberī vīllam intrant.		Die Kinder betreten das Landhaus.
	monēre		**ermahnen, mahnen**
	terrēre		**(jemanden) erschrecken**
	sentīre		1. **fühlen, wahrnehmen** 2. **meinen**
	flēre		**weinen**
	quid?	*Fragewort*	**was?**
	cōgitāre		**(nach)denken, überlegen**
	Mārcus cōgitat: „Ubī est Audāx?“		Marcus überlegt: „Wo ist Audax?“
	vidēre		**sehen**
	Mārcus porcum videt et clāmat.		Marcus sieht das Schwein und ruft laut.
	audīre		**hören**
	Audāx Mārcum audit.		Audax hört Marcus.
II	**subitō**	*Adv.*	**plötzlich**
	clāmor	*m*	**ein/das Geschrei**
	Līberī clāmōrem audiunt.		Die Kinder hören Geschrei.
	mulier	*f*	**eine/die Frau**
	Dēlia mulier est.		Delia ist eine Frau.
	vae!		**Oh! Oh nein!**
	prīmum	*Adv.*	**zuerst**
	autem	*Konjunktion (nachgestellt)*	**aber**
	Mārcus timet. Audāx autem gaudet.		Marcus hat Angst. Audax aber freut sich/ Aber Audax freut sich.

villa: Eine römische villa war eher ein Landgut als eine Villa im heutigen Sinn.

intrare:
(to) enter = eintreten
entrance = Eingang

terrere: **Terroristen** verbreiten durch ihre Taten Schrecken.

sentire: Wer **sensibel** ist, nimmt Dinge sehr stark wahr.

cogitare: 

videre: Ein **Video** kann man sich ansehen.

audire: Eine **Audio**-Datei kann man sich anhören.

mulier: 

Das Wort autem steht im Lateinischen immer an zweiter Stelle im Satz. Im Deutschen kann diese Stellung beibehalten werden, muss aber nicht.

spectāre		**ansehen, betrachten**
Līberī porcum spectant.		Die Kinder betrachten das Schwein.
valēre		**gesund sein, gutgehen**
Mārcus vālet.		Marcus ist gesund./ Marcus geht es gut.
dolor	*m*	**ein/der Schmerz**
dolēre		1. **Schmerz(en) empfinden** 2. **weh tun**
Flāvia dolōrēs sentit./Flāvia dolet.		Flavia empfindet Schmerz(en).
nam	*Konjunktion*	**denn, nämlich**
Flāvia nōn gaudet, nam dolet.		Flavia freut sich nicht, denn sie hat Schmerzen.
III **-ne**		*(wird nicht übersetzt)*
„Dormitne Audāx?“ „Dormit.“		„Schläft Audax?“ „Ja(, er schläft).“
umerus	*m*	**eine/die Schulter**
mē	*Akk.*	**mich**
tē	*Akk.*	**dich**
iuvāre	*+ Akk.*	**helfen, unterstützen**
Dēlia līberōs iuvat.		Delia hilft den Kindern. *(Dat.)*/Delia unterstützt die Kinder. *(Akk.)*
Dēlia mē/tē iuvat.		Delia hilft mir/dir.
iam	*Adv.*	**schon, nun**
herba	*f*	1. **ein/das Kraut** 2. **eine/die Pflanze**
aqua	*f*	**(das) Wasser**
vīnum	*n*	**ein/der Wein**
apportāre		**bringen, herbringen**
Līberī apportant aquam.		Die Kinder bringen Wasser (her).

spectare: Ein **Spektakel** ist ein Ereignis, das viele Menschen gerne ansehen.

dolere: bezieht sich einerseits auf die Person, die Schmerzen hat, andererseits auf das Körperteil, das Schmerzen verursacht: *umerus* (die Schulter) *dolet*: die Schulter tut weh

Um eine Frage zu kennzeichnen, wurde -ne an das erste Wort im Satz angehängt. Das -ne entspricht also unserem Fragezeichen.

Akk. = Akkusativ

iuvare: steht mit dem Akkusativ. Im Deutschen folgt auf „helfen“ aber der Dativ. Bei der Übersetzung „unterstützen“ bleibt der Akkusativ auch im Deutschen erhalten.

herba: Ein **Herbarium** ist eine Sammlung getrockneter Pflanzen.

aqua: Ein **Aquarium** ist mit Wasser gefüllt.

apportare: Wenn ein Hund seinem Besitzer oder seiner Besitzerin einen Ball oder Stock bringt, kann der Hund **apportieren**.

Lektion 3

I	**tacēre**	taceō	**schweigen, still sein**
	Liberī tacent.		Die Kinder schweigen.
	tu		**du**
	amīca	*f*	**eine/die Freundin**
	amīcus	*m*	**ein/der Freund**
	ibi	*Adv.*	**dort**
	patria	*f*	1. **eine/die Heimat** 2. **ein/das Vaterland**
	dēsīderāre	dēsīderō	1. **(etwas) vermissen** 2. **sich sehnen (nach etwas)**
	Mārcus amīcōs dēsīderat.		Marcus sehnt sich nach seinen Freunden.
	quoque	*Konjunktion (nachgestellt)*	**auch**
	Cornēlia quoque amīcās dēsīderat.		Auch Cornelia vermisst ihre Freundinnen.
	praetereā	*Adv.*	**außerdem**
	scelerātus	*m*	**ein/der Verbrecher**
	fūr	*m*	**ein/der Dieb**
	ego		**ich**
	neque … neque / nec … nec		**weder … noch**
	Neque Mārcus neque Cornēlia gaudet.		Weder Marcus noch Cornelia freut sich.
II	**ecce!**		**Sieh mal! Schau mal!, Seht mal! Schaut mal!**
	Ītalia	*m*	**Italien**
	campus		**ein/das Feld, ein/der freie(r) Platz**
	Līberī campōs vident.		Die Kinder sehen Felder.
	sōl	*m*	**eine/die Sonne**
	ārdēre	ārdeō	**brennen**
	Sōl ārdet.		Die Sonne brennt.

taceo: Die 1. P. Sg. wird dir ab jetzt angegeben, da du nun alle Personalendungen kennst. Du musst die 1. P. Sg. immer mitlernen, da sie dir unter anderem verrät, zu welcher Konjugation ein Verb gehört.

quoque: steht wie *autem* immer an zweiter Stelle im lateinischen Satz. Im Deutschen musst du die Wortstellung aber ändern.

fur:

campus:
(to) camp = zelten

sol:

habēre	habeō	1. **haben** 2. **halten**
retinēre	retineō	**zurückhalten, festhalten**
Dēlia Cornēliam retinet.		Delia hält Cornelia zurück.
equus	*m*	**ein/das Pferd**
Servī equōs retinent.		Die Sklaven halten die Pferde fest.
vehīculum	*n*	**ein/der Wagen, ein/das Fahrzeug**
itaque	*Konjunktion*	**deshalb, daher**
Sōl ārdet. Itaque līberī aquam dēsīderant.		Die Sonne brennt. Deshalb sehnen sich die Kinder nach Wasser.
III **accēdere** ↕ **discēdere**	accēdō discēdō	**herankommen, herantreten** ↕ **weggehen**
celeriter	*Adv.*	**schnell**
vīpera	*f*	**eine/die Giftschlange, eine/die Viper**
tangere	tangō	**berühren, anfassen**
Līberī equōs tangunt.		Die Kinder fassen die Pferde an.
petere	petō	1. **(einen Ort) aufsuchen, eilen (nach/zu)** 2. **haben wollen** 3. **bitten (um), verlangen** 4. **angreifen**
– vīllam petere – vīnum petere – aquam petere – fūrem petere		– zum Haus eilen – Wein haben wollen – um Wasser bitten – den Dieb angreifen
trahere	trahō	**ziehen, schleppen**
Rōma	*f*	**Rom**
avunculus	*m*	**ein/der Onkel**

equus:

vehiculum:

Achte genau auf die Bildung der 1. P. Sg., um zu erkennen, ob das Verb zur konsonantischen oder e-Konjugation gehört. *accedere – accedo* ↔ *manēre – maneo*

petere: ist ein häufig vorkommendes Wort, das viele Bedeutungen hat. Es ist wichtig, dass du alle Bedeutungen gut kennst.

trahere: Ein **Traktor** kann etwas ziehen oder schleppen.

Lektion 4

I	**cum**	*Präp. + Abl.*	**(zusammen) mit**
	– cum amīcō – cum līberīs		– mit dem Freund – mit den Kindern
	forum	*n*	**ein/der Marktplatz, ein/das Forum**
	mercātor	*m*	**ein/der Händler**
	vocāre	vocō	**rufen**
	Mercātor dominōs vocat.		Der Händler ruft die Herren.
	diū	*Adv.*	lange Zeit, lange
	disputāre	disputō	**diskutieren**
	Mercātor diū cum servō disputat.		Der Händler diskutiert lange mit dem Sklaven.
	frūmentum	*n*	**ein/das Getreide**
	vendere ↕ **emere**	vendō emō	**verkaufen** ↕ **kaufen**
	Mercātor frūmentum vendit, servus emit.		Der Händler verkauft Getreide, der Sklave kauft es.
II	**puer**	*m (o-Dekl.)*	**ein/der Junge**
	puella	*f*	**ein/das Mädchen**
	Mārcus puer est, Cornēlia puella est.		Marcus ist ein Junge, Cornelia ist ein Mädchen.
	adesse ↕ **abesse**	adsum absum	**da sein** ↕ **nicht da sein, abwesend sein**
	magister	*m* (o-Dekl., *Stamm*: magistr-)	**ein/der Lehrer**
	vir	*m (o-Dekl.)*	**ein/der Mann**
	liber	*m* (o-Dekl., *Stamm*: libr-)	**ein/das Buch**

Im Lateinischen folgt auf cum der Ablativ, im Deutschen folgt auf „mit" der Dativ.

Präp. + Abl. = Präposition mit Ablativ

forum:

disputare: Ein **Disput** ist ein Streitgespräch / eine heftige Diskussion.

ad-esse = da sein
ab-esse = abwesend sein

liber:
library = Bücherei
Achtung:
liber: das Buch
libri: die Bücher
aber: *liberi:* die Kinder

salūtāre	salūtō	**begrüßen, grüßen**	salutare = „*Salve*“ sagen
Magister līberōs salūtat.		Der Lehrer begrüßt die Kinder.	
tandem	*Adv.*	**endlich**	
Magister tandem adest.		Der Lehrer ist endlich da.	
sīc		**so**	
pellere	pellō	**schlagen**	pellere: 
Magister puerum pellit.		Der Lehrer schlägt den Jungen.	
III **bene**	*Adv.*	**gut**	
docēre	doceō	**unterrichten, lehren**	docere: Ein **Dozent/** eine **Dozentin** ist eine Person, die z. B. an einer Universität lehrt.
Magister bene docet.		Der Lehrer unterrichtet gut.	
discere	discō	**lernen**	
Magister docet, līberī discunt.		Der Lehrer lehrt, die Kinder lernen.	
posse	possum	**können**	
Arātus bene docēre potest.		Aratus kann gut unterrichten.	
scrībere	scrībō	**schreiben**	scribere: 
littera	*f*	1. **ein/der Buchstabe** *im Plural (auch)*: 2. **ein/der Brief** 3. **eine/die Literatur** 4. **eine/die Wissenschaft**	littera: **Literatur** (Achtung: mit einem t) besteht aus Buchstaben.
legere	legō	**lesen**	legere: Eine **Lektüre** kann man lesen.
sententia	*f*	1. **ein/der Satz** 2. **eine/die Meinung**	sententia: sentence = Satz
– sententiās scrībere – sententiam rogāre		– Sätze schreiben – nach einer Meinung fragen	

Lektion 5

I	**laetus**	-a, -um	**fröhlich, froh**
	paucī ↕ **multī**	-ae, -a / -ae, -a	**wenige(s)** ↕ **viele(s)**
	multa Dēlia multa videt.		viel(es), viele Dinge Delia sieht viel.
	atque/ac	*Konjunktion*	**und, und auch**
	Mārcus atque Audāx absunt.		Marcus und (auch) Audax sind weg.
	māgnus ↕ **parvus**	-a, -um / -a, -um	1. **groß** 2. **wichtig** ↕ 1. **klein** 2. **unwichtig**
	īnsula	*f*	1. **ein/das Mietshaus** 2. **eine/die Insel**
	taberna	*f*	1. **ein/das Wirtshaus** 2. **ein/der Laden**
	īrātus	-a, -um	**wütend, zornig**
	num?		**etwa?**
	Num Audāx equus est?		Ist Audax etwa ein Pferd?
	habitāre	habitō	**wohnen, bewohnen**
	crēdere	crēdō	**glauben, meinen**
II	**ante**	*Präp. + Akk.*	**vor**
	ante tabernam		vor dem Wirtshaus
	ē/ex	*Präp. + Abl.*	**aus, aus ... heraus**
	Dēlia ē tabernā venit.		Delia kommt aus dem Wirtshaus (heraus).
	in	1. *Präp. + Akk.* 2. *Präp. + Abl.*	1. **in (... hinein), nach** 2. **in, an, auf**
	– in tabernam venīre – in tabernā esse		– ins Wirtshaus kommen – im Wirtshaus sein
	flamma	*f*	1. **eine/die Flamme** 2. **ein/das Feuer**

laetus: 

pauci ↔ multi:

parvus ↔ magnus:

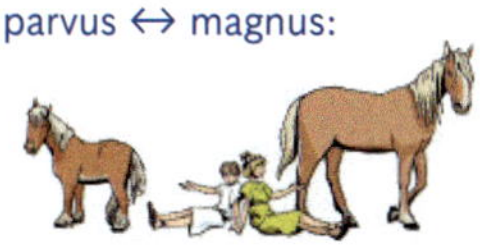

iratus: 

Bei einer Frage mit num wird die Antwort „Nein“ erwartet.

habitare: Ein **Habitat** ist der typische Lebensraum einer Tier- oder Pflanzenart.

Auf die Präposition in kann der Akkusativ oder der Ablativ folgen:
in + Akk: Hilfsfrage: Wohin?
in + Abl: Hilfsfrage: Wo?

nōs	*Nom./Akk.*	1. **wir** 2. **uns**
malus ↕ **bonus**	-a, -um / -a, -um	**schlecht** ↕ **gut**
dīcere	dīcō	**sagen, sprechen**
ad	*Präp. + Akk.*	**zu, an, bei**
Vir ad avunculum: „Salvē!“		Ein Mann sagt zum Onkel: „Hallo!“
via	*f*	**ein/der Weg, eine/die Straße**
ostendere	ostendō	**zeigen, erklären**
aedificium	*n*	**ein/das Gebäude**
III **et ... et ...**	*Konjunktion*	**sowohl ... als auch ...**
Avunculus et līberōs et servōs videt.		Der Onkel sieht sowohl die Kinder als auch die Sklaven.
dūcere	dūcō	**führen**
Vir līberōs ad avunculum dūcit.		Ein Mann führt die Kinder zum Onkel.
convenīre	conveniō	1. **zusammenkommen** 2. **(jemanden) treffen**
Līberī avunculum conveniunt.		Die Kinder treffen den Onkel.
deinde	*Adv.*	**dann, daraufhin**
Rōmae		**in Rom**
Rōmae habitō.		Ich wohne in Rom.
nōnne?		**nicht? doch wohl?**
Nōnne Audāx porcus est?		Ist Audax nicht ein Schwein? / Audax ist doch wohl ein Schwein?
beātus	-a, -um	**glücklich**
vōs	*Nom./Akk.*	1. **ihr** 2. **euch**
Gallia	*f*	**Gallien**
ergō	*Adv.*	**also**
Līberī gaudent, ergō laetī sunt.		Die Kinder freuen sich, also sind sie fröhlich.

dicere: 

Bei einer Frage mit nonne wird die Antwort „Ja!“ oder „Doch!“ erwartet.

beatus: 

ergo: *Cogito, ergo sum* lautet ein berühmter Satz eines Philosophen (Descartes, 17. Jh.). Der Satz bedeutet: Meine Fähigkeit zu denken ist der Beweis dafür, dass ich existiere, also da bin.

Lektion 6

I	**tunica**	tunicae *f*	**eine/die Tunika**
	dēpōnere	dēpōnō	**ablegen**
	Mārcus tunicam dēpōnit.		Marcus legt seine Tunika ab.
	custōdīre	custōdiō	**bewachen**
	Servī tunicās custōdiunt.		Sklaven bewachen die Tuniken.
	quia	*Subjunktion*	**weil**
	numerus	numerī *m*	**eine/die Zahl, eine/die Anzahl**
	– III numerus est. – Numerus servōrum māgnus est.		– 3 ist eine Zahl. – Die Anzahl der Sklaven ist groß.
	inquit		**sagt(e) er, sie, es**
	„Nunc thermās“, inquit Flāvius, „intrāmus.“		„Nun betreten wir die Thermen“, sagt Flavius.
	soror	sorōris *f*	**eine/die Schwester**
	agere	agō	1. **machen, tun** 2. **(ver)handeln**
	– Dēlia multa agit. – Flāvius cum Quīntō agit.		– Delia macht viel. – Flavius verhandelt mit Quintus.
	thermae	thermārum *f Pl.*	**(die) Thermen, (die) Bäder**
	pecūnia	pecūniae *f*	**(das) Geld**
II	**homō**	hominis *m*	**ein/der Mensch**
	sermō	sermōnis *m*	**ein/das Gespräch**
	sermōnem habēre		ein Gespräch führen
	duō	duae, duō	**zwei**
	iuvenis	iuvenis *m*	**ein/der junge(r) Mann**
	currere	currō	**laufen, rennen**
	Puer celeriter currit.		Der Junge rennt schnell.

tunicae: Der Genitiv Sg. wird ab jetzt mit angegeben. Du musst den Genitiv mitlernen, weil er den Stamm anzeigt, der sich vom Nominativ unterscheiden kann.

Die Tunika ist das „Alltagsgewand“ der Römer und Römerinnen.

deponere: Auf einer **Deponie** wird Müll abgelegt.

Eine Subjunktion ist ein Wort, das einen Nebensatz mit einem übergeordneten Haupt- oder Nebensatz verbindet.

inquit: wird in die wörtliche Rede eingeschoben. Im Deutschen musst du das nicht nachmachen.

pecunia: 

duo: 

currere: 

	multitūdō	multitūdinis *f*	**eine/die Menge**
	victor	victōris *m*	**ein/der Sieger**
	vōx – māgnā vōce – parvā vōce	vōcis *f*	1. **eine/die Stimme** 2. **eine/die Äußerung** – mit lauter Stimme – mit leiser Stimme
	cibus	cibī *m*	**eine/die Speise, ein/das Essen**
III	**prīmō**	*Adv.*	**zuerst**
	necesse est Iuvāre necesse est.		**es ist notwendig** (Zu) helfen ist notwendig.
	nōn iam		**nicht mehr**
	māgnitūdō	māgnitūdinis *f*	**eine/die Größe**
	minuere	minuō	**verkleinern, verringern**
	satis	*Adv.*	**genug**
	grātia grātiās agere Tibi grātiās agō.	grātiae *f*	1. **ein/der Dank** 2. **ein/das Ansehen** danken Ich danke dir.
	corrumpere Flāvius Quīntum corrumpit.	corrumpō	**bestechen** Flavius besticht Quintus.
	contrā	*Präp. + Akk.*	**gegen**
	lēx contrā lēgem	lēgis *f*	**ein/das Gesetz** gegen das Gesetz
	occupātus	-a, -um	**beschäftigt**

multitudo: vgl. *multi, -ae, -a*

victor: Das Symbol steht für den Sieg. (V = engl. victory = Sieg)

vox: vgl. *vocare*

magnitudo: vgl. *magnus, -a, -um*

minuere: Rechnet man **minus**, verringert man eine Zahl.

corrumpere: **Korruption** ist das deutsche Fremdwort für Bestechung.

lex: Was **legal** ist, ist vom Gesetz erlaubt.

Lektion 7

I **mōns**	montis *m* *Gen. Pl.* montium	1. **ein/der Berg** 2. **ein/der Hügel**
mōns Capitōlīnus		der Kapitolshügel, das Kapitol
appropinquāre	appropinquō	**sich nähern**
Līberī montī appropinquant.		Die Kinder nähern sich dem Hügel.
templum	templī *n*	**ein/der Tempel**
sacerdōs	sacerdōtis *m/f*	**ein/der Priester, eine/die Priesterin**
minister	ministrī *m*	**ein/der Diener** **ein/der Helfer**
imperātor	imperātōris *m*	1. **ein/der Kaiser** 2. **ein/der Feldherr**
imperāre	imperō	**befehlen, herrschen**
Imperātor imperat. Imperātor imperat: „Audīte!“		Der Kaiser herrscht. Der Kaiser befiehlt: „Hört zu!“
adesse	adsum (+ *Dat.*)	**helfen**
Sacerdōtēs imperātōrī adsunt.		Die Priester helfen dem Kaiser.
taurus	taurī *m*	**ein/der Stier**
quam	*bei Adj.*	**wie**
Quam pulchrum templum est!		Wie schön der Tempel ist!
pulcher	pulchra, pulchrum	**schön**
vōbīs	*Dat.*	**euch**
II **sacrum** **sacra**	sacrī *n* sacrōrum *n Pl.*	1. **ein/das Opfer** 2. **eine/die Opferhandlung**
facere	faciō	**machen, tun**
sacra facere		opfern
incipere	incipiō	**anfangen, beginnen**
Sacra incipiunt.		Die Opferhandlungen beginnen.

mons: Bei einigen Wörtern der kons. Dekl. lautet der Gen. Pl. auf *-ium* statt *-um*. In diesen Fällen wird der Gen. Pl. mit angegeben.

mons: Rom wurde auf sieben Hügeln gebaut. Einer davon ist das Kapitol.

templum:

minister: Ein **Minister** ist ein Staatsdiener.

imperare: In Lektion 3 hast du den **Imperativ** (= die Befehlsform) kennengelernt.

Ein **Feldherr** ist ein Oberbefehlshaber im Krieg.

Du kennst adesse schon in der Bedeutung „da sein“ (vgl. Lektion 4). Wenn ein Dativ dabei steht (häufig geht es um eine Person), lautet die Übersetzung „helfen".

ōrāre	ōrō	1. **beten** 2. **bitten**
Imperātor ōrat.		Der Kaiser betet.
dea **deus**	deae *f* deī *m*	**eine/die Göttin** **ein/der Gott**
animus	animī *m*	1. **der Geist, eine/die Einstellung** 2. **der Mut** 3. **das Herz** 4. – *(bleibt unübersetzt)*
bonum animum habēre		zuversichtlich sein
capere	capiō	1. **(er)fassen, nehmen, ergreifen** 2. **erobern, einnehmen**
cupere	cupiō	1. **wollen, haben wollen** 2. **wünschen**
nihil		**nichts**
interficere	interficiō	**töten**
Ministrī taurum interficiunt.		Die Opferdiener töten den Stier.
postrēmō	*Adv.*	**schließlich**
dare	dō	**geben**
III **parentēs**	parentum *m Pl.*	**(die) Eltern**
māter	mātris *f*	**eine/die Mutter**
pater	patris *m*	**ein/der Vater**
timor	timōris *m*	**die Angst, die Furcht**
mihi	*Dat.*	**mir**
tibi	*Dat.*	**dir**
fortāsse	*Adv.*	**vielleicht**
rapere	rapiō	**rauben, wegreißen**
Scelerātī pecūniam rapiunt.		Verbrecher rauben Geld.
nēmō	*Akk.* nēminem	**niemand**
servāre	servō	**retten, (be)schützen**
Deī hominēs servant.		Die Götter beschützen die Menschen.

animus: kann im Deutschen – je nach Kontext – auch unübersetzt bleiben:
Verba animos hominum movent.
wörtlich: Die Worte bewegen die Herzen der Menschen.
freier: Die Worte bewegen die Menschen.

capere: fassen
cupere: wünschen

dare: Der **Dativ** ist der Gebe-Fall.

parentes:
parents = Eltern

timor: 

Lektion 8

I	**amphitheātrum**	amphitheātrī *n*	**ein/das Amphitheater**
	quī	quae, quod *Gen.* cuius *Dat.* cui	1. **der/die/das** 2. **welcher/welche/ welches**
	Equus, quem videō, māgnus est.		Das Pferd, das ich sehe, ist groß.
	tam	*Adv.*	**so**
	tam parvus		so klein
	clārus	-a, -um	1. **berühmt** 2. **hell, klar**
	tantus	-a, -um	1. **so groß** 2. **so viel**
	Clāmor tantus est.		Das Geschrei ist so groß.
	spectāculum	spectāculī *n*	**ein/das Schauspiel**
	amāre	amō	**lieben, (gerne) mögen**
	Hominēs spectāculum amant.		Die Menschen lieben das Schauspiel.
	quandō?	*Fragewort*	**wann?**
	Quandō gladiātōrēs veniunt?		Wann kommen die Gladiatoren?
	gladiātor	gladiātōris *m*	**ein/der Gladiator**
	gladius	gladiī *m*	**ein/das Schwert**
	turba	turbae *f*	1. **eine/die (Menschen-) Menge** 2. **ein/das Durch- einander**
	exspectāre	exspectō	1. **erwarten** 2. **warten (auf)**
	pūgnāre	pūgnō	**kämpfen**
II	**vel** **vel ... vel ...**		**oder** **entweder ... oder ...**
	Gladiātōrēs vel servī vel scelerātī sunt.		Die Gladiatoren sind entweder Sklaven oder Verbrecher.

qui: Die Übersetzung des Relativpronomens richtet sich nach dem Genus des Bezugswortes im Deutschen.

spectaculum: Unter einem **Spektakel** (z. B. Mittelalter-Spektakel) verstehen wir ein großes Schauspiel.

gladiator:

gladius

turba: Das deutsche Wort **turbulent** bedeutet „unruhig, lebhaft, aufgeregt“, was dem Verhalten einer Menschenmenge entspricht.

exspectare: vgl. *ex* + *spectare*

iterum		**wieder(um)**
iterum atque iterum		**wieder und wieder, immer wieder**
Hominēs iterum atque iterum clāmant.		Die Menschen rufen immer wieder.
dē	*Präp. + Abl.*	1. **über; um** 2. **von ... her, von ... herab**
– Flāvius dē deīs dīcit. – Cornēlia dē patre timet. – Mārcus dē monte Capitōlīnō venit.		– Flavius spricht über die Götter. – Cornelia hat Angst um ihren Vater. – Marcus kommt vom Kapitol.
temptāre	temptō	1. **angreifen** 2. **versuchen**
– Amīcus amīcum nōn temptat. – Gladiātor discēdere temptat.		– Ein Freund greift einen Freund nicht an. – Der Gladiator versucht wegzugehen.
bellum	bellī *n*	**ein/der Krieg**
hodiē	*Adv.*	**heute**
modo	*Adv.*	1. **nur** 2. **gerade**
nōn modo ..., sed etiam ...		**nicht nur ..., sondern auch ...**
Nōn modo servī, sed etiam scelerātī gladiātōrēs sunt.		Nicht nur Sklaven, sondern auch Verbrecher sind Gladiatoren.
cīvis	cīvis *m/f* *Gen. Pl.* cīvium	**ein/der Bürger, eine/die Bürgerin**
līber	lībera, līberum	**frei**
glōria	glōriae *f*	**(der) Ruhm, (die) Ehre**

civis: Ein Polizist in **Zivil** (ohne Uniform) sieht aus wie alle anderen Bürger.

III **oculus**	oculī *m*	**ein/das Auge**
prope	1. *Adv.* 2. *Präp. + Akk.*	1. **in der Nähe** 2. **nahe bei**
– Gladiātor prope est. *(Adv.)* – Mārcus prope Cornēliam est. *(Präp.)*		– Der Gladiator ist in der Nähe. – Marcus ist nahe bei Cornelia.
paene	*Adv.*	**fast, beinahe**
āmittere	āmittō	**verlieren**
tollere	tollō	1. **hochheben** 2. **beseitigen, töten**
– Gladiātor gladium tollit. – Herba dolōrem tollit.		– Der Gladiator hebt das Schwert hoch. – Das Heilkraut beseitigt den Schmerz.
sē	*Akk.*	**sich**
dēfendere	dēfendō	**verteidigen**
Gladiātor sē bene dēfendit.		Der Gladiator verteidigt sich gut.
vulnerāre	vulnerō	**verletzen, verwunden**
sanguis	sanguinis *m*	**(das) Blut**
vīta – **vītam agere** – **vītam āmittere**	vītae *f*	**ein/das Leben** – **leben** – **das Leben verlieren** (= sterben)
– Gladiātor vītam āmittit.		– Der Gladiator stirbt.

oculus: 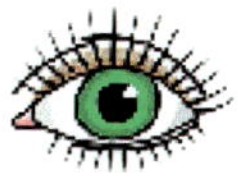

prope: Im Verb *appropinquare* (sich nähern) ist *prope* enthalten: „sich nähern“ = „in die Nähe kommen“, „an jemanden nahe herankommen“ (*ad + prope*)

defendere: Im Fußball ist die **Defensive** für die Verteidigung zuständig.

vita: **Vita**mine sind lebensnotwendige Stoffe.

Lektion 9

I **prōvincia**	prōvinciae *f*	**eine/die Provinz**
Asia prōvincia est.		Asia ist eine Provinz.
administrāre	administrō	1. **leiten** 2. **verwalten**
prōvinciam administrāre		eine Provinz verwalten
iniūria	iniūriae *f*	1. **ein/das Unrecht** 2. **eine/die Ungerechtig-keit**
iniūriam facere		Unrecht tun
senātor	senātōris *m*	**ein/der Senator**
ōrātiō	ōrātiōnis *f*	**eine/die Rede**
ōrātiōnem habēre		eine Rede halten
miser	misera, miserum	**arm, unglücklich**
addere	addō	**hinzufügen**
Mārcus pauca verba addit.		Marcus fügt einige Worte hinzu.
cunctī	-ae, -a	**alle**
Rōmānus	1. Rōmānī *m* 2. -a, -um	1. **ein/der Römer** 2. **römisch**
– Rōmānī in forō sunt. – cīvēs Rōmānī – Asia prōvincia Rōmāna est.		– Römer sind auf dem Forum. – römische Bürger – Asia ist eine römische Provinz.
scīre	sciō	**wissen, kennen**
cōnstat	*+ AcI*	**es steht fest**
Cōnstat Asiam prōvinciam Rōmānam esse.		Es steht fest, dass Asia eine römische Provinz ist.

administrare: Ein **Admin** (z. B. in einem Gruppenchat) leitet die Gruppe. Admin ist die Abkürzung für Administrator.

miser: 

addere: Wenn man eine Zahl **addiert**, fügt man sie zu einer anderen Zahl hinzu.

Romanus: kann als Substantiv oder Adjektiv gebraucht werden. Handelt es sich um ein Adjektiv, steht immer ein Bezugswort dabei (*cives Romani* = die römischen Bürger).

Romanus, *Romani* m: der Römer
Romanus, -a, -um: römisch
Roma: Rom
Romae: in Rom

constat: Wenn etwas **konstant** ist, ist es feststehend und verändert sich nicht.

II	**īre** **ab-īre** **ad-īre**	eō abeō adeō	**gehen** **weggehen** 1. **hingehen, herangehen** 2. **(an jemanden) herantreten, sich wenden (an)**
	red-īre	redeō	**zurückgehen, zurückkehren**
	multum	*Adv.*	**viel**
	licet		1. **es ist erlaubt** 2. **es ist möglich**
	Nōbīs nōn licet iniūriam facere.		Uns ist es nicht erlaubt, Unrecht zu tun.
	neque/nec		**und nicht**
	posteā	*Adv.*	**später**
	sī	*Subjunktion*	**falls, wenn**
	ut	*Konjunktion/Subjunktion*	**wie**
	senator ut Claudius Ut līberī sciunt, Asia prōvinicia est.		ein Senator wie Claudius Wie die Kinder wissen, ist Asia eine Provinz.
	ā/ab	*Präp. + Abl.*	1. **von** 2. **von ... weg**
	per	*Präp. + Akk.*	**durch (... hindurch), über**
	domum		**nach Hause**
III	**tot**		**so viele**
	Tot cīvēs adsunt.		So viele Bürger sind da.
	coniūnx	coniugis *f/m*	**eine/die Ehefrau** **ein/der Ehemann**
	sine	*Präp. + Abl.*	**ohne**
	negōtium	negōtiī *n*	**eine/die Aufgabe, ein/das Geschäft**
	cūrāre	cūrō	**sich kümmern um**
	Rōmānī negōtia cūrant.		Die Römer kümmern sich um ihre Geschäfte.
	cōpia	cōpiae *f*	**eine/die Menge**
	aurum	aurī *n*	**(das) Gold**
	cōpia aurī		eine Menge Gold

Von ire leiten sich einige weitere Verben ab. Die Vorsilbe (meist eine Präposition) hilft dir bei der Übersetzung (*ad* = zu, also: *ad-ire*: zu jemandem hingehen).

licet: **Lizenz** = (Fahr)erlaubnis

tot: wird nicht dekliniert.

negotium: Mit **Geschäft** ist kein Laden gemeint (*taberna*), sondern ein Handel, z. B. zwischen zwei Kaufleuten.

Bei **F** (Formenlehre) geht es um **einzelne Wörter und ihre Formen,** bei **S** (Satzlehre) um den **Satz oder Teile** davon.

G1, G2 usw. zeigt dir, auf welchen **G-Schritt der Lektion** sich der Abschnitt bezieht.

Alles, was **fett** gedruckt, ist **neu** oder eine **Ausnahme**.

BEGLEITGRAMMATIK Lektion 7

G2 F Das Verb: Die Konjugation mit kurzem *-i-*

Stamm	Bindevokal	Endung
capi-		*-ō*
	-u-	*-nt*

1. Zur **Konjugation mit kurzem *-i-*** gehören Verben, deren Stamm ein **kurzes *-i-* am Ende** hat: *capi-t* – „er/sie/es fasst". Nur in der **3. Person Plural** wird zusätzlich der **Bindevokal *-u-*** eingefügt: *capi-**u**-nt* – „sie fassen".

2. Im Infinitiv hat der Stamm ein kurzes *-e-* anstelle des *-i-*: *cape-re* – „fassen".

Konj. mit kurzem *-i-*: *capere* – „fassen"

	Singular	Plural
1. P.	***capi**-ō* ich fasse	***capi**-mus* wir fassen
2. P.	***capi**-s* du fasst	***capi**-tis* ihr fasst
3. P.	***capi**-t* er/sie/es fasst	***capi-u**-nt* sie fassen

3. Der **Imperativ der Konjugation mit kurzem *-i-*** wird auf folgende Weise gebildet:
   - **Imperativ Sg.**: Infinitiv ohne Endung *-re*: *cape-re* → ***cape!*** – **„fass(e)!"**
   - **Imperativ Pl.**: Stamm + Endung ***-te***: *capi-**te**!* – **„fasst!"**

4. Um zu wissen, zu welcher Konjugation ein Verb gehört, lernst du die Verben immer in dieser Lernform: Infinitiv, 1. Person Singular.

monē-re, mone-ō → e-Konj. *ag-e-re, ag-ō* → kons. Konj. ***cape**-re, **capi**-ō* → Konj. mit kurzem *-i-* *audī-re, audi-ō* → i-Konj.

DU KANNST ...

... nun alle lateinischen Konjugationen erkennen und unterscheiden (► L7 Ü3, Ü6):

a-Konj.: *vocāre, voc-ō* **e-Konj.**: *monēre, mone-ō*
i-Konj.: *audīre, audi-ō* **kons. Konj.**: *agere, ag-ō*
Konj. mit kurzem *-i-*: *capere, capi-ō*

168

gibt dir **Tipps**.

-ō, -s, -t, -mus, -tis, -nt

Alle Konjugationen haben die gleichen Personalendungen.

capi-ō* ↔ *audī-o

Konj. mit kurzem *-i-*: Inf. ohne *-i* → *cape-re*

i-Konj.: Inf. mit *-ī* → *audī-re*

! zeigt, wo du **aufpassen** musst.

Im Abschnitt **„Du kannst ..."** findet Du **Übersichten** und **Zusammenfassungen**.

Ü verweist auf **Übungen** vorne im Buch auf der 5. Seite jeder Lektion, **G** verweist auf vorherige **Abschnitte** in der **Begleitgrammatik**, die dir helfen, das Thema zu verstehen.

Das, was Du unbedingt **wissen** musst, ist **lila**.

G1 F Das Substantiv: Der Nominativ (a-/o-Deklination)

1. Das Wort *fīlius* („der Sohn“) ist ein lateinisches **Substantiv** (Nomen, Hauptwort). Lateinische Substantive bestehen immer aus zwei Bausteinen, dem **Stamm** und der **Endung**:

Stamm	Endung
fīli-	***-us***

2. Der **Stamm** enthält die **Wortbedeutung**. Die **Endung** ist im Lateinischen besonders wichtig: Sie verrät dir, in welchem **Kasus** (Fall) und in welchem **Numerus** (Anzahl) ein Substantiv steht. Du lernst die Substantive zunächst im **Nominativ** (1. Fall, Frage: Wer oder was?) und im **Singular** (Einzahl) und **Plural** (Mehrzahl) kennen.

3. Lateinische Substantive werden in verschiedene Gruppen eingeteilt. Wenn man ein lateinisches Substantiv in verschiedene Fälle setzt, nennt man das **deklinieren**. Deshalb heißen diese Gruppen **Deklinationen**.

4. Die Substantive, die im Nominativ Singular auf *-a* enden, gehören zur **a-Deklination**: *fīli-**a*** – „eine/die Tochter“. Die Substantive, die im Nominativ Singular auf *-us* oder *-um* enden, gehören in der Regel zur **o-Deklination**: *fīli-**us*** – „ein/der Sohn“, *verb-**um*** – „ein/das Wort“ (▶ L1 Ü1).

5. Die Endungen für den **Nominativ** lauten:

a-Deklination

	Singular	**Plural**
Nominativ (1. Fall)	*fīli-**a*** eine/die Tochter	*fīli-**ae*** (die) Töchter

o-Deklination (auf *-us*)

	Singular	**Plural**
Nominativ (1. Fall)	*fīli-**us*** ein/der Sohn	*fīli-**ī*** (die) Söhne

o-Deklination (auf *-um*)

	Singular	**Plural**
Nominativ (1. Fall)	*verb-**um*** ein/das Wort	*verb-**a*** (die) Wörter

G1 F Das Substantiv: Das Genus (a-/o-Deklination)

6. Im Lateinischen gibt es wie im Deutschen drei grammatische **Genera** (Geschlechter, Singular: das Genus – das Geschlecht):
- **maskulinum** (männlich)
- **femininum** (weiblich)
- **neutrum** (sächlich)

7. Das **Genus** erkennst du im Lateinischen oft an der **Endung**:

In der Regel sind die Substantive
- der **a-Deklination feminin**
- der **o-Deklination** auf ***-us*** **maskulin**
- der **o-Deklination** auf ***-um*** **neutrum**.

Deklination	Nominativ Singular	Genus
a-Deklination	*fīli-**a***	f
o-Deklination	*fīli-**us***	m
o-Deklination	*verb-**um***	n

!

*perīcul**um*** – „**die** Gefahr"

Das Genus kann im Deutschen und Lateinischen unterschiedlich sein: *perīculum* ist neutrum, „Gefahr" hingegen feminin (▶ L1 Ü5 b).

8. **Deutsch ↔ Latein** Im Deutschen erkennt man Kasus, Numerus und Genus oft am Artikel. Man unterscheidet:
- den bestimmten Artikel „der, die, das": der Sohn, die Tochter, das Wort
- den unbestimmten Artikel „einer, eine, ein": ein Sohn, eine Tochter, ein Wort

Im Lateinischen gibt es keinen Artikel: Hier erkennt man Kasus, Numerus und Genus oft an der Endung.

!

fīlius – „**ein/der** Sohn"

Beim Übersetzen musst du im Singular einen bestimmten oder unbestimmten Artikel ergänzen, im Plural den bestimmten Artikel „die" oder keinen Artikel.

G2 F Das Verb: Die 3. Person Singular und Plural (a-/e-/i-Konjugation)

1. Auch lateinische Verben sind aus Bausteinen zusammengesetzt:

Stamm	Endung
roga-	***-t***

- Der **Stamm** enthält die Wortbedeutung: *roga-* → frag-
- Die **Endung** zeigt an, um welche Form es sich handelt: *-t* → -t: er, sie, es (3. Person Singular)

2. Wie die Substantive werden auch lateinische Verben in verschiedene Gruppen eingeteilt. Wenn man die Formen eines Verbs verändert, nennt man das „**konjugieren**". Deshalb heißen diese Gruppen **Konjugationen**. Der **letzte Buchstabe des Stamms** gibt an, zu welcher Konjugation ein Verb gehört:

- *rog**a**-t* → **a-Konjugation**
- *respond**e**-t* → **e-Konjugation**
- *dorm**i**-t* → **i-Konjugation**

3. Die Endung für die 3. Person im **Singular** lautet ***-t***, im Plural ***-nt***:

Konjugation	Singular	Plural
a-Konjugation	*roga-**t*** er/sie/es fragt	*roga-**nt*** sie fragen
e-Konjugation	*responde-**t*** er/sie/es antwortet	*responde-**nt*** sie antworten
i-Konjugation	*dormi-**t*** er/sie/es schläft	*dormi-**u**-**nt*** sie schlafen

4. In der **i-Konjugation** wird in der **3. Person Plural** zwischen Stamm und Endung ein zusätzliches -***u***- eingefügt, um die Form leichter aussprechen zu können. Das -***u***- nennt man **Bindevokal**: *dormi-**u**-nt* – „sie schlafen".

5. **Deutsch ↔ Latein** Im Lateinischen erkennt man Person und Numerus an der Endung. Im Deutschen verwendet man hierfür das Personalpronomen (persönliches Fürwort): *dormi**t*** – „**er/sie/es** schläft".

G2 F Das Verb: Der Infinitiv (a-/e-/i-Konjugation)

6. Der **Infinitiv** ist die Grundform des Verbs. Die deutsche Infinitivendung ist oft „-en", die lateinische Infinitivendung ist ***-re***:

a-Konjugation		**e-Konjugation**		**i-Konjugation**	
Stamm	Endung	Stamm	Endung	Stamm	Endung
rogā-	***-re***	***respondē-***	***-re***	***dormī-***	***-re***
frag-	-en	antwort-	-en	schlaf-	-en

G2 S Der Satz: Das Subjekt und das Prädikat

7. Jeder Satz besteht in der Regel mindestens aus einem **Subjekt** (oft ein Substantiv im Nominativ) und einem **Prädikat** (ein konjugiertes Verb).

8. **Subjekt und Prädikat** haben den **gleichen Numerus**, sie sind **kongruent**: Subjekt und Prädikat stehen also entweder beide im Singular oder beide im Plural.

*Serv**a***	*labōr**at**.*	*Serv**ae***	*labōr**ant**.*
Subjekt im Sg.	Prädikat im Sg.	Subjekt im Pl.	Prädikat im Pl.
Die Sklavin arbeitet.		Die Sklavinnen arbeiten.	

*Labōra-**nt**.* –
„**Sie** arbeiten."

Wenn das Subjekt im Lateinischen fehlt, ergänzt du beim Übersetzen das passende Personalpronomen.

G2 S Subjekt im Prädikat

*Dēlia nōn labōrat. Dormi**t**.*

Delia arbeitet nicht. **Sie** schläft.

*Labōra-**t**.* –
„**Er/Sie/Es** arbeitet."

Die Endung *-**t*** kann „**er**", „**sie**" oder „**es**" bedeuten. Hier musst du dem Textzusammenhang entnehmen, wer oder was gemeint ist.

9. Im Lateinischen kann ein vollständiger Satz auch nur aus einem Prädikat bestehen, dann steckt das **Subjekt im Prädikat**.

G3 F Das Verb: *esse*

1. Das lateinische Verb ***esse*** hat wie das deutsche Verb „**sein**" unregelmäßige Formen.

***esse* – „sein"**

	Singular	**Plural**
1. P.	***sum*** ich bin	***sumus*** wir sind
2. P.	***es*** du bist	***estis*** ihr seid
3. P.	***est*** er/sie/es ist	***sunt*** sie sind

2. Manchmal bedeutet das Verb *est* auch „es gibt" oder „es besteht", z. B. *perīculum est* – „es besteht Gefahr".

G1 F Das Substantiv: Der Akkusativ (a-/o-Deklination)

1. Der **Akkusativ** (4. Fall) antwortet auf die Frage **„Wen oder was?"**.

Wen oder was (sehe ich)? **Den Mann.**

2. Die Endungen für den **Akkusativ** lauten:

a-Deklination

	Singular	Plural
Nominativ	*fīli-a* eine/die Tochter	*fīli-ae* (die) Töchter
Akkusativ	*fīli-**am*** eine/die Tochter	*fīli-**ās*** (die) Töchter

o-Deklination (m)

	Singular	Plural
Nominativ	*fīli-us* ein/der Sohn	*fīli-ī* (die) Söhne
Akkusativ	*fīli-**um*** einen/den Sohn	*fīli-**ōs*** (die) Söhne

o-Deklination (n)

	Singular	Plural
Nominativ	*verb-um* ein/das Wort	*verb-a* (die) Wörter
Akkusativ	*verb-**um*** ein/das Wort	*verb-**a*** (die) Wörter

3. Im **Neutrum** sind die Formen für den **Nominativ** und **Akkusativ** im Singular und Plural jeweils **gleich**. Der **Satzzusammenhang**, also die übrigen Wörter und Formen im Satz, hilft dir, zu erkennen, welcher Kasus vorliegt.

!

*verb-**um*** = **Nom. Sg.** oder **Akk. Sg.**
*verb-**a*** = **Nom. Pl.** oder **Akk. Pl.**

Achte auf den Satzzusammenhang und entscheide dann, ob ein Nominativ oder ein Akkusativ vorliegt.

G1 S Der Satz: Der Akkusativ als Objekt

4. Ein Prädikat kann ein Objekt im Akkusativ haben.

Dēlia	***perīculum***	*timet.*
Subjekt	**Objekt (Akk.)**	Prädikat
Delia	fürchtet	**eine/die Gefahr.**

5. Deutsch ↔ Latein Im Lateinischen steht das Prädikat oft am Satzende, die Reihenfolge der übrigen Wörter ist – im Gegensatz zum Deutschen oder Englischen – nicht fest. Beim Übersetzen passt du die Reihenfolge der Wörter dem deutschen Satzbau an.

!

Porcum *Mārcus videt.*

Marcus sieht **das Schwein.**

Achte auf die Endung! Daran erkennst du den lateinischen Kasus.

G2 F Das Substantiv: Der Nominativ und der Akkusativ (konsonantische Deklination)

Nominativ Singular		**Akkusativ Singular**	
Stamm	Endung	Stamm	Endung
mulier-	–	***mulier-***	***-em***

1. Neben der a- und o-Deklination gibt es auch die **konsonantische Deklination**.

2. Der **Nominativ Singular** hat **keine eigene Endung**, alle **anderen Kasus** haben eine **Endung**.

3. Die Endungen für die Substantive der **konsonantischen Deklination** lauten:

	Singular	**Plural**
Nominativ	*mulier* eine/die Frau	*mulier-**ēs*** (die) Frauen
Akkusativ	*mulier-**em*** eine/die Frau	*mulier-**ēs*** (die) Frauen

!

*mulier-**ēs*** = **Nom. Pl.** oder **Akk. Pl.**

Achte auf den Satzzusammenhang und entscheide dann, ob ein Nominativ oder ein Akkusativ vorliegt.

4. Zur konsonantischen Deklination gehören Substantive aller drei Genera. Da du das Genus nicht an der Endung erkennen kannst, musst du das **Genus mitlernen**: *dolor* **(m)** – „der Schmerz“.

G3 S Der Satz: Fragesätze

1. Man unterscheidet **Wortfragen** („Wer bist du?") und **Satzfragen** („Kommst du?"), auch **Entscheidungsfragen** genannt.

2. **Wortfragen** werden **mit einem Fragewort** (*quis?* – „wer?", *quid?* – „was?", *ubī?* – „wo?", *cūr?* – „warum?") **eingeleitet**.

Quid *Mārcus videt?*	**Was** sieht Marcus?
Ubī *servī sunt?*	**Wo** sind die Sklaven?

3. **Deutsch ↔ Latein** Eine **lateinische Satzfrage/Entscheidungsfrage** wird mit einer **Fragepartikel** (hier: -***ne***) gebildet. Die Fragepartikel hat keine eigene Bedeutung, sie wird an das erste Wort im Fragesatz angehängt und ist das Signal für eine Frage. Im **Deutschen** erkennst du die Satzfrage/Entscheidungsfrage daran, dass das **Prädikat am Anfang** (hier: „Betrachtet") steht.

*Spectat**ne** Mārcus porcum?*	**Betrachtet** Marcus das Schwein?

G1 F Das Verb: Die 1. und 2. Person Singular und Plural (a-/e-/i-Konjugation)

Stamm	Endung
responde-	***-ō***

-ō, -s, -t, -mus, -tis, -nt

Alle Konjugationen haben die gleichen Personalendungen.

1. Wie in der 3. Person werden die **Formen der 1. und 2. Person** dadurch gebildet, dass **an den Stamm bestimmte Endungen angehängt** werden.

2. Die Endungen für die 1. und 2. Person sind:

	Singular	Plural
1. P.	***-ō***	***-mus***
2. P.	***-s***	***-tis***

e-Konj.: *respondēre* – „antworten“

	Singular	Plural
1. P.	*responde-**ō*** ich antworte	*respondē-**mus*** wir antworten
2. P.	*respondē-**s*** du antwortest	*respondē-**tis*** ihr antwortet
3. P.	*responde-t* er/sie/es antwortet	*responde-nt* sie antworten

i-Konj.: *dormīre* – „schlafen“

	Singular	Plural
1. P.	*dormi-**ō*** ich schlafe	*dormī-**mus*** wir schlafen
2. P.	*dormī-**s*** du schläfst	*dormī-**tis*** ihr schlaft
3. P.	*dormi-t* er/sie/es schläft	*dormi-u-nt* sie schlafen

3. Nur in der **1. Person Singular** der **a-Konjugation** fällt das *-ā-* am Ende des Stammes weg: ***rogā-ō*** – „ich frage“.

a-Konj.: *rogāre* – „fragen“

	Singular	Plural
1. P.	*rog-**ō*** ich frage	*rogā-**mus*** wir fragen
2. P.	*rogā-**s*** du fragst	*rogā-**tis*** ihr fragt
3. P.	*roga-t* er/sie/es fragt	*roga-nt* sie fragen

rog 

Das ***-ō*** der 1. P. Sg. verschluckt das ***-ā-***.

DU KANNST

... nun **die Formen aller Personen** im Präsens (Gegenwart) bilden und übersetzen:

	Singular	Plural
1. P.	*iace-**ō*** ich liege	*iacē-**mus*** wir liegen
2. P.	*iacē-**s*** du liegst	*iacē-**tis*** ihr liegt
3. P.	*iace-**t*** er/sie/es liegt	*iace-**nt*** sie liegen

G2 F Das Verb: Der Imperativ (a-/e-/i-Konjugation/*esse*)

1. Der **Imperativ** ist die Befehlsform **an die 2. Person** („du“, „ihr“): „frag(e)!“, „fragt!“. Sätze mit einem **Imperativ** nennt man **Aufforderungssätze**.

Singular		Plural	
Stamm	Endung	Stamm	Endung
rogā-	–	*rogā-*	***-te***

2. Meistens ist der **Imperativ Singular** der **Stamm** des Verbs, im **Plural** wird die **Endung** ***-te*** an den Stamm angefügt. Bei *esse* ist die Bildung ähnlich.

	Singular	Plural
a-Konj.	***rogā!*** **frag(e)!**	*rogā-**te**!* frag**t**!
e-Konj.	***respondē!*** **antworte!**	*respondē-**te**!* antworte-**t**!
i-Konj.	***dormī!*** **schlaf(e)!**	*dormī-**te**!* schlaf**t**!
esse	***es!*** **sei!**	*es-**te**!* sei-**d**!

dormī-~~re~~ → dormī!

Imperativ Sg. = Infinitiv ohne Endung *-re*

DU KANNST

... die **drei Satzarten** unterscheiden:
- **Aussagesatz:** *Servus equum retinet.* – „Der Sklave hält das Pferd fest."
- **Fragesatz:** *Retinet**ne** servus equum**?*** – „**Hält** der Sklave das Pferd fest**?**"
- **Aufforderungssatz:** ***Retinē** equum!* – „**Halt(e)** das Pferd fest**!**"

G3 F Das Substantiv: Der Vokativ (a-/o-/kons. Deklination)

1. Der lateinische **Vokativ** ist ein eigener **Kasus für die Anrede** einer Person:

*Salvē, **Dēlia**.*	*Ubī estis, **līberī**?*
Sei gegrüßt, **Delia**.	Wo seid ihr, **Kinder**?

2. Die Formen des **Vokativs entsprechen** denen des **Nominativs**; die einzige **Ausnahme** bildet der **Nominativ Singular der o-Deklination (m)**:
   - **Substantive auf** *-**us*** bilden den Vokativ Singular auf *-**e***: *amīc-us* → *amīc-**e***
   - **Substantive auf** *-**ius*** bilden den Vokativ Singular auf *-**ī***: *fīli-us* → *fīl**ī***

Die angeredete Person steht im Vokativ: *Salvē, **Mārce fīlī**!*

G4 F Das Verb: Die konsonantische Konjugation

Stamm	Endung
discēd-	*-ō*

1. Zur **konsonantischen Konjugation** gehören Verben, deren **Stamm auf einen Konsonanten** endet: *disce**d**-ō* – „ich gehe weg".

Stamm	Bindevokal	Endung
discēd-	*-**i**-*	*-t*

2. Um die Formen besser aussprechen zu können, wird mit Ausnahme der 1. Person Singular immer ein **Bindevokal** eingefügt: *discēd-**i**-t* – „er/sie/es geht weg“.

kons. Konj.: *discēdere* – „weggehen“

	Singular	Plural
1. P.	***discēd**-ō* ich gehe weg	***discēd-i**-mus* wir gehen weg
2. P.	***discēd-i**-s* du gehst weg	***discēd-i**-tis* ihr geht weg
3. P.	***discēd-i**-t* er/sie/es geht weg	***discēd-u**-nt* sie gehen weg

-ō, -s, -t, -mus, -tis, -nt

Alle Konjugationen haben die gleichen Personalendungen.

3. Der **Imperativ der konsonantischen Konjugation** wird auf folgende Weise gebildet:
- **Imperativ Singular**: Infinitiv ohne **Endung *-re***, z. B. *discēde-re* → ***discēde!*** – **„geh weg!“**
- **Imperativ Plural**: Stamm + Bindevokal *-**i*** + Endung *-**te***, z. B. *discēd-**i**-**te**!* – **„geht weg!“**

G1 F Das Substantiv: Der Ablativ (a-/o-/kons. Deklination)

1. Der Ablativ ist ein Kasus, den es im Deutschen nicht gibt. Er tritt nach bestimmten Präpositionen auf, wie bei *cum* – „mit".

2. Die Endungen für den **Ablativ** lauten:

a-Deklination

	Singular	Plural
Nominativ	*fīli-a* eine/die Tochter	*fīli-ae* (die) Töchter
Akkusativ	*fīli-am* eine/die Tochter	*fīli-ās* (die) Töchter
Ablativ	*cum fīli-**ā*** mit einer/der Tochter	*cum fīli-**īs*** mit (den) Töchtern

o-Deklination (m)

	Singular	Plural
Nominativ	*fīli-us* ein/der Sohn	*fīli-ī* (die) Söhne
Akkusativ	*fīli-um* einen/den Sohn	*fīli-ōs* (die) Söhne
Ablativ	*cum fīli-**ō*** mit einem/dem Sohn	*cum fīli-**īs*** mit (den) Söhnen

o-Deklination (n)

	Singular	Plural
Nominativ	*verb-um* ein/das Wort	*verb-a* (die) Wörter
Akkusativ	*verb-um* ein/das Wort	*verb-a* (die) Wörter
Ablativ	*verb-**ō*** mit einem/dem Wort	*verb-**īs*** mit (den) Wörtern

kons. Deklination

	Singular	Plural
Nominativ	*mulier* eine/die Frau	*mulier-ēs* (die) Frauen
Akkusativ	*mulier-em* eine/die Frau	*mulier-ēs* (die) Frauen
Ablativ	*cum mulier-**e*** mit einer/der Frau	*cum mulier-**ibus*** mit (den) Frauen

!

*fīli-**a*** ≠ *fīli-**ā***
- kurzes -***a*** → Nom. Sg.
- langes -***ā*** → Abl. Sg.

!

Diese **Endungen für den Ablativ sind gleich**:
- **-*īs*** in der **a- und o-Dekl. (m/n)**
- **-*ō*** in der **o-Dekl. (m/n)**

G2 F Das Substantiv: Substantive auf *-(e)r* (o-Deklination)

1. Einige **Substantive der o-Deklination** enden im **Nominativ Singular** auf ***-er*** oder ***-r***: *pu**er*** – „der Junge", *magist**er*** – „der Lehrer", *vi**r*** – „der Mann".

2. Manche Substantive auf *-er* behalten das ***-e-*** **im Stamm** (*puer, puer-um*), **manche nicht** (*magister, magistr-um*).

3. Die Substantive auf *-er* und *-r* haben die **gleichen Endungen wie die Substantive der o-Deklination auf *-us* (m)**, z. B. *fīli-us*.

!

Wenige Substantive gehören zur **o-Deklination**, obwohl sie **nicht auf *-us*** enden:
- *lib**er***: o-Dekl. (m)
- *magist**er***: o-Dekl. (m)
- *pu**er***: o-Dekl. (m)
- *vi**r***: o-Dekl. (m)

o-Deklination (m)

	→ Stamm: ***puer-***	
	Singular	**Plural**
Nominativ	***puer*** ein/der Junge	***puer**-ī* (die) Jungen
Akkusativ	***puer**-um* einen/den Jungen	***puer**-ōs* (die) Jungen
Ablativ	*cum **puer**-ō* mit einem/dem Jungen	*cum **puer**-īs* mit (den) Jungen

o-Deklination (m)

	→ Stamm: ***magistr-***	
	Singular	**Plural**
Nominativ	***magist-e-r*** ein/der Lehrer	***magistr**-ī* (die) Lehrer
Akkusativ	***magistr**-um* einen/den Lehrer	***magistr**-ōs* (die) Lehrer
Ablativ	*cum **magistr**-ō* mit einem/dem Lehrer	*cum **magistr**-īs* mit (den) Lehrern

G3 F Das Verb: *posse*

1. ***posse*** heißt **„können"**.

2. Die Formen von *posse* sind aus *pot-* („fähig") und Formen von *esse* („sein") zusammengesetzt. Wenn die Form von *esse* mit *s-* beginnt, wird das *-t-* von *pot-* zu *-s-*: *pot-sum* → *pos-sum* – „ich kann".

	Singular	Plural
1. P.	***pos-sum*** ich kann	***pos-sumus*** wir können
2. P.	***pot-es*** du kannst	***pot-estis*** ihr könnt
3. P.	***pot-est*** er/sie/es kann	***pos-sunt*** sie können

posse =
pos-/pot-* + *esse

pos-/pot- + *sum, es, est,*
sumus, estis,
sunt

G1 F Das Adjektiv (a-/o-Deklination)

1. Ein Adjektiv drückt eine **Eigenschaft** aus und **beschreibt** ein anderes Wort, sein **Bezugswort**, **näher**: *equus* ***bonus*** – „ein **gutes** Pferd".

2. Du erkennst das Bezugswort daran, dass sich das Adjektiv in **Kasus**, **Numerus** und **Genus** an dieses anpasst. Das nennt man **KNG-Kongruenz**. Im Lateinischen steht das Adjektiv meistens hinter seinem Bezugswort, im Deutschen davor: *vill-ae* ***māgn-ae*** – „**große** Landhäuser", *fūr-ēs* ***mal-ī*** – „**schlechte** Diebe" (▶ **L5 Ü1, Ü3a**).

3. Die **Adjektive der a- und o-Deklination** werden **wie die Substantive** dieser Deklinationen **dekliniert**.

	Singular		
	m → Dekl. wie *fīlius*	**f** → Dekl. wie *fīlia*	**n** → Dekl. wie *verbum*
Nominativ	*bon-us*	*bon-a*	*bon-um*
Akkusativ	*bon-um*	*bon-am*	*bon-um*
Ablativ	*bon-ō*	*bon-ā*	*bon-ō*

	Plural		
Nominativ	*bon-ī*	*bon-ae*	*bon-a*
Akkusativ	*bon-ōs*	*bon-ās*	*bon-a*
Ablativ	*bon-īs*	*bon-īs*	*bon-īs*

!

*fūr-**ēs*** — *mal-**ī***
kons. Dekl. — **a-/o-**Dekl.

Wenn Substantiv und Adjektiv zu verschiedenen Deklinationen gehören, sind die Endungen trotz KNG-Kongruenz unterschiedlich (▶ **L5 Ü5**).

G1 S Der Satz: Funktionen des Adjektivs (Attribut, Prädikatsnomen und Prädikativum)

4. Ein Adjektiv kann im Satz drei verschiedene Funktionen haben (▶ **L5 Ü3b**):
   - Das Adjektiv ist ein **Attribut** und beschreibt dann ein Substantiv näher:

> *Fūrēs* ***malī*** *perīcula nōn timent.*
>
> Die **schlechten** Diebe fürchten keine Gefahren.

- Als **Prädikatsnomen** tritt das Adjektiv **mit einer Form von *esse*** – **„sein"** auf und gehört zum Prädikat:

  *Fūrēs **malī** sunt.*

  Die Diebe sind **schlecht**.

- Als **Prädikativum** beschreibt das Adjektiv nicht eine generelle Eigenschaft, sondern gibt an, in **welcher aktuellen Stimmung** jemand etwas tut:

  *Vir **īrātus** fūrem retinet.*

  Der Mann hält **wütend** den Dieb fest.

Als **Prädikativum** kommen vor allem **Adjektive** vor, die einen **momentanen körperlichen** oder **seelischen Zustand** beschreiben.

G2 S Die Präpositionen mit Akkusativ und Ablativ

1. **Präpositionen** sind **unveränderliche** Wörter, mit denen insbesondere räumliche, zeitliche und persönliche Beziehungen ausgedrückt werden. Sie stehen **vor** einem Substantiv oder Pronomen: „**auf** der Straße", „**vor** den Thermen", „**mit** schwerem Gepäck".

2. **Deutsch ↔ Latein** Präpositionen **fordern** von ihrem zugehörigen Wort immer einen **bestimmten Kasus**. Im Lateinischen ist das meist der Akkusativ (*ad* – „zu", *ante* – „vor") oder der Ablativ (*cum* – „mit", *ex* – „aus"). Im Deutschen steht aber oft ein anderer Kasus als im Lateinischen: *ad **amīcum*** (**Akk.**) – „zu **dem Freund**" (**Dat.**).

> *ante* m. Akk. – „vor"
>
> Du lernst bei Präpositionen immer mit, welchen Kasus sie erfordern. (▶ **L5 Ü8b**).

3. Die **Präposition *in*** kann mit zwei Kasus stehen und hat dann unterschiedliche Bedeutungen (▶ **L5 Ü4b**):
   - Mit **Akkusativ** gibt sie eine Richtung an (**„Wohin?"**): *in vill**am*** – „in das Haus (hinein)"
   - Mit **Ablativ** gibt sie einen Ort an (**„Wo?"**): *in vill**ā*** – „in dem Haus"

   Deutsch ↔ Latein Der **Kasus** für die **Richtung** ist im **Lateinischen** und **Deutschen** der **Akkusativ**. Der **Kasus** für den **Ort** ist im **Lateinischen** der **Ablativ**, im **Deutschen** der **Dativ**.

> ***Rōmae*** – „in Rom"
>
> Einige Orte brauchen im Lateinischen nicht die Präposition *in*, sondern haben eine eigene Form.

G1 F Das Substantiv: Der Genitiv (a-/o-/kons. Deklination)

1. Der **Genitiv** (2. Fall) antwortet auf die Frage **„Wessen?"**.

Wessen Geld liegt hier? Das Geld **des Händlers**.

2. Die Endungen für den **Genitiv** lauten:

a-Deklination

	Singular	Plural
Nominativ	*fīli-a* eine/die Tochter	*fīli-ae* (die) Töchter
Genitiv	*fīli-**ae*** einer/der Tochter	*fīli-**ārum*** von Töchtern/ der Töchter
Akkusativ	*fīli-am* eine/die Tochter	*fīli-ās* (die) Töchter
Ablativ	*cum fīli-ā* mit einer/der Tochter	*cum fīli-īs* mit (den) Töchtern

o-Deklination (m)

	Singular	Plural
Nominativ	*fīli-us* ein/der Sohn	*fīli-ī* (die) Söhne
Genitiv	*fīli-**ī*** eines/des Sohnes	*fīli-**ōrum*** von Söhnen/ der Söhne
Akkusativ	*fīli-um* einen/den Sohn	*fīli-ōs* (die) Söhne
Ablativ	*cum fīli-ō* mit einem/dem Sohn	*cum fīli-īs* mit (den) Söhnen

o-Deklination (n)

	Singular	Plural
Nominativ	*verb-um* ein/das Wort	*verb-a* (die) Wörter
Genitiv	*verb-**ī*** eines/des Wortes	*verb-**ōrum*** von Wörtern/ der Wörter
Akkusativ	*verb-um* ein/das Wort	*verb-a* (die) Wörter
Ablativ	*verb-ō* mit einem/dem Wort	*verb-īs* mit (den) Wörtern

!

*fīli-**ae*** = **Nom. Pl.** oder **Gen. Sg.**
*fīli-**ī*** = **Nom. Pl.** oder **Gen. Sg.**

Achte auf den Textzusammenhang (▶ L6 Ü1b).

kons. Deklination

	Singular	Plural
Nominativ	*mulier* eine/die Frau	*mulier-ēs* (die) Frauen
Genitiv	*mulier-**is*** einer/der Frau	*mulier-**um*** (der) Frauen
Akkusativ	*mulier-em* eine/die Frau	*mulier-ēs* (die) Frauen
Ablativ	*cum mulier-e* mit einer/der Frau	*cum mulier-ibus* mit (den) Frauen

G1 S Der Satz: Der Genitiv als Attribut

3. Der **Genitiv** kann als **Attribut** ein Substantiv näher beschreiben (▶ L5 G1 S). Er gibt dann den **Besitzer** einer Sache an (▶ L6 Ü6).

Servus	*vīnum*	***mercātōris***	*emit.*
Subjekt	Objekt (Akk.)	**Genitivattribut**	Prädikat

Der Sklave kauft den Wein **des/eines Händlers.**
→ Der Genitiv gibt den Besitzer des Weines an.

G2 F Das Substantiv: Der Stamm in der konsonantischen Deklination

1. Bei vielen **Substantiven der konsonantischen Deklination** unterscheidet sich der Nominativ Singular von dem **Stamm**, an den die Endungen angefügt werden: *homō*, aber: ***homin**-em*.

2. Bei Substantiven der konsonantischen Deklination musst du den **Stamm mitlernen**, damit du die Formen in einem Text auf die **Grundform** zurückführen kannst: *homō*, ***homin**-is*.

	Singular	Plural
Nominativ	***homō*** ein/der Mensch	***homin***-*ēs* (die) Menschen
Genitiv	***homin***-*is* eines/des Menschen	***homin***-*um* (der) Menschen
Akkusativ	***homin***-*em* einen/den Menschen	***homin***-*ēs* (die) Menschen
Ablativ	*cum* ***homin***-*e* mit einem/ dem Menschen	*cum* ***homin***-*ibus* mit (den) Menschen

G3 S Der Satz: Der Ablativ des Mittels (Ablativus instrumenti)

1. Du kennst schon den Ablativ als Kasus nach bestimmten Präpositionen, z. B. *cum* ***līberīs*** – „mit **den Kindern**" (▶ L4 G1 F).

2. Der Ablativ kann als **Adverbiale** auch **ohne Präposition** auftreten (bloßer Ablativ) und **verschiedene Funktionen** übernehmen, z. B. als **Ablativ des Mittels**.

> *Mārcus amīcōs* ***verbīs*** *salūtat.*
>
> Marcus begrüßt die Freunde **mit Worten/durch Worte**.

3. Als **Ablativ des Mittels** gibt der Ablativ ein **Hilfsmittel** an. Man fragt nach ihm mit den Fragewörtern **„Womit?/ Wodurch?"**. Im **Deutschen** musst du oft eine **Präposition** ergänzen, hier „mit" oder „durch": *verbīs* → **„mit** Worten/ **durch** Worte".

G1 F Das Substantiv: Der Dativ (a-/o-/kons. Deklination)

1. Der **Dativ** (3. Fall) antwortet auf die Frage **„Wem?“**.

Die Mutter zeigt **dem Jungen** ein Bild.
Wem zeigt die Mutter ein Bild? **Dem Jungen**.

2. Die Endungen für den **Dativ** lauten:

a-Deklination

	Singular	Plural
Nominativ	*fīli-a* eine/die Tochter	*fīli-ae* (die) Töchter
Genitiv	*fīli-ae* einer/der Tochter	*fīli-ārum* von Töchtern/ der Töchter
Dativ	*fīli-**ae*** einer/der Tochter	*fīli-**īs*** (den) Töchtern
Akkusativ	*fīli-am* eine/die Tochter	*fīli-ās* (die) Töchter
Ablativ	*cum fīli-ā* mit einer/der Tochter	*cum fīli-īs* mit (den) Töchtern

o-Deklination (m)

	Singular	Plural
Nominativ	*fīli-us* ein/der Sohn	*fīli-ī* (die) Söhne
Genitiv	*fīli-ī* eines/des Sohnes	*fīli-ōrum* von Söhnen/ der Söhne
Dativ	*fīli-**ō*** einem/dem Sohn	*fīli-**īs*** (den) Söhnen
Akkusativ	*fīli-um* einen/den Sohn	*fīli-ōs* (die) Söhne
Ablativ	*cum fīli-ō* mit einem/dem Sohn	*cum fīli-īs* mit (den) Söhnen

o-Deklination (n)

	Singular	Plural
Nominativ	*verb-um* ein/das Wort	*verb-a* (die) Wörter
Genitiv	*verb-ī* eines/des Wortes	*verb-ōrum* von Wörtern/ der Wörter
Dativ	*verb-**ō*** einem/dem Wort	*verb-**īs*** den Wörtern
Akkusativ	*verb-um* ein/das Wort	*verb-a* (die) Wörter
Ablativ	*verb-ō* mit einem/dem Wort	*verb-īs* mit (den) Wörtern

kons. Deklination

	Singular	Plural
Nominativ	*mulier* eine/die Frau	*mulier-ēs* (die) Frauen
Genitiv	*mulier-is* einer/der Frau	*mulier-um* (der) Frauen
Dativ	*mulier-**ī*** einer/der Frau	*mulier-**ibus*** (den) Frauen
Akkusativ	*mulier-em* eine/die Frau	*mulier-ēs* (die) Frauen
Ablativ	*cum mulier-e* mit einer/der Frau	*cum mulier-ibus* mit (den) Frauen

!

*fīli-**ae*** = **Nom. Pl.** oder **Gen. Sg.** oder **Dat. Sg.**
*fīli-**ō**, verb-**ō*** = **Dat. Sg.** oder **Abl. Sg.**
*fīli-**īs**, verb-**īs**, mulier-**ibus*** = **Dat. Pl.** oder **Abl. Pl.**

Achte auf den Textzusammenhang.

DU KANNST ...

... nun alle lateinischen **Kasus** erkennen und unterscheiden:

Nominativ (1. Fall): Wer oder was?
Genitiv (2. Fall): Wessen?
Dativ (3. Fall): Wem?
Akkusativ (4. Fall): Wen oder was?
Ablativ (5. Fall): Womit?/Wodurch?
Vokativ (Anredekasus)

G1 S Der Satz: Der Dativ als Objekt

3. Ein Prädikat kann ein **Objekt im Dativ** haben.

Equī	***līberīs***	*placent.*
Subjekt	**Objekt (Dat.)**	Prädikat

Die Pferde gefallen **den Kindern**.

G2 F Das Verb: Die Konjugation mit kurzem *-i-*

Stamm	Bindevokal	Endung
capi-		*-ō*
	-u-	*-nt*

1. Zur **Konjugation mit kurzem** **-*i*-** gehören Verben, deren Stamm ein **kurzes** **-*i*- am Ende** hat: *capi-t* – „er/sie/es fasst". Nur in der **3. Person Plural** wird zusätzlich der **Bindevokal -*u*-** eingefügt: *capi-**u**-nt* – „sie fassen".

2. Im Infinitiv hat der Stamm ein kurzes *-e-* anstelle des *-i-*: *cape-re* – „fassen".

Konj. mit kurzem -*i*-: *capere* – „fassen"

	Singular	Plural
1. P.	***capi**-ō* ich fasse	***capi**-mus* wir fassen
2. P.	***capi**-s* du fasst	***capi**-tis* ihr fasst
3. P.	***capi**-t* er/sie/es fasst	***capi-u**-nt* sie fassen

-ō, -s, -t, -mus, -tis, -nt

Alle Konjugationen haben die gleichen Personalendungen.

capi-ō* ↔ *audī-o

Konj. mit kurzem *-i-*:
Inf. ohne *-i* → *cape-re*

i-Konj.: Inf. mit *-ī* → *audī-re*

3. Der **Imperativ der Konjugation mit kurzem -*i*-** wird auf folgende Weise gebildet:
   - **Imperativ Singular**: Infinitiv ohne Endung *-re: cape-re* → ***cape!*** **– „fass(e)!"**
   - **Imperativ Plural**: Stamm + Endung **-*te***: *capi-**te!*** – **„fasst!"**

4. Um zu wissen, zu welcher Konjugation ein Verb gehört, lernst du die Verben immer in dieser Lernform: Infinitiv, 1. Person Singular.

*mon**ē**-re, mone-ō* → e-Konj. ***cape**-re, **capi**-ō* → Konj. mit kurzem *-i-*
***ag**-e-re, **ag**-ō* → kons. Konj. *aud**ī**-re, aud**i**-ō* → i-Konj.

DU KANNST ...

... nun alle lateinischen Konjugationen erkennen und unterscheiden (▶ **L7 Ü3, Ü6**):

a-Konj.: *vocāre, voc-ō* **e-Konj.**: *monēre, mone-ō*
i-Konj.: *audīre, audi-ō* **kons. Konj.**: *agere, ag-ō*
Konj. mit kurzem -*i*-: *capere, capi-ō*

G3 S Der Satz: Der Dativ des Besitzers

1. Der **Dativ** kann im Lateinischen zusammen mit einer Form von ***esse*** den **Besitzer** einer Sache angeben.

2. Du übersetzt
   - die Form von *esse* mit „haben, besitzen",
   - den Dativ als Subjekt,
   - den Nominativ als Akkusativ.

Imperātōrī	*servī*	*sunt.*
Objekt (Dat.)	Subjekt	Prädikat

Dem Kaiser sind Sklaven. *(wörtliche Übersetzung als Hilfe)*
Der Kaiser hat/besitzt Sklaven.

G4 F Das Pronomen: Die Personalpronomina der 1. und 2. Person

1. Im Lateinischen gibt es nur für die 1. und 2. Person eigene Personalpronomina (▶ **L7 Ü5, Ü8**).

2. Sie werden im Nominativ selten benutzt und müssen daher bei der Übersetzung ergänzt werden, wie hier „ich": *Imperātor sum.* – „**Ich** bin der Kaiser." Wenn das Personalpronomen benutzt wird, wird die Person besonders betont: ***Ego*** *imperātor sum,* ***tū*** *servus es.* – „**Ich** bin der Kaiser, **du** bist ein Sklave."

3. Den Genitiv des Personalpronomens gibt es nicht. Im Ablativ steht die Präposition *cum* („mit") nicht vor dem Pronomen, sondern wird hinten an das Pronomen angehängt: *mē**cum*** – „**mit** mir".

	1. Person		**2. Person**	
	Singular	**Plural**	**Singular**	**Plural**
Nominativ	*ego* ich	*nōs* wir	*tū* du	*vōs* ihr
Dativ	*mihī* mir	*nōbīs* uns	*tibi* dir	*vōbīs* euch
Akkusativ	*mē* mich	*nōs* uns	*tē* dich	*vōs* euch
Ablativ	*ā mē/mēcum* von mir/mit mir	*ā nōbīs/nōbīscum* von uns/mit uns	*ā tē/tēcum* von dir/mit dir	*ā vōbīs/vōbīscum* von euch/mit euch

G1 F Das Relativpronomen *quī, quae, quod*

1. Ein **Relativpronomen leitet** einen **Relativsatz ein** und **bezieht** sich auf ein **zuvor genanntes Wort**.

Gladiātor,	***quī*** **Relativpronomen**	*gladiō pūgnat,*	*victor est.*
Der Gladiator,	**der/welcher**	mit dem Schwert kämpft,	ist der Sieger.

2. Das lateinische **Relativpronomen *quī, quae, quod*** wird auf folgende Weise dekliniert:

	Singular		
	m	**f**	**n**
Nominativ	*quī* der	*quae* die	*quod* das
Genitiv	*cuius* dessen	*cuius* deren	*cuius* dessen
Dativ	*cui* dem	*cui* der	*cui* dem
Akkusativ	*quem* den	*quam* die	*quod* das
Ablativ	*quō* durch den	*quā* durch die	*quō* durch das

	Plural		
	m	**f**	**n**
Nominativ	*quī* die	*quae* die	*quae* die
Genitiv	*quōrum* deren	*quārum* deren	*quōrum* deren
Dativ	*quibus* denen	*quibus* denen	*quibus* denen
Akkusativ	*quōs* die	*quās* die	*quae* die
Ablativ	*quibus* durch die	*quibus* durch die	*quibus* durch die

!

quae

Diese Form ist mehrdeutig:
- Nom. Sg./Pl. f
- Nom./Akk. Pl. n

!

cuius: Gen. m/f/n
cui: Dat. m/f/n

Die Formen von Gen. und Dat. Sg. sind in allen Genera gleich.

quō, quā, quibus
quō – „durch den, mit dem, von dem“

Das Relativpronomen im Ablativ wird je nach Funktion des Ablativs übersetzt.

3. Wie bei den Personalpronomina (▶ **L7 G4 F**) steht im Ablativ die Präposition *cum* („mit") nicht vor dem Relativpronomen, sondern wird hinten angehängt: *quō**cum*** – „**mit** dem", *quā**cum*** – „mit der", *quibus**cum*** – „**mit** denen".

G1 S Der Relativsatz

4. Ein **Relativsatz beschreibt** ein **anderes Wort** näher. Er gibt zusätzliche Informationen und hat daher in der Regel die Funktion eines **Attributs**.

a. ***Hominēs*** *gaudent.* ***Hominēs*** *gladiātōrēs exspectant.*

↓ ↓

Hominēs, ***quī*** *gladiātōrēs exspectant, gaudent.*

↑______________↑

Die **Menschen, die** die Gladiatoren erwarten, freuen sich.

b. *Turba Mānlium vocat.* *Glōria Mānliī māgna est.*

↓ ↓

Turba ***Mānlium,*** ***cuius*** *glōria māgna est, vocat.*

↑______________↑

Die Menge ruft **Manlius, dessen** Ruhm groß ist.

5. Das **Wort, das der Relativsatz näher beschreibt**, heißt **Bezugswort**. Das Relativpronomen stimmt mit dem **Bezugswort** in **Numerus** und **Genus** überein (**NG-Kongruenz**) (▶ **L8 Ü1, Ü5**):
   - Satz **a.**: Bezugswort *hominēs* (Pl. m) → Relativpronomen *quī* (Pl. m)
   - Satz **b.**: Bezugswort *Mānlium* (Sg. m) → Relativpronomen *cuius* (Sg. m)

6. Der **Kasus** des Relativpronomens richtet sich nach seiner **Funktion im Relativsatz**:
   - In Satz **a.** ist der Kasus des Relativpronomens der Nominativ, weil es im Relativsatz das Subjekt ist.
   - In Satz **b.** ist der Kasus des Relativpronomens der Genitiv, weil es im Relativsatz das Genitivattribut zu *glōria* ist.

DU KANNST ...

... nun **vier Attribute** unterscheiden:

Attribut	Beispiel
Adjektiv	*Cornēlia* ***laeta*** – „die **fröhliche** Cornelia“
Substantiv (Apposition)	*Cornēlia* ***soror*** – „die **Schwester** Cornelia“
Genitiv	*soror* ***Mārcī*** – „**Marcus‘** Schwester/ die Schwester **des Marcus**‘“
Relativsatz	*porcus,* ***quī Mārcō est*** – „das Schwein, **das Marcus gehört**“

G2 F Das Verb: Imperfekt

1. Das lateinische Imperfekt beschreibt eine Handlung in der Vergangenheit. Es wird im Deutschen mit dem Präteritum übersetzt, z. B. „sie lachten“, „wir gingen“.

a-/e-Konjugation

Stamm	Tempus-zeichen	Personal-endung
rogā-	***-ba-***	*-t*

er/sie/es fragte

i-/kons./Konjugation mit kurzem *-i-*

Stamm	Tempus-zeichen	Personal-endung
audi-	***-ēba-***	*-nt*

sie hörten

2. Das Signal für das **Imperfekt** wird **Tempuszeichen** genannt: Es ist
   - *-bā-* in der **a- und e-Konjugation**
   - *-ēbā-* in **der i-, konsonantischen und Konjugation mit kurzem *-i-***.

-bā-/-ēbā- ist das **Signal** für das **Imperfekt**.

3. Die **Personalendungen** sind **außer in der 1. Person Singular** die gleichen wie im Präsens; die **1. Person Singular** hat die Personalendung ***-m***: *monē-ba-**m*** – „ich mahnte“.

a-Konj.: *rogāre* – „fragen“

	Singular	Plural
1. P.	*rogā-**ba-m*** ich fragte	*rogā-**bā**-mus* wir fragten
2. P.	*rogā-**bā**-s* du fragtest	*rogā-**bā**-tis* ihr fragtet
3. P.	*rogā-**ba**-t* er/sie/es fragte	*rogā-**ba**-nt* sie fragten

- **e-Konj.** (*monēre* – „mahnen“): *monē-**ba-m**, monē-**bā**-s, monē-**ba**-t, monē-**bā**-mus, monē-**bā**-tis, monē-**ba**-nt*
- **i-Konj.** (*audīre* – „hören“): *audi-**ēba-m**, audi-**ēbā**-s, audi-**ēba**-t, audi-**ēbā**-mus, audi-**ēbā**-tis, audi-**ēba**-nt*
- **kons. Konj.** (*agere* – „machen“): *ag-**ēba-m**, ag-**ēbā**-s, ag-**ēba**-t, ag-**ēbā**-mus, ag-**ēbā**-tis, ag-**ēba**-nt*
- **Konj. mit kurzem *-i-*** (*capere* – „fassen“): *capi-**ēba-m**, capi-**ēbā**-s, capi-**ēba**-t, capi-**ēbā**-mus, capi-**ēbā**-tis, capi-**ēba**-nt*

4. Das **Imperfekt** von ***esse*** wird mit ***era***- und den **Personalendungen des Imperfekts** gebildet.

	Singular	**Plural**
1. P.	***era-m*** ich war	***erā**-mus* wir waren
2. P.	***erā**-s* du warst	***erā**-tis* ihr wart
3. P.	***era**-t* er/sie/es war	***era**-nt* sie waren

5. Das **Imperfekt** von ***posse*** wird mit dem **Stamm *pot*-** und den **Formen von *esse* im Imperfekt** gebildet.

	Singular	**Plural**
1. P.	***pot-era-m*** ich konnte	***pot-erā**-mus* wir konnten
2. P.	***pot-erā**-s* du konntest	***pot-erā**-tis* ihr konntet
3. P.	***pot-era**-t* er/sie/es konnte	***pot-era**-nt* sie konnten

G2 S Der Satz: Die Verwendung des Imperfekts

6. Das **Imperfekt** beschreibt **Vorgänge und Handlungen**, die **länger dauern** (durative Handlung) oder wiederholt (iterative Handlung) ablaufen. Es beschreibt eine **Hintergrundhandlung** (▶ **L8 Ü7**).

diū – iterum – saepe – semper
Oft treten diese Wörter beim **Imperfekt** auf.

*Turba diū gladiātōrēs **exspectābat**.*	*Nunc pūgna incipit.*
Die Menge **wartete** lange auf die Gladiatoren. → längere Dauer	Jetzt beginnt der Kampf.
*Saepe Mānlius victor **erat**.*	*Hodiē autem Ferōx victor est.*
Oft **war** Manlius der Sieger. → wiederholte Handlung	Heute aber ist Ferox der Sieger.

G1 S Der Satz: Der AcI (Accusativus cum Infinitivo)

Mārcus audit	***Cornēliam***	***vocāre.***
	Akkusativ	Infinitiv
Markus hört	**Cornelia**	**rufen.**
	Akkusativ	Infinitiv

1. Nach einigen **Verben** steht im Lateinischen oft ein **Akkusativ** in Verbindung **mit** einem **Infinitiv**. Auf Latein nennt man das *Accusativus cum Infinitivo*, kurz: **AcI**.

2. Der **AcI steht nach**
   - Verben des **Sagens** und **Meinens** *(clāmāre, crēdere, dīcere, docēre, scrībere, vocāre)*,
   - Verben der **Sinneswahrnehmungen** *(audīre, vidēre)*,
   - Verben des **Wissens** *(scīre)*,
   - Verben des **Gefühls** *(cupere, dolēre, gaudēre, sentīre)*,
   - nach **unpersönlichen Ausdrücken** *(cōnstat)* (▶ **L9 Ü2**).

Der AcI steht nach „Kopf- und Gefühlsverben".

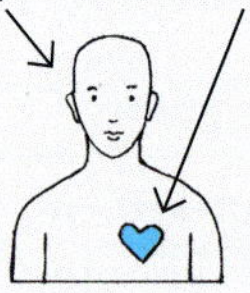

3. Der lateinische AcI wird meist mit einem **dass-Satz** übersetzt.

Mārcus audit	*Cornēliam*	*vocāre.*
	Subjektsakkusativ	Infinitiv
	↓	↓
Markus hört, **dass**	Cornelia	ruft.
	Subjekt	Prädikat

Der **lateinische Akkusativ** wird im Deutschen zum **Subjekt** und daher **Subjektsakkusativ** genannt.

4. Nicht jeder Akkusativ in einem AcI ist ein Subjektsakkusativ; ein AcI kann auch ein Objekt im Akkusativ enthalten, hier: *māgnam pecūniam.*

Cōnstat	*Claudium*	***māgnam pecūniam***	*habēre.*
	Subjektsakkusativ	Objekt im Akkusativ	Infinitiv

Es steht fest, dass Claudius **viel Geld** hat.

5. Gehe bei der Übersetzung so vor:
   - Ergänze nach dem Verb, das den AcI einleitet, ein „**dass**",
   - mache den **lateinischen Akkusativ** zum **Subjekt** des dass-Satzes und
   - übersetze den **lateinischen Infinitiv** als **Prädikat** des dass-Satzes (▶ **L9 Ü6**).

6. Der Akkusativ im AcI kann ein Substantiv oder ein Pronomen sein.

Mārcus: Salvē, Cornēlia!	*Gaudeō*	***tē*** Pronomen (Akk.) ↓	*venīre.* Infinitiv ↓
Markus ruft: „Hallo Cornelia!	Ich freue mich, dass	**du**	kommst.“

G2 F Das Verb: *īre*

1. ***īre*** heißt **„gehen“**.

2. *īre* hat die gleichen Personalendungen wie die anderen Verben, in der 3. Person Plural wird der Bindevokal *-u-* eingefügt.

3. Der **Präsensstamm** ist **ī-**. In den Formen, in denen **auf den Stamm ein Vokal folgt**, wird in der Regel das *ī-* zu ***e-***.

Präsens

	Singular	Plural
1. P.	***e**-ō* ich gehe	***ī**-mus* wir gehen
2. P.	***ī**-s* du gehst	***ī**-tis* ihr geht
3. P.	***i**-t* er/sie/es geht	***e-u**-nt* sie gehen
Imperativ	***ī**!* geh!	***ī**-te!* geht!

4. Das **Imperfekt** bildet ***īre*** regelmäßig mit dem **Tempuszeichen** *-**ba**-* und den **Personalendungen** für das **Imperfekt**.

Imperfekt

	Singular	Plural
1. P.	*ī-**ba**-m* ich ging	*ī-**bā**-mus* wir gingen
2. P.	*ī-**bā**-s* du gingst	*ī-**bā**-tis* ihr gingt
3. P.	*ī-**ba**-t* er/sie/es ging	*ī-**ba**-nt* sie gingen

Formenlehre

Veränderliche Wortarten

1 Nomina

Als Nomen (Pl. **Nomina**) bezeichnet man diejenigen Wortarten, die **dekliniert** werden.
Du kennst bereits drei Nomina:

Substantiv	*fīlius, -ī* m – „der Sohn“	
Adjektiv	*clārus, -a, -um* – „berühmt“	
Pronomen	**Personalpronomen**	*ego, tū, nōs, vōs*
	Relativpronomen	*quī, quae, quod*

Man bestimmt die Nomina durch drei Kategorien:

Kasus (Pl. **Kasūs**)	Nominativ (Wer/Was?)	*fīlius* – „ein/der Sohn“
	Genitiv (Wessen?)	*fīliī* – „eines/des Sohnes“
	Dativ (Wem?)	*fīliō* – „einem/dem Sohn“
	Akkusativ (Wen/Was?)	*fīlium* – „einen/den Sohn“
	Ablativ (Womit/Wodurch?)	*cum fīliō* – „mit einem/dem Sohn“
	Vokativ (Anrede)	*fīlī!* – „Sohn!“
Numerus (Pl. **Numeri**)	Singular	*fīlius* – „ein/der Sohn“
	Plural	*fīliī* – „(die) Söhne“
Genus (Pl. **Genera**)	Maskulinum	*fīlius* – „ein/der Sohn“
	Femininum	*fīlia* – „eine/die Tochter“
	Neutrum	*verbum* – „ein/das Wort“

2 Verb

Verben werden **konjugiert**.
Die Grundform der Verben nennt man **Infinitiv**: *rogāre* – „fragen“.
Du kennst bereits vier Kategorien, durch die man Verbformen bestimmt:

Person	1.	*rogō/rogāmus* – „ich frage/wir fragen“
	2.	*rogās/rogātis* – „du fragst/ihr fragt“
	3.	*rogat/rogant* – „er/sie/es fragt/sie fragen“
Numerus (Pl. **Numeri**)	Singular	*rogat* – „er/sie/es fragt“
	Plural	*rogant* – „sie fragen
Modus (Pl. **Modi**)	Indikativ	*rogās* – „du fragst“
	Imperativ	*rogā!* – „frag(e)!”
Tempus (Pl. **Tempora**)	Präsens	*rogat* – „er/sie/es fragt“
	Imperfekt	*rogābat* – „er/sie/es fragte“

Unveränderliche Wortarten

Unveränderliche Wortarten kommen nur in **einer Form** vor. Dazu gehören:

Präposition	*ad* m. Akk. – „zu, an“, *cum* m. Abl. – „mit“
Adverb	*semper* – „immer“, *hīc* – „hier“
Konjunktion	*sed* – „aber“
Subjunktion	*quia* – „weil“

Eine **Konjunktion** leitet einen Hauptsatz ein: Es regnet, **aber** ich gehe spazieren.

Eine **Subjunktion** leitet einen **Nebensatz** ein: Ich werde nicht nass, **weil** ich einen Regenschirm habe.

Satzlehre

1 Satzarten

Aussagesatz	*Amīcī gaudent.* – „Die Freunde freuen sich.“
Aufforderungssatz	*Gaudē, amīce!* – „Freu(e) dich, Freund!“
Fragesatz	*Cūr amīcī nōn gaudent?* – „Warum freuen sich die Freunde nicht?“

2 Zusammengesetzter Satz

Hauptsatz	***Cornēlia porcum videt.* – „Cornelia sieht das Schwein.“**	
Nebensatz	**Relativsatz**	*Cornēlia porcum, **quī dormit**, videt.* – „Cornelia sieht das Schwein, **das schläft**.“

3 Satzglieder und Satzgliedteile

3.1 Satzglieder

Subjekt (Wer/Was?)	***Cornēlia** porcum videt.* – „**Cornelia** sieht das Schwein.“	
Prädikat (Was wird ausgesagt?)	*Cornēlia porcum **videt**.* – „Cornelia **sieht** das Schwein.“	
Objekt	**Dativ** (Wem?)	*Cornēlia **porcō** appropinquat.* – „Cornelia nähert sich **dem Schwein**.“
	Akkusativ (Wen/Was?)	*Cornēlia **porcum** videt.* – „Cornelia sieht **das Schwein**.“
Adverbiale	**Ablativ des Mittels**	*Cornēlia **librō** gaudet.* – „Cornelia freut sich **über das Buch**.“
	Adverb	***Saepe** Cornēlia librum legit.* – „Cornelia liest **oft** ein Buch.“
	Ortsangabe	***In vīllā** Cornēlia librum legit.* – „Cornelia liest ein Buch **im Haus**.”

3.2 Satzgliedteile

Attribut	**Adjektiv als Attribut**	*Cornēlia porcum **māgnum** videt.* – „Cornelia sieht das **große** Schwein."
	Substantiv als Attribut (Apposition)	*Audāx **porcus** dormit.*– „Das **Schwein** Audax schläft."
	Genitivattribut	*Audāx porcus **Mārcī** est.* – „Audax ist **Marcus'** Schwein."
	Relativsatz als Attribut	*Mārcus, **cuius soror Cornēlia est**, porcum nōn videt.* – „Marcus, **dessen Schwester Cornelia ist**, sieht das Schwein nicht."
Prädikatsnomen	**Adjektiv** (mit einer Form von *esse*)	*Porcus **māgnus** est.* – „Das Schwein ist **groß**."
	Substantiv (mit einer Form von *esse*)	*Audāx **porcus** est.* – „Audax ist **ein Schwein**."

Nomina

1 Substantive

	a-Dekl.	
	fīlia **(f)**	**eine/die Tochter (f)**
Nom. Sg.	*fīli-a*	eine/die Tochter
Gen. Sg.	*fīli-ae*	einer/der Tochter
Dat. Sg.	*fīli-ae*	einer/der Tochter
Akk. Sg.	*fīli-am*	eine/die Tochter
Abl. Sg.	*fīli-ā*	mit einer/der Tochter
Nom. Pl.	*fīli-ae*	(die) Töchter
Gen. Pl.	*fīli-ārum*	von Töchtern/der Töchter
Dat. Pl.	*fīli-īs*	(den) Töchtern
Akk. Pl.	*fīli-ās*	(die) Töchter
Abl. Pl.	*fīli-īs*	mit (den) Töchtern

	o-Dekl. (m)		o-Dekl. (n)	
	fīlius **(m)**	**ein/der Sohn (m)**	***verbum*** **(n)**	**ein/das Wort (n)**
Nom. Sg.	*fīli-us*	ein/der Sohn	*verb-um*	ein/das Wort
Gen. Sg.	*fīli-ī*	eines/des Sohnes	*verb-ī*	eines/des Wortes
Dat. Sg.	*fīli-ō*	einem/dem Sohn	*verb-ō*	einem/dem Wort
Akk. Sg.	*fīli-um*	einen/den Sohn	*verb-um*	ein/das Wort
Abl. Sg.	*fīli-ō*	mit einem/dem Sohn	*verb-ō*	mit einem/dem Wort
Nom. Pl.	*fīli-ī*	(die) Söhne	*verb-a*	(die) Wörter
Gen. Pl.	*fīli-ōrum*	von Söhnen/der Söhne	*verb-ōrum*	von Wörtern/der Wörter
Dat. Pl.	*fīli-īs*	(den) Söhnen	*verb-īs*	(den) Wörtern
Akk. Pl.	*fīli-ōs*	(die) Söhne	*verb-a*	(die) Wörter
Abl. Pl.	*fīli-īs*	mit (den) Söhnen	*verb-īs*	mit (den) Wörtern

	o-Dekl. auf *-er*	kons. Dekl.		
	magister **(m) –** „ein/der Lehrer“	***mulier*** **(f) –** „eine/die Frau“	***homō*** **(m) –** „ein/der Mensch“	***mōns*** **(m) –** „ein/der Berg“
Nom. Sg.	*magister*	*mulier*	*homō*	*mōns*
Gen. Sg.	*magistr-ī*	*mulier-is*	*homin-is*	*mont-is*
Dat. Sg.	*magistr-ō*	*mulier-ī*	*homin-ī*	*mont-ī*
Akk. Sg.	*magistr-um*	*mulier-em*	*homin-em*	*mont-em*
Abl. Sg.	*magistr-ō*	*mulier-e*	*homin-e*	*mont-e*
Nom. Pl.	*magistr-ī*	*mulier-ēs*	*homin-ēs*	*mont-ēs*
Gen. Pl.	*magistr-ōrum*	*mulier-um*	*homin-um*	*mont-ium*
Dat. Pl.	*magistr-īs*	*mulier-ibus*	*homin-ibus*	*mont-ibus*
Akk. Pl.	*magistr-ōs*	*mulier-ēs*	*homin-ēs*	*mont-ēs*
Abl. Pl.	*magistr-īs*	*mulier-ibus*	*homin-ibus*	*mont-ibus*

2 Adjektive

	a-/o-Dekl.					
	clārus, -a, -um **–** „berühmt“			***pulcher, pulchr-a, pulchr-um*** **–** „schön“		
	m	**f**	**n**	**m**	**f**	**n**
Nom. Sg.	*clār-us*	*clār-a*	*clār-um*	*pulcher*	*pulchr-a*	*pulchr-um*
Gen. Sg.	*clār-ī*	*clār-ae*	*clār-ī*	*pulchr-ī*	*pulchr-ae*	*pulchr-ī*
Dat. Sg.	*clār-ō*	*clār-ae*	*clār-ō*	*pulchr-ō*	*pulchr-ae*	*pulchr-ō*
Akk. Sg.	*clār-um*	*clār-am*	*clār-um*	*pulchr-um*	*pulchr-am*	*pulchr-um*
Abl. Sg.	*clār-ō*	*clār-ā*	*clār-ō*	*pulchr-ō*	*pulchr-ā*	*pulchr-ō*
Nom. Pl.	*clār-ī*	*clār-ae*	*clār-a*	*pulchr-ī*	*pulchr-ae*	*pulchr-a*
Gen. Pl.	*clār-ōrum*	*clār-ārum*	*clār-ōrum*	*pulchr-ōrum*	*pulchr-ārum*	*pulchr-ōrum*
Dat. Pl.	*clār-īs*			*pulchr-īs*		
Akk. Pl.	*clār-ōs*	*clār-ās*	*clār-a*	*pulchr-ōs*	*pulchr-ās*	*pulchr-a*
Abl. Pl.	*clār-īs*			*pulchr-īs*		

3 Personalpronomen

	1. Person		2. Person	
Nom. Sg.	*ego*	ich	*tū*	du
Dat. Sg.	*mihī*	mir	*tibi*	dir
Akk. Sg.	*mē*	mich	*tē*	dich
Abl. Sg.	*ā mē/mēcum*	von mir/mit mir	*ā tē/tēcum*	von dir/mit dir
Nom. Pl.	*nōs*	wir	*vōs*	ihr
Dat. Pl.	*nōbīs*	uns	*vōbīs*	euch
Akk. Pl.	*nōs*	uns	*vōs*	euch
Abl. Pl.	*ā nōbīs/nōbīscum*	von uns/mit uns	*ā vōbīs/vōbīscum*	von euch/mit euch

4 Relativpronomen

	quī, quae, quod – „der, die, das; welcher, welche, welches"		
	m	**f**	**n**
Nom. Sg.	*quī*	*quae*	*quod*
Gen. Sg.	*cuius*		
Dat. Sg.	*cui*		
Akk. Sg.	*quem*	*quam*	*quod*
Abl. Sg.	*quō*	*quā*	*quō*
Nom. Pl.	*quī*	*quae*	*quae*
Gen. Pl.	*quōrum*	*quārum*	*quōrum*
Dat. Pl.	*quibus*		
Akk. Pl.	*quōs*	*quās*	*quae*
Abl. Pl.	*quibus*		

5 Präpositionen

Präpositionen mit Akkusativ		
ad	zu, an, bei	***ad*** *amīcum īre* – „**zu** dem Freund gehen"
ante	vor	***ante*** *tabernam manēre* – „**vor** dem Laden warten"
contrā	gegen	***contrā*** *lēgem agere* – „**gegen** das Gesetz handeln"
per	durch (... hindurch), über	***per*** *forum domum redīre* – „**über** das Forum nach Hause zurückgehen"
prope	1. in der Nähe 2. nahe bei	***prope*** *vīllam esse* – „**in der Nähe** des Hauses sein"
Präpositionen mit Ablativ		
ā/ab	1. von 2. von ... weg	*pecūniam* ***ab*** *amīcō petere* – „Geld **von** dem Freund verlangen"
cum	(zusammen) mit	***cum*** *amīcō disputāre* – „**mit** dem Freund diskutieren"
dē	1. über; um 2. von ... her, von ... herab	***dē*** *Capitōliō venīre* – „**vom** Kapitol **herab** kommen"
ē/ex	aus, aus ... heraus	***ē*** *vīllā venīre* – „**aus** dem Haus kommen"
sine	ohne	***sine*** *timōre agere* – „**ohne** Furcht handeln"
Präpositionen mit Akkusativ und Ablativ		
in (m. Akk.) (Frage: Wohin?)	in (... hinein) nach	***in*** *tabernam currere* – „**in** den Laden laufen"
in (m. Abl.) (Frage: Wo?)	in, an, auf	***in*** *tabernā manēre* – „**in** dem Laden bleiben"

6 Konjunktionen

anreihend	
atque; ac	und, und auch
et	und
et ... et	sowohl ... als auch
etiam	auch; sogar
neque; nec	und nicht
neque ... neque; nec ... nec	weder ... noch
quoque (nachgestellt)	auch
entgegensetzend	
nōn modo ..., sed etiam ...	nicht nur ..., sondern auch ...
sed	aber; sondern
ausschließend	
vel	oder
vel ... vel ...	entweder ... oder
folgernd	
ergō	also
itaque	deshalb, daher
begründend	
nam	denn, nämlich

7 Subjunktionen

kausal (begründend)	
quia	weil
konditional (eine Bedingung stellend)	
sī	falls, wenn
Vergleich	
ut	wie

Verben

8 Regelmäßige Verben

	a-Konj.		**e-Konj.**
Inf.	*rogā-re*	fragen	*monē-re* – „ermahnen“
Präs.	*rog-ō*	ich frage	*mone-ō*
	rogā-s	du fragst	*monē-s*
	roga-t	er/sie/es fragt	*mone-t*
	rogā-mus	wir fragen	*monē-mus*
	rogā-tis	ihr fragt	*monē-tis*
	roga-nt	sie fragen	*mone-nt*
Imperf.	*rogā-ba-m*	ich fragte	*monē-ba-m*
	rogā-bā-s	du fragtest	*monē-bā-s*
	rogā-ba-t	er/sie/es fragte	*monē-ba-t*
	rogā-bā-mus	wir fragten	*monē-bā-mus*
	rogā-bā-tis	ihr fragtet	*monē-bā-tis*
	rogā-ba-nt	sie fragten	*monē-ba-nt*
Imp. Sg.	*rogā!*	frag(e)!	*monē!*
Imp. Pl.	*rogā-te!*	fragt!	*monē-te!*

	i-Konj.	**kons. Konj.**	**Konj. mit kurzem *-i-***
Inf.	*audī-re* – „hören“	*ag-e-re* – „machen“	*cape-re* – „fassen“
Präs.	*audi-ō*	*ag-ō*	*capi-ō*
	audī-s	*ag-i-s*	*capi-s*
	audi-t	*ag-i-t*	*capi-t*
	audī-mus	*ag-i-mus*	*capi-mus*
	audī-tis	*ag-i-tis*	*capi-tis*
	audi-u-nt	*ag-u-nt*	*capi-u-nt*
Imperf.	*audi-ēba-m*	*ag-ēba-m*	*capi-ēba-m*
	audi-ēbā-s	*ag-ēbā-s*	*capi-ēbā-s*
	audi-ēba-t	*ag-ēba-t*	*capi-ēba-t*
	audi-ēbā-mus	*ag-ēbā-mus*	*capi-ēbā-mus*
	audi-ēbā-tis	*ag-ēbā-tis*	*capi-ēbā-tis*
	audi-ēba-nt	*ag-ēba-nt*	*capi-ēba-nt*
Imp. Sg.	*audī!*	*age!*	*cape!*
Imp. Pl.	*audī-te!*	*ag-i-te!*	*capi-te!*

9 Unregelmäßige Verben

Inf. Präs.	*esse*	sein	*posse*	können	*īre*	gehen
Präs.	*sum*	ich bin	*pos-sum*	ich kann	*e-ō*	ich gehe
	es	du bist	*pot-es*	du kannst	*ī-s*	du gehst
	est	er/sie/es war	*pot-est*	er/sie/es kann	*i-t*	er/sie/es geht
	sumus	wir sind	*pos-sumus*	wir können	*ī-mus*	wir gehen
	estis	ihr seid	*pot-estis*	ihr könnt	*ī-tis*	ihr geht
	sunt	sie sind	*pos-sunt*	sie können	*e-u-nt*	sie gehen
Imperf.	*era-m*	ich war	*pot-eram*	ich konnte	*ī-ba-m*	ich ging
	erā-s	du warst	*pot-erās*	du konntest	*ī-bā-s*	du gingst
	era-t	er/sie/es war	*pot-erat*	er/sie/es konnte	*ī-ba-t*	er/sie/es ging
	erā-mus	wir waren	*pot-erāmus*	wir konnten	*ī-bā-mus*	wir gingen
	erā-tis	ihr wart	*pot-erātis*	ihr konntet	*ī-bā-tis*	ihr gingt
	era-nt	sie waren	*pot-erant*	sie konnten	*ī-ba-nt*	sie gingen
Imp. Sg.	*es!*	sei!	–	–	*ī!*	geh!
Imp. Pl.	*es-te!*	seid!	–	–	*ī-te!*	geht!

10 Wortbildung: Suffixe und Präfixe

Präfix		Bedeutung	Beispiel
ā/ab	*ab-*	„fort-, von-, weg-, ent-"	*ab-esse* – „nicht da sein"
ad	*ad-*	„dabei-, heran-, hin-, hinzu-"	*ad-esse* – „da sein"
cum	*con-*	Verstärkung: „zusammen"	*con-venīre* – „zusammenkommen"
in	*in-*	„in, hinein"	*in-cipere* (aus: *in* + *capere*) – „anfangen"
re	*red-*	„zurück, wieder"	*red-īre* – „zurückgehen"

Suffix		Bedeutung	Beispiel
Substantive	*-tor* (m)	handelnde Person: „-er"	*imperāre* → *imperā-tor* „befehlen" → „Kaiser"
	-or (m)	Substantiv, abgeleitet von einem Verb	*dolēre* → *dol-or* „Schmerz empfinden" → „Schmerz"
	-tiō (f)	Tätigkeit	*ōrāre* → *ōrā-tiō* „bitten" → „Rede"
	-tūdō (f)	Eigenschaft	*māgnus* → *māgni-tūdō* „groß" → „Größe"
Verben	*-tāre*	Wiederholung, Verstärkung	*habēre* → *habitāre* „haben" → „wohnen"

Hier wird die Stelle angegeben, wo du das Thema in der Grammatik (S. 147–175), in der Grammatik-Übersicht (S. 176–178, GrÜ) und in den Tabellen (S. 177–185, T) findest.

A

ā/ab *Präp. + Abl.*	**1. von 2. von … weg**	9
abesse, absum	**nicht da sein, abwesend sein**	4
abīre, abeō	**weggehen**	9
accēdere, accēdō	**herankommen, herantreten**	3
ad *Präp. + Akk.*	**zu, an, bei**	5
addere, addō	**hinzufügen**	9
adesse, adsum	**da sein, (+** *Dat.***) helfen**	4, 7
adīre, adeō	**1. hingehen, herangehen 2. (an jemanden) herantreten, sich wenden (an)**	9
administrāre, administrō	**1. leiten 2. verwalten**	9
aedificium, aedificiī *n*	**ein/das Gebäude**	5
agere, agō	**1. machen, tun 2. (ver)handeln**	6
amāre, amō	**lieben, (gerne) mögen**	8
amīca, amīcae *f*	**eine/die Freundin**	3
amīcus, amīcī *m*	**ein/der Freund**	3
āmittere, āmittō	**verlieren**	8
amphitheātrum, amphitheātrī *n*	**ein/das Amphitheater**	8
animus, animī *m*	**1. der Geist, eine/die Einstellung 2. der Mut 3. das Herz** 4. – *(bleibt unübersetzt)*	7
ante *Präp. + Akk.*	**vor**	5
apportāre, apportō	**bringen, herbringen**	2
appropinquāre, appropinquō	**sich nähern**	7
aqua, aquae *f*	**(das) Wasser**	2
ārdēre, ārdeō	**brennen**	3
atque/ac *Konjunktion*	**und, und auch**	5
audīre, audiō	**hören**	2
aurum, aurī *n*	**(das) Gold**	9
autem *Konjunktion (nachgestellt)*	**aber**	2
avunculus, avunculī *m*	**ein/der Onkel**	3

B

beātus, -a, -um	**glücklich**	5
bellum, bellī *n*	**ein/der Krieg**	8
bene *Adv.*	**gut**	4
bonus, -a, -um	**gut**	5

C

campus, campī *m*	**ein/das Feld, ein/der freie(r) Platz**	3
capere, capiō	**1. (er)fassen, nehmen, ergreifen 2. erobern, einnehmen**	7
celeriter *Adv.*	**schnell**	3
certē *Adv.*	**bestimmt, sicher(lich)**	1
cibus, cibī *m*	**eine/die Speise, ein/das Essen**	6
cīvis, cīvis *m/f, Gen. Pl.* cīvium	**ein/der Bürger, eine/die Bürgerin**	8
clāmāre, clāmō	**laut rufen, schreien**	1
clāmor, clāmōris *m*	**ein/das Geschrei**	2
clārus, -a, -um	**1. berühmt 2. hell, klar**	8
cogitāre, cōgitō	**(nach)denken, überlegen**	2
coniūnx, coniugis *f/m*	**eine/die Ehefrau, ein/der Ehemann**	9
cōnstat *+ AcI*	**es steht fest**	9
contrā *Präp. + Akk.*	**gegen**	6
convenīre, conveniō	**1. zusammenkommen 2. (jemanden) treffen**	5
cōpia, cōpiae *f*	**eine/die Menge**	9
corrumpere, corrumpō	**bestechen**	6
crēdere, crēdō	**glauben, meinen**	5
cum *Präp. + Abl.*	**(zusammen) mit**	4
cunctī, -ae, -a	**alle**	9
cupere, cupiō	**1. wollen, haben wollen 2. wünschen**	7
cūr? *Fragewort*	**warum?**	1
cūrāre, cūrō	**sich kümmern um**	9
currere, currō	**laufen, rennen**	6
custōdīre, custōdiō	**bewachen**	6

D

dare, dō	**geben**	7
dē *Präp. + Abl.*	**1. über; um** **2. von ... her, von ... herab**	8
dea, deae *f*	**eine/die Göttin**	7
dēbēre, dēbeō nōn dēbēre	**müssen** 1. nicht müssen 2. nicht dürfen	1
dēfendere, dēfendō	**verteidigen**	8
deinde *Adv.*	**dann, daraufhin**	5
dēpōnere, dēpōnō	**ablegen**	6
dēsīderāre, dēsīderō	**1. (etwas) vermissen** **2. sich sehnen (nach etwas)**	3
deus, deī *m*	**ein/der Gott**	7
dīcere, dīcō	**sagen, sprechen**	5
discēdere, discēdō	**weggehen**	3
discere, discō	**lernen**	4
disputāre, disputō	**diskutieren**	4
diū *Adv.*	**lange Zeit, lange**	4
docēre, doceō	**unterrichten, lehren**	4
dolēre, doleō	**1. Schmerz(en) empfinden** **2. weh tun**	2
dolor, dolōris *m*	**ein/der Schmerz**	2
domī *Adv.*	**zu Hause**	1
domina, dominae *f*	**eine/die (Haus)herrin**	1
dominus, dominī *m*	**ein/der (Haus)herr**	1
domum	**nach Hause**	9
dormīre, dormiō	**schlafen**	1
dūcere, dūcō	**führen**	5
duō, duae, duō	**zwei**	6

E

ē/ex *Präp. + Abl.*	**aus, aus ... heraus**	5
ecce!	**Sieh mal! Schau mal!/ Seht mal! Schaut mal!**	3
ego	**ich**	3
emere, emō	**kaufen**	4
equus, equī *m*	**ein/das Pferd**	3
ergō *Adv.*	**also**	5
esse, sum	**sein**	1
est	**1. er, sie, es ist** **2. es besteht**	0
et *Konjunktion*	**und**	0
et ... et *Konjunktion*	**sowohl ... als auch**	5
etiam *Konjunktion*	**1. auch 2. sogar**	1
exspectāre, exspectō	**1. erwarten** **2. warten (auf)**	8

F

facere, faciō sacra facere	**machen, tun** opfern	7
fīlia, fīliae *f*	**eine/die Tochter**	0
fīlius, fīliī *m*	**ein/der Sohn**	0
flamma, flammae *f*	**1. eine/die Flamme** **2. ein/das Feuer**	5
flēre, fleō	**weinen**	2
fortāsse *Adv.*	**vielleicht**	7
forum, forī *n*	**ein/der Marktplatz, ein/das Forum**	4
frūmentum, frūmentī *n*	**ein/das Getreide**	4
fūr, fūris *m*	**ein/der Dieb**	3

G

Gallia, Galliae *f*	**Gallien**	3
gaudēre, gaudeō	**sich freuen**	1
gladiātor, gladiātōris *m*	**ein/der Gladiator**	8
gladius, gladiī *m*	**ein/das Schwert**	8
glōria, glōriae *f*	**(der) Ruhm, (die) Ehre**	8
grātia, grātiae *f* grātiās agere	**1. ein/der Dank** **2. ein/das Ansehen** danken	6

H

habēre, habeō	**1. haben 2. halten**	3
habitāre, habitō	**wohnen, bewohnen**	5
herba, herbae *f*	**1. ein/das Kraut** **2. eine/die Pflanze**	2
hīc *Adv.*	**hier**	0
hodiē *Adv.*	**heute**	8
homō, hominis *m*	**ein/der Mensch**	6

I

iacēre, iaceō	**liegen, daliegen**	1
iam *Adv.* nōn iam	**schon, nun** nicht mehr	2 6
ibi *Adv.*	**dort**	3
imperāre, imperō	**befehlen, herrschen**	7
imperātor, imperātōris *m*	1. **ein/der Kaiser** 2. **ein/der Feldherr**	7
in *Präp.*	1. + *Akk.* **in (... hinein), nach** *(wohin?)* 2. + *Abl.* **in, an, auf** *(wo?)*	5
incipere, incipiō	**anfangen, beginnen**	7
iniūria, iniūriae *f*	1. **ein/das Unrecht** 2. **eine/die Ungerechtigkeit**	9
inquit	**sagt(e) er, sie, es**	6
īnsula, īnsulae *f*	1. **ein/das Mietshaus** 2. **eine/die Insel**	5
interficere, interficiō	**töten**	7
intrāre, intrō	**eintreten, betreten**	2
īrātus, -a, -um	**wütend, zornig**	5
īre, eō	**gehen**	9
ita	**so**	0
Ītalia, Ītaliae *f*	**Italien**	3
itaque *Konjunktion*	**deshalb, daher**	3
iterum iterum atque iterum	**wieder(um)** wieder und wieder, immer wieder	8
iuvāre, iuvō + *Akk.*	**helfen, unterstützen**	2
iuvenis, iuvenis *m*	**ein/der junge(r) Mann**	6

L

labōrāre, labōrō	**arbeiten, sich anstrengen**	1
laetus, -a, -um	**fröhlich, froh**	5
legere, legō	**lesen**	4
lēx, lēgis *f*	**ein/das Gesetz**	6
liber, librī *m*	**ein/das Buch**	4
līber, lībera, līberum	**frei**	8
līberī, līberōrum *m Pl.*	**(die) Kinder**	1
licet	1. **es ist erlaubt** 2. **es ist möglich**	9
littera, litterae *f*	1. **ein/der Buchstabe**; *im Plural (auch):* 2. **ein/der Brief** 3. **eine/die Literatur** 4. **eine/die Wissenschaft**	4

M

magister, magistrī *m*	**ein/der Lehrer**	4
māgnitūdō, māgnitūdinis *f*	**eine/die Größe**	6
māgnus, -a, -um	1. **groß** 2. **wichtig**	5
malus, -a, -um	**schlecht**	5
manēre, maneō	1. **bleiben** 2. **warten (auf), erwarten**	1
māter, mātris *f*	**eine/die Mutter**	7
mē *Akk.*	**mich**	2
mēcum	**mit mir**	7
mercātor, mercātōris *m*	**ein/der Händler**	4
mihi *Dat.*	**mir**	7
minister, ministrī *m*	**ein/der Diener, ein/der Helfer**	7
minuere, minuō	**verkleinern, verringern**	6
miser, misera, miserum	**arm, unglücklich**	9
modo *Adv.* nōn modo ..., sed etiam ...	1. **nur** 2. **gerade** nicht nur ..., sondern auch ...	8
monēre, moneō	**ermahnen, mahnen**	2
mōns, montis *m*, *Gen. Pl.* montium	1. **ein/der Berg** 2. **ein/der Hügel**	7
movēre, moveō	**bewegen**	1
mulier, mulieris *f*	**eine/die Frau**	2
multī, -ae, -a multa *n. Pl.*	**viele(s)** viel(es), viele Dinge	5
multitūdō, multitūdinis *f*	**eine/die Menge**	6
multum *Adv.*	**viel**	9

N

nam *Konjunktion*	**denn, nämlich**	2
-ne *bei Fragen*	*(wird nicht übersetzt)*	2
nec	**und nicht**	9
nec … nec	**weder … noch**	3
necesse est	**es ist notwendig**	6
negōtium, negōtiī *n*	**eine/die Aufgabe, ein/das Geschäft**	9
nēmō *m/f, Akk.* nēminem	**niemand**	7
neque	**und nicht**	9
neque … neque	**weder … noch**	3
nihil	**nichts**	7
nōbīs *Dat.*	**uns**	7
nōn	**nicht**	0
nōnne?	**nicht? doch wohl?**	5
nōs *Nom./Akk.*	1. **wir** 2. **uns**	5
num?	**etwa?**	5
numerus, numerī *m*	**eine/die Zahl, eine/die Anzahl**	6
nunc *Adv.*	**jetzt, nun**	1

O

occupātus, -a, -um	**beschäftigt**	6
oculus, oculī *m*	**ein/das Auge**	8
ōrāre, ōrō	1. **beten** 2. **bitten**	7
ōrātiō, ōrātiōnis *f* ōrātiōnem habēre	**eine/die Rede** eine Rede halten	9
ostendere, ostendō	**zeigen, erklären**	5

P

paene *Adv.*	**fast, beinahe**	8
parentēs, parentum *m Pl.*	**(die) Eltern**	7
parvus, -a, -um	1. **klein** 2. **unwichtig**	5
pater, patris *m*	**ein/der Vater**	7
patria, patriae *f*	1. **eine/die Heimat** 2. **ein/das Vaterland**	3
paucī, -ae, -a	**wenige(s)**	5
pecūnia, pecūniae *f*	**(das) Geld**	6
pellere, pellō	**schlagen**	4
per *Präp. + Akk.*	**durch (… hindurch), über**	9
perīculum, perīculī *n*	**eine/die Gefahr**	1
petere, petō	1. **(einen Ort) aufsuchen, eilen (nach/zu)** 2. **haben wollen** 3. **bitten (um), verlangen** 4. **angreifen**	3
placēre, placeō	**gefallen**	1
porcus, porcī *m*	**ein/das Schwein**	1
posse, possum	**können**	4
posteā *Adv.*	**später**	9
postrēmō *Adv.*	**schließlich**	7
praetereā *Adv.*	**außerdem**	3
prīmō *Adv.*	**zuerst**	6
prīmum *Adv.*	**zuerst**	2
prope	1. *Adv.* **in der Nähe** 2. *Präp. + Akk.* **nahe bei**	8
prōvincia, prōvinciae *f*	**eine/die Provinz**	9
puella, puellae *f*	**ein/das Mädchen**	4
puer, puerī *m*	**ein/der Junge**	4
pūgnāre, pūgnō	**kämpfen**	8
pulcher, pulchra, pulchrum	**schön**	7

Q

quam *bei Adj.*	**wie**	7
quandō? *Fragewort*	**wann?**	8
quī, quae, quod, *Gen.* cuius, *Dat.* cui	1. **der/die/das** 2. **welcher/welche/welches**	8
quia *Subjunktion*	**weil**	6
quid? *Fragewort*	**was?**	2
quis? *Fragewort*	**wer?**	0
quoque *Konjunktion (nachgestellt)*	**auch**	3

R

rapere, rapiō	**rauben, wegreißen**	7
redīre, redeō	**zurückgehen, zurückkehren**	9
respondēre, respondeō	**antworten**	1

retinēre, retineō	**zurückhalten, festhalten**	3
rogāre, rogō	**fragen**	1
Rōma, Rōmae *f*	**Rom**	3
Rōmae	**in Rom**	5
Rōmānus, -a, -um	**römisch;** *als Substantiv* **ein/der Römer**	9

S

sacerdōs, sacerdōtis *m/f*	**ein/der Priester, eine/die Priesterin**	7
sacrum, sacrī *n* / **sacra**, sacrōrum *n Pl.*	1. **ein/das Opfer** 2. **eine/die Opferhandlung**	7
saepe *Adv.*	**oft**	1
salūtāre, salūtō	**begrüßen, grüßen**	4
Salvē!/Salvēte!	**Hallo! Guten Tag!**	0
sanguis, sanguinis *m*	**(das) Blut**	8
satis *Adv.*	**genug**	6
scelerātus, scelerātī *m*	**ein/der Verbrecher**	3
scīre, sciō	**wissen, kennen**	9
scrībere, scrībō	**schreiben**	4
sē *Akk.*	**sich**	1
sed *Konjunktion*	1. **aber** 2. **sondern**	1
semper *Adv.*	**immer**	1
senātor, senātōris *m*	**ein/der Senator**	9
sententia, sententiae *f*	1. **ein/der Satz**	4
sentīre, sentiō	1. **fühlen, wahrnehmen** 2. **meinen**	2
sermō, sermōnis *m* sermōnem habēre	**ein/das Gespräch** ein Gespräch führen	6
serva, servae *f*	**eine/die Sklavin**	0
servāre, servō	**retten, (be)schützen**	7
servus, servī *m*	**ein/der Sklave**	0
sī *Subjunktion*	**falls, wenn**	9
sīc	**so**	4
sine *Präp. + Abl.*	**ohne**	9
sōl, sōlis *m*	**eine/die Sonne**	3
soror, sorōris *f*	**eine/die Schwester**	6
spectāculum, spectāculī *n*	**ein/das Schauspiel**	8
spectāre, spectō	**ansehen, betrachten**	2
subitō *Adv.*	**plötzlich**	2

T

taberna, tabernae *f*	1. **ein/das Wirtshaus** 2. **ein/der Laden**	5
tacēre, taceō	**schweigen, still sein**	3
tam *Adv.*	**so**	8
tandem *Adv.*	**endlich**	4
tangere, tangō	**berühren, anfassen**	3
tantus, -a, -um	1. **so groß** 2. **so viel**	8
taurus, taurī *m*	**ein/der Stier**	7
tē *Akk.*	**dich**	2
tēcum	**mit dir**	7
templum, templī *n*	**ein/der Tempel**	7
temptāre, temptō	1. **angreifen** 2. **versuchen**	8
terrēre, terreō	**(jemanden) erschrecken**	2
thermae, thermārum *f Pl.*	**(die) Thermen, (die) Bäder**	6
tibi *Dat.*	**dir**	7
timēre, timeō	1. **sich fürchten** 2. **(vor etwas) Angst haben**	1
timor, timōris *m*	**eine/die Angst, eine/die Furcht**	7
tollere, tollō	1. **hochheben** 2. **beseitigen, töten**	8
tot	**so viele**	9
trahere, trahō	**ziehen, schleppen**	3
tu	**du**	3
tum *Adv.*	1. **da, dann** 2. **damals**	1
tunica, tunicae *f*	**eine/die Tunika**	6
turba, turbae *f*	1. **eine/die (Menschen-) Menge** 2. **ein/das Durcheinander**	8

U

ubī? *Fragewort*	**wo?**	0
umerus, umerī *m*	**eine/die Schulter**	2
ut *Konjunktion*	**wie**	9

V

vae!	**Oh! Oh nein!**	2
valēre, valeō	**gesund sein, gutgehen**	2
vehīculum, vehīculī *n*	**ein/der Wagen, ein/das Fahrzeug**	3
vel vel ... vel	**oder** **entweder ... oder**	8
vendere, vendō	**verkaufen**	4
venīre, veniō	**kommen**	1
verbum, verbī *n*	**ein/das Wort**	1
via, viae *f*	**ein/der Weg, eine/die Straße**	5
victor, victōris *m*	**ein/der Sieger**	6
vidēre, videō	**sehen**	2
vīlla, vīllae *f*	**ein/das (Land)haus**	2
vīnum, vīnī *n*	**ein/der Wein**	2
vīpera, vīperae *f*	**eine/die Giftschlange, eine/die Viper**	3
vir, virī *m*	**ein/der Mann**	4
vīta, vītae *f* vītam agere vītam āmittere	**ein/das Leben** **leben** **das Leben verlieren** (= sterben)	8
vōbīs *Dat.*	**euch**	7
vocāre, vocō	**rufen**	4
vōs *Nom./Akk.*	1. **ihr** 2. **euch**	5
vōx, vōcis *f* māgnā vōce parvā vōce	1. **eine/die Stimme** 2. **eine/die Äußerung** mit lauter Stimme mit leiser Stimme	6
vulnerāre, vulnerō	**verletzen, verwunden**	8

Hier findest du in alphabetischer Reihenfolge die wichtigsten Namen und Sachen aus dem Buch kurz erklärt. Wenn es sich um Fremdwörter handelt, die aus dem Lateinischen stammen, findest du sie hier in der Regel direkt als lateinische Wörter (z. B. *arēna* statt *Arena*). Grammatische Angaben, die du noch nicht kennst, darfst du zunächst vernachlässigen.

A

amphitheātrum, amphitheātrī *n* In einem Amphitheater sahen die Römer sich z. B. Gladiatorenkämpfe an. Es war ein runder Bau mit einer Arena in der Mitte, die ringsum von Zuschauerreihen umgeben war. Das größte und berühmteste war das Kolosseum in Rom.

apodytērium, apodytēriī *n* Umkleideraum in den Thermen.

arēna, arēnae *f, Arena* Sandplatz, auf dem z. B. in einem Amphitheater Schaukämpfe ausgetragen wurden.

Arpīnum, Arpīnī *n* Stadt in Italien, in der Cicero geboren wurde.

Asia, Asiae *f, Asia* wichtigste römische Provinz in Kleinasien (heutige Türkei); nicht zu verwechseln mit dem Erdteil Asien.

Asiānī, Asiānōrum *m Pl., Asianer* die Bewohner der Provinz Asia.

Atticus, Atticī *m* Titus Pomponius Atticus (um 110–32 v. Chr.) war der beste Freund des Redners Marcus Tullius Cicero.

Augusta Trēverōrum *f* römische Stadt an der Mosel, heute Trier.

B

basilica, basilicae *f, Basilika* ein großes Gebäude, das für Gerichtsprozesse oder Geschäfte genutzt wurde. Auf dem Forum Romanum gab es mehrere Basiliken, z. B. die *basilica Aemilia* und die *basilica Sempronia.*

Belgica *f* (**Gallia Belgica**) ein Teilgebiet von Gallien, zu dem das Land zwischen Rhein und Mosel gehörte.

C

Caesar, Caesaris *m* Gaius Iulius Caesar (100–44 v. Chr.) war ein römischer Politiker und Feldherr; ihm wurde auf dem Forum ein Tempel errichtet.

Capitōlīnus mōns, Capitōlīnī montis *m, das Kapitol* einer der Hügel Roms, auf dem sich der Jupitertempel befand.

Circus Maximus, Circī Maximī *m* die größte Rennbahn Roms.

Castor, Castoris *m* Kastor und und sein Bruder Pollux waren unsterbliche Sagenhelden, denen auf dem Forum ein gemeinsamer Tempel geweiht war.

Cicerō, Cicerōnis *m* Marcus Tullius Cicero (106–43 v. Chr.) war Anwalt, Politiker, Schriftsteller und Philosoph. Vor allem galt er als größter Redner Roms.

Colōnia Agrippīna *f* (auch: **Colōnia Claudia Āra Agrippīnēnsium**) römische Stadt am Rhein, heute Köln.

cūria, cūriae *f, Kurie* Versammlungsgebäude der Senatoren.

D

Dēlus, Dēli *f, Delos* eine kleine griechische Insel im Ägäischen Meer. In der Antike befand sich dort ein berühmtes Heiligtum, aber auch der größte Sklavenmarkt.

F

Forum Rōmānum, Forī Rōmānī *n, Forum* Hauptplatz Roms in der Senke zwischen den Hügeln Palatin, Kapitol und Esquilin. In der Kaiserzeit kamen die Kaiserforen als weitere Foren hinzu.

G

Gāius Verrēs *siehe* **Verrēs**

Gallia, Galliae *f, Gallien* das heutige Frankreich mit Teilen des heutigen Deutschlands; auch: Norditalien.

Gallī, Gallōrum *m Pl., Gallier* die Bewohner Galliens.

Germānia, Germāniae *f, Germanien* Gebiet, das von Germanen bewohnt war; zum Teil entspricht es dem heutigen Deutschland. Nur Teile Germaniens waren römische Provinz.

grammaticus, grammaticī *m* ein/der Grammatiklehrer; er unterrichtete römische Jungen bis zum 16. Lebensjahr.

H

Hoplomachus ein Gladiatorentyp.

Hypokaustum Heizungssystem für die Thermen.

I

imperium Rōmānum, imperiī Rōmānī *n, das römische Reich* Das Gebiet, das die Römer beherrschten, umfasste den Mittelmeerraum und große Teile Europas. Es war in Provinzen (*provinciae*) eingeteilt.

Italia, Italiae *f* Italien.

Iūnō, Iūnōnis *f, Juno* Göttin der Ehe, verheiratet mit Jupiter.

Iūppiter, Iovis *m, Jupiter* Göttervater und höchster Gott; Gott des Wetters.

K

Kaiser Alleinherrscher über Rom und das römische Reich (*imperium Romanum*). In Rom beriet ihn der Senat. In den Provinzen wurde er von Statthaltern vertreten.

Kaiserzeit In Rom begann etwa 27 v. Chr. die Kaiserzeit, in der Rom von Kaisern wie z. B. Trajan regiert wurde. Zuvor war Rom eine Republik.

Kolosseum (ursprünglich **amphitheātrum Flāvium** *n*) größtes Amphitheater für Gladiatorenspiele und Tierkämpfe in Rom.

L

Larēs, Larum *m Pl., die Laren* römische Hausgötter.

lūdī (pūblicī), lūdōrum (pūblicōrum) *m Pl.* die öffentlichen Spiele, zu denen unter anderem Gladiatorenkämpfe, Theaterstücke und Wagenrennen gehörten.

M

Mārs, Mārtis *m* Gott des Krieges.

Minerva, Minervae *f* Göttin des Handwerks und der Künste.

Mosella *f, die Mosel* Fluss im heutigen Deutschland.

Murmillo ein Gladiatorentyp.

N

Neāpolis *f, Neapel* Stadt in Italien.

P

Palātium, Palātiī *n, Palatin* einer der Hügel Roms.

Penātēs, Penātium *m Pl., die Penaten* römische Hausgötter.

peristȳlium, peristȳliī *n, Peristyl* offener Innenhof oder Garten mit Säulen in einem römischen Atriumhaus.

Pollūx *m* *siehe* **Castor**

Pompēiī, Pompēiōrum *m Pl., Pompeji* Stadt am Vulkan Vesuv, die 79 n. Chr. durch einen großen Ausbruch des Vulkans zerstört wurde. In der Neuzeit wurde sie wiederentdeckt und ausgegraben.

pontifex maximus, pontificis maximī oberster Priester (oft der Kaiser).

Provinz Eine Provinz (*provincia*) war ein Teilgebiet des römischen Reiches; z. B. waren Gallien, Syrien oder Asia Provinzen. Jede Provinz wurde von einem Statthalter als Stellvertreter des Kaisers und des Senats regiert.

R

Rhēnus, Rhēnī *m, der Rhein* Fluss im heutigen Deutschland.

Rōma, Rōmae *f* Rom.

Rōmānī, Rōmānōrum *m* die Römer.

rōstra, rōstrōrum *n Pl.* die Rednerbühne auf dem Forum Romanum.

S

Sāturnus, Sāturnī *m* römischer Gott des Ackerbaus; in seinem Tempel auf dem Forum wurde der Staatsschatz aufbewahrt.

Senat Der Senat war die Versammlung der Senatoren. Der Senat beriet den Kaiser und fasste politische Beschlüsse. Außerdem konnte er, wenn eines seiner Mitglieder ein Verbrechen begangen hatte, als Gericht darüber urteilen.

Senator Ein Senator war ein Mitglied des Senats. Senator wurde man, indem man in ein politisches Amt gewählt wurde. Die insgesamt etwa 600 Senatoren waren die angesehensten Männer des römischen Reiches.

Seneca, Senecae *m* Lucius Annaeus Seneca (1–65 n. Chr.) war ein römischer Philosoph und Schriftsteller.

Septimius Sevērus, Septimiī Sevērī *m* (146–211 n. Chr.), ein römischer Kaiser. Ihm wurde für seine Siege ein Triumphbogen auf dem Forum errichtet.

stilus, stilī *m, ein/der Griffel* Mit dem Griffel schrieb man auf Wachstafeln, indem man in das Wachs ritzte.

Spartacus, Spartacī *m* römischer Sklave und Gladiator, der einen Sklavenaufstand gegen Rom anführte; er wurde 71 v. Chr. besiegt und hingerichtet.

Statthalter Ein Statthalter war der Herrscher über eine Provinz. Er regierte als Stellvertreter des Kaisers und des Senats.

Subūra, Subūrae *f* Stadtviertel Roms nordöstlich des Forums, Wohnviertel der ärmeren Bevölkerung.

sūdātōrium, sūdātōriī *n* Schwitzbad ohne Becken in den Thermen.

Syria, Syriae *f, Syrien* römische Provinz im Nahen Osten.

T

tepidārium, tepidāriī *n* Warmbaderaum in den Thermen.

Theater In einem Theater sahen die Römer sich Theaterstücke an, die von Schauspielern auf der Bühne aufgeführt wurden. Der Bau hatte die Form eines Halbkreises.

thermae, thermārum *f Pl., Thermen* große beheizte römische Bäder.

Titus Pompōnius Atticus *siehe* **Atticus**

toga, togae *f, Toga* Gewand der Römer, das über der Tunika getragen und kunstvoll in Falten gelegt wurde.

Trāiānus, Trāiānī *m, Trajan* (53–117 n. Chr.), ein römischer Kaiser. Unter ihm erreichte das römische Reich seine größte Ausdehnung. In Rom errichtete er viele Bauwerke, darunter das Trajansforum, die Trajanssäule und die Trajansthermen.

triclīnium, triclīniī *n* Speisezimmer eines römischen Hauses mit drei Klinen (Liegen).

Triumph/Triumphzug Römische Feldherren durften, wenn sie einen großen Sieg in einem Krieg errungen hatten, mit ihren Soldaten im Triumph in Rom einziehen.

Triumphbogen steinerner Bogen zum Andenken an einen Triumph. Triumphbögen in Rom, die heute noch stehen, sind der Titus-, der Septimius-Severus- und der Konstantinsbogen.

V

Venus, Veneris *f* römische Göttin der Liebe.

Verrēs, Verris *m* Gaius Verres (um 115–43 v. Chr.) war Statthalter der römischen Provinz Sizilien und beutete diese aus. Cicero war Anwalt der Sizilier und klagte Verres wegen Raub und Erpressung an.

Vesta, Vestae *f* römische Göttin des Herdfeuers.

Vestalin Priesterin der Göttin Vesta; die Vestalinnen hüteten das Feuer im Tempel der Vesta und mussten unverheiratet bleiben.

via Appia, viae Appiae *f* antike römische Fernstraße von Rom nach Brundisium.

LEKTION 1–3

1 liberi, servae, dominus, filia

2 *serva/servus*: Feldarbeit, Schreiben (als Sekretär), Heilen, Reparieren
dominus: Geschäftsreisen, Geldgeschäfte

3 *Gemeinsamkeiten*:
- Hinweise am Straßenrand zur Orientierung (Meilensteine/Schilder)
- bestehendes Fernstraßennetz
- Raststätten zur Übernachtung

Unterschiede:
- Transportmittel (Antike: zu Fuß, Pferdewagen – heute: z. B. Auto, Bahn)
- Reisedauer
- Komfort (z. B.: Straßen in der Antike gepflastert, heute geteert)
- Gefahren (Antike: Diebe/Räuber)

4 Gefühl: gaudere, dolere, timere
Bewegung: accedere, movere, venire, trahere
Wahrnehmung: tangere, audire, spectare

5 **1** Die Sklavin bittet um Kräuter.
2 Der Onkel verlangt nach Wein.
3 Die Pferde eilen zu den Feldern.

6 patria: Substantiv | laborare: Verb | cur?: Fragewort | et: Konjunktion | nunc: Adverb

7 **a** Akk. Sg. porcum – Akk. Pl. porcos
b Akk. Sg. amicum – Akk. Pl. amicos
c Akk. Sg. dominam – Akk. Pl. dominas

8 **1** spectant | **2** est | **3** gaudetis

9 C

10 Er fürchtet Gefahren (*pericula*), vor allem Diebe (*fures*). Die Verbrecher (*scelerati*) schrecken (*terrent*) ihn ab.

11 *Übersetzung*: Die Felder gefallen mir nicht, denn dort sind viele Gefahren. Ich fürchte Diebe. Die Sonne brennt immer und es gibt kein Wasser. Außerdem erschrecken mich (mögliche) Verbrecher. Deshalb bleibe ich zuhause.

LEKTION 4–6

1 A2, B1, C3

2 *Atriumhaus*: atrium: Innenhof | peristylium: Säulengang | triclinium: Speisezimmer
Thermen: natatio: Schwimmbecken | palaestra: Sportplatz | caldarium: Warmbad | frigidarium: Kaltbad

3 Schwimmen, Entspannen, Spielen (z. B. Ballspiele), Massage (in heutigen Thermen), essen, Zeit mit anderen verbringen

4 Schule: 2 | Subura: 3 | Forum: 1

5 Cornelia ist ein Mädchen (*puella*). Sie ist Marcus' Schwester (*soror*). Marcus ist ein Junge (*puer*). Aratus ist der Lehrer (*magister*) von Marcus. Davus ist ein Mann (*vir*). Flavius ist der Onkel (*avunculus*) von Marcus und Cornelia. Auf dem Forum sind viele Händler (*mercatores*). Sowohl Männer als auch Frauen (*mulieres*) sind Menschen.

6 beatae sororis | parvas tabernas | magnam insulam | bonorum puerorum | iratis hominibus | malos victores

7 cum amico | cum muliere laeta | cum mercatoribus

8 **1** avunculi | **2** mercatoris irati

9 *Personen*: liberi: die Kinder | mercator: ein Händler | servus: ein Sklave | iuvenis: ein junger Mann
Orte: forum: das Forum | taberna: der Laden

10 *Liberi* [*in foro*] *sunt.*

Die Kinder sind auf dem Forum.

11 Die Kinder sind auf dem Forum. Plötzlich hören sie ein großes Geschrei. Eine Menge Menschen kommt vor dem Laden zusammen, weil dort ein Händler mit einem Sklaven streitet. Die Kinder laufen schnell zu der Menge. Der Händler ruft mit lauter Stimme: „Wo sind die Tuniken? Du musst sie bewachen!“ Der Händler schlägt zornig den Sklaven, doch ein junger Mann sagt: „Ich habe die Tuniken! Der Sklave handelt nicht gegen das Gesetz, ihn zu schlagen ist nicht nötig. Ich kaufe die Tuniken.“ Der junge Mann kauft die Tuniken des Händlers; der Sklave aber kommt froh auf den jungen Mann zu und dankt ihm. Dann geht die Menge weg.

LEKTION 7–9

1 A4, B3, C2, D1

2 Ein Gladiator kämpft vor Publikum zur Unterhaltung. *ludi* waren öffentliche Schauspiele, z. B. Gladiatorenkämpfe, Theater, Wagenrennen. Wagenrennen waren Wettrennen zwischen mehreren Pferdewagen.

3 *forum*: Markt, Schule | Kapitol: Opferfeier | Theater: Schauspiele | *curia*: Senatssitzungen | Kolosseum: Gladiatorenkampf | *rostra*: öffentliche Rede | Circus Maximus: Wagenrennen

4 Cornelia und Markus gehen (*eunt*) über das Forum. Dort sehen sie den Tempel. Weil sie neugierig sind, gehen sie zum Tempel hin (*adeunt*). Später gehen sie vom Forum weg (*abeunt*) und kehren nach Hause zurück (*redeunt*).

5 **a** *multitudo* + *copia* (Menge) | *adire* (hingehen) + *appropinquare* (sich nähern) | *tot* + *tam multi* (so viele)
b *addere* (hinzufügen) ↔ *rapere* (rauben, wegreißen) | *defendere* (verteidigen) ↔ *temptare* (angreifen) | *beatus* (glücklich) ↔ miser (unglücklich)

6 Familie: *parentes, amare, coniunx, curare*
Kampf: *pugnare, gladius, defendere, interficere*
Opfer: *sacrum, minister, templum*

7 1 *hominibus*: Die Götter helfen den Menschen.
2 *tabernae*: Die Bürger nähern sich dem Wirtshaus.
3 *senatori*: Ein Senator (*Dat. des Besitzers*) hat viele Aufgaben.

8 1 *die*: Die Bürger, die vor der Kurie warten, wollen eine Rede hören.
2 *dessen*: Der Senator, dessen Worte die Bürger hören, ist Aemilius.
3 *deren*: Vesta ist die Göttin, deren Priesterinnen Frauen sind.

9 1 *gladiatores ... pugnare*: Ich sehe, dass die Gladiatoren mit dem Schwert kämpfen.
2 *parentes ... curare*: Ich weiß, dass Eltern sich um ihre Kinder kümmern.
3 *imperatorem ... incipere*: Es steht fest, dass der Kaiser einen Krieg beginnt.

10 Trajan war oft Sieger (*saepe victor*); daher ist das römische Reich nun groß (*imperium ... magnum est*) und reich (*magna copia auri*). Trajan besitzt großen Ruhm (*Traiano magnam gloriam esse*).

11 „Traianus imperator magnus est, de cuius bellis certe multa iam audiebatis.“

12 „Trajan ist ein großer Kaiser, über dessen Kriege ihr sicher schon viel gehört habt.“ Marcus: „Nein.“ Cornelia: „Warum sagst du, dass Trajan groß ist?“ Flavius: „Trajan blieb (war) oft Sieger. Das römische Reich ist nun groß. Und eine große Menge Gold befindet sich (ist) jetzt im Saturntempel. Auch die Götter helfen dem Kaiser. Also steht fest, dass Trajan viel Ruhm besitzt.“

WERKZEUGKOFFER

1 **Wortgeschichte:** Schreibe einen kurzen Text zu einem vorgegebenen Thema (wie auf S. 23, Ü3). In deiner Geschichte sollst du mindestens fünf neue Vokabeln in der Grundform verwenden. Du kannst zusätzlich auch bereits bekannte Vokabeln nutzen.

2 **Zeichnen:** Sammelt in der Kleingruppe zunächst lateinische Vokabeln, die sich gut zeichnen lassen. Notiert diese z. B. auf Zetteln. Jede/r zieht einen Zettel und zeichnet die Vokabel. Dann präsentiert jede/r die Zeichnung der Klasse. Wer als erstes die richtige Vokabel nennt, erhält einen Punkt.

Tipp: Ein Sachfeld umfasst Vokabeln unterschiedlicher Wortarten zu einem bestimmten Thema (z. B. können die Wörter „Sonne", „Eis essen" und „heiß" dem Sachfeld „Sommer" zugeordnet werden)

3 **Sachfeld:** Sammelt in Partner- oder Gruppenarbeit Vokabeln zu einem Thema und ordnet diese in einer Übersicht. Überlegt euch, wie das Thema lauten könnte, und findet dann möglichst viele Vokabeln dazu, z. B.:

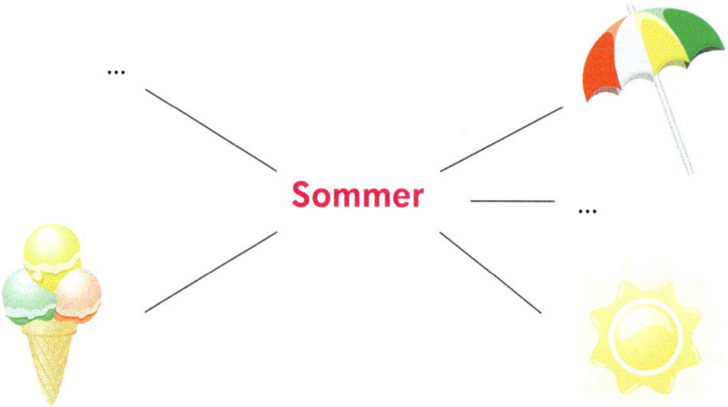

4 **Pantomime:** Sammelt in der Kleingruppe Vokabeln (z. B. auf Zetteln), die sich gut pantomimisch darstellen lassen. Stellt die Vokabeln abwechselnd pantomimisch dar. Die Klasse rät jeweils die lateinische Vokabel. Ist es die richtige Vokabel, erhält die Kleingruppe einen Punkt.

Tipp: Wenn ihr etwas pantomimisch darstellen sollt, bedeutet das, dass ihr keine Worte dazu benutzt. Ihr gebt den Begriff nur mit Körperbewegungen wieder. Nutzt dafür Hände, Gesichtsausdruck, Körperhaltung und Bewegung im Raum.

5 **Bildbeschreibung auf Latein:** Beschreibt gemeinsam ein Bild auf Latein. Sammelt vorher passende Vokabeln. Beim Sprechen zeigt ihr entweder selbst auf das, was ihr sagt, oder ihr lasst eure Lernpartnerin oder euren Lernpartner darauf zeigen.

Tipp: Bildet zunächst kürzere Sätze, z. B. *Hic est puella* oder *Puer currit.* Traut euch, auch Adjektive einzubauen (z. B. *Puella pulchra est*) oder z. B. den AcI zu verwenden.

6 **Ich packe meinen Koffer:** Alle nennen der Reihe nach eine lateinische Vokabel und die deutsche Bedeutung, die sie mit auf die Reise nehmen möchten. Die Vokabel und ihre Bedeutung müssen dann von allen Nachfolgenden in der richtigen Reihenfolge wiederholt werden.

Abb.	Abbildung
Abl.	Ablativ
AcI	Accusativus cum Infinitivo
Adj.	Adjektiv
Adv.	Adverb
Akk.	Akkusativ
ca.	circa (= ungefähr)
Dat.	Dativ
Dekl.	Deklination
engl.	englisch
f	femininum
F	Formenlehre
g	Gramm (Gewicht)
G	Grammatik-Schritt
Gen.	Genitiv
Imp.	Imperativ
Imperf.	Imperfekt
Inf.	Infinitiv
Jh.	Jahrhundert
KNG	**K**asus, **N**umerus, **G**enus
Konj.	Konjugation
kons. Dekl.	konsonantische Deklination
kons. Konj.	konsonantische Konjugation
L	Lektion
M	Methode(nseite)
m	maskulinum
m.	mit
n	neutrum
n. Chr.	(Jahre) nach Christus
Nom.	Nominativ
P.	Person
Pl.	Plural
Präp.	Präposition
Präs.	Präsens
S.	Seite(n)
S	Satzlehre
Sg.	Singular
Subj.	Subjunktion
Ü	Übung
v. Chr.	(Jahre) vor Christus
vgl.	vergleiche
Z.	Zeile(n)
z. B.	zum Beispiel

Cover
Abbildungen: links: bpk/Scala; rechts: Shutterstock.com/Red Fox studio; Schrift: Cornelsen Verlag/ Urheber: Studio Syberg

Illustrationen
Cornelsen/**Céline Bailleux**: S. 37/Mitte links, S. 37/rechts unten, S. 114; Cornelsen/**Detlef Seidensticker**: S. 63/Mitte; Cornelsen/**Dieter Stade**: S. 63/unten; Cornelsen/**Dorina Teßmann**: S. 127/ oben; Cornelsen/**Eleonore Gerhaher**: S. 136/unten; Cornelsen/**Hendrik Kranenberg**: S. 131/unten; Cornelsen/**Katja Wehner**: S. 15/30/81/untere Schlange; Cornelsen/**Klaus Kühner**: S. 8; Cornelsen/ **Manuela Ostadal**: S. 129/oben, S. 135/unten; Cornelsen/**Mascha Greune**: S. 112; Cornelsen/**Matthias Pflügner**: S. 125; Cornelsen/**Petra Dorkenwald**: S. 32/unten, S. 33/unten, S. 60; Cornelsen/**Roland Beier**: S. 154, S. 174; Cornelsen/**Sandra Reckers**: S. 118/unten; Cornelsen/**Thilo Pustlauk**: S. 15/30/81/ obere Schlange; Cornelsen/**Thomas Rudat**: S. 64/oben; Cornelsen/**Yaroslav Schwarzstein**: S. 9–14, S.15/Köpfe, S. 16–29, S. 30/Personen, S. 32/oben, S. 33/oben, S. 35, S. 40–59, S. 66–69, S. 73/unten links, S. 74–80, S. 82–89, S. 115/oben, S. 127/Mitte, S. 127/unten, S. 128, S. 129/unten, S. 131/oben, S. 132–133, S. 134/oben, S. 135/oben u. Mitte, S. 137–175.

Weitere Abbildungen, Fotos
S. 25: bpk/Scala – courtesy of the Ministero Beni e Att. Culturali; S. 31: Bridgeman Images/© SGM; S. 34: mauritius images/Zdenek Sasek/Alamy/Alamy Stock Photos; S. 36/Abb.: mauritius images/ Artefact/Alamy/Alamy Stock Photos; S. 36/Atticus: bpk/| The Trustees of the British Museum; S. 36/ Cicero: Bridgeman Images/Photo © Stefano Baldini Roman, (1st century BC); S. 37/Foto: dpa Picture-Alliance/photothek; S. 37/links oben: ClipDealer GmbH; S. 37/links unten: dpa Picture-Alliance/ Zoonar; S. 38/oben: akg-images/akg-images/Peter Connolly; S. 38/unten: Depositphotos/antonel adrian tudor; S. 39: akg-images/akg-images/Peter Connolly; S. 45: Bridgeman Images; S. 51/Atriumhaus: bpk/Scala – courtesy of the Ministero Beni e Att. Culturali; S. 57: Shutterstock.com/David Pineda Svenske; S. 58: dpa Picture-Alliance/Zoonar; S. 62: bpk/Antikensammlung, SMB/Johannes Laurentius; S. 62: Imago Stock & People GmbH; S. 63/oben: Bridgeman Images/Photo © Ken Welsh; S. 64/unten: Bridgeman Images/© Giorgio Albertini. All Rights Reserved 2024; S. 65: Bridgeman Images/Universal History Archive/UIG; S. 71: akg-images/akg-images/De Agostini Picture Lib./A. Dagli Orti; S. 77: akg-images/akg-images/Nimatallah; S. 83: akg-images/akg-images/Peter Connolly; S. 84: bpk/Scala; S. 85/links: mauritius images/Art Reserve/Alamy/Alamy Stock Photos; S. 85/Mitte: bpk/ GrandPalaisRmn/Hervé Lewandowski; S. 85/rechts: bpk/| GrandPalaisRmn | Hervé Lewandowski; S. 92/oben: akg-images/De Agostini Picture Lib./A. Vergani; S. 92/unten: mauritius images/Andrey Zhuravlev/Alamy/Alamy Stock Photos; S. 93: stock.adobe.com/Exnoi – erzeugt mit generativer KI; S. 113: mauritius images/Olgs Aletkina/Alamy/Alamy Stock Photos; S. 114/oben: Imago Stock & People GmbH; S. 114/unten: mauritius images/Zdenek Sasek/Alamy; S. 115/unten: mauritius images/Maria Volkova/Alamy; S. 118/oben: mauritius images/Igor Sarozhkov/Alamy/Alamy Stock Photos; S. 124: Depositphotos/Laura Louise Churchill; S. 134/unten: dpa Picture-Alliance/dieKLEINERT.de/Ian David Marsd; S. 136/oben: mauritius images/Mariia Petrova/Alamy/Alamy Stock Photos; S. 138: mauritius images/Maria Kovyrzina/Alamy/Alamy Stock Photos; S. 143: mauritius images/Maria Volkova/Alamy; S. 198: mauritius images/YAY Media AS/Alamy. Icons: Flaggen: stock.adobe.com/stock.adobe.com-volyk; Kranz: Imago Stock & People GmbH/PantherMedia/Cigdem Simsek; Koffer: mauritius images/ QualitDesign/Alamy/Alamy Stock Photos.

ITALIEN IM ALTERTUM